La vallée laurentienne au XVIe siècle
entrevoir la construction de la niche
des Iroquoiens du Saint-Laurent

ÉTUDE DE PAYSAGES DU PASSÉ

Daniel Fortin

La vallée laurentienne au XVIe siècle entrevoir la construction de la niche des Iroquoiens du Saint-Laurent

ÉTUDE DE PAYSAGES DU PASSÉ

Les Éditions GID

Édition
   Serge Lambert et Caroline Roy

Révision linguistique
   Hélène Riverin

Concept graphique et mise en pages
   Hélène Riverin et Caroline Roy

Page couverture
   Représentation d'un village iroquoien
   (photo : Daniel Fortin) et détail de la carte
   « Chaoucoit-R » (Champlain, *Les Voyages*,
   1613, page 70.)

Financé par le gouvernement du Canada | Canada

SODEC
Québec

Nous remercions la SODEC pour le soutien financier accordé à notre maison d'édition par l'entremise de son Programme d'aide aux entreprises du livre et de l'édition spécialisée ainsi que le gouvernement du Québec pour son Programme de crédit d'impôt pour l'édition du livre – Gestion SODEC.

Dépôt légal – Bibliothèque et Archives nationales du Québec, 2023
Dépôt légal – Bibliothèque et Archives Canada, 2023

Tous droits de traduction, de reproduction et d'adaptation réservés; toute reproduction d'un extrait quelconque de ce livre par quelque moyen que ce soit est strictement interdite sans l'autorisation écrite de l'éditeur.

 © LES ÉDITIONS GID, 2023
1005, av. Saint-Jean-Baptiste, local 117
Québec (Québec)
CANADA G2E 5L1

Téléphone : 418 877-3666
Courriel : editions@leseditionsgid.com
Site Web : leseditionsgid.com

Imprimé au Canada
ISBN 978-2-89634-443-7

 DISTRIBUTION FILIGRANE INC.
1005, av. Saint-Jean-Baptiste, local 117
Québec (Québec)
CANADA G2E 5L1

Téléphone : 418 877-3666
distributionfiligrane@leseditionsgid.com

Remerciements

Mes remerciements s'adressent en premier lieu à ma conjointe, Josianne Garon-Labrecque, pour son support dans ce projet de retour aux études. Je dois également souligner l'encadrement et la disponibilité des professeur(e)s de la faculté d'aménagement de l'Université de Montréal, ainsi que de mes professeures du département d'anthropologie de l'Université de Montréal. Un merci spécial à mon directeur de mémoire, monsieur Gérald Domon, et au président du jury, monsieur Sylvain Paquette, pour leurs conseils judicieux.

En fin, un coup de chapeau pour toute l'équipe des Éditions GID pour leur travail.

Table des matières

Remerciements 5

Introduction 11

CHAPITRE 1

Concepts : climax, nature, construction de niche et paysage 25

Introduction 25

Le concept de climax 28

L'humain et la nature, la nature et l'humain 29

L'humain comme supra-organisme et la construction
de sa niche écologique 31

Le paysage comme outil de référence de la construction
de niche plutôt que l'écosystème 35

Une approche pluridisciplinaire du paysage 38

Conclusion 42

CHAPITRE 2

Notre méthodologie 45

Introduction 45

Positionnement méthodologique 45

La difficulté de l'interprétation des données paléoécologiques 46

La nécessité d'une intégration interdisciplinaire 49

La sélection des sources utilisées 55

CHAPITRE 3

La construction de niche des Autochtones de l'est de l'Amérique du Nord 61

Introduction 61

Les sources historiques concernant l'est de l'Amérique du Nord 63

La sélection d'essences utiles 73

Augmenter la capacité de charge du milieu
pour accroître les proies 75

Les glands et les fruits à coque comme ressources alimentaires 79
Conclusion 81

CHAPITRE 4

L'approche paléoécologique de la niche réalisée....................85
Introduction 85
L'étude des sédiments du lac Crawford, Ontario 86
Conclusion 91

CHAPITRE 5

*La transformation du paysage boisé pour
les cultures autochtones* 93
Introduction 93
L'ouverture d'espaces cultivables 93
La culture des trois sœurs et le défrichage des espaces boisés 98
Les trois sœurs, une méthode de culture assurant
rendement et productivité à long terme 102
Au-delà des champs... un paysage boisé en attente et productif....104
Les brûlis contrôlés comme outils technologiques
de la création de niches..109
Conclusion 115

CHAPITRE 6

*Les Iroquoiens du Saint-Laurent : leur territoire,
leur mode de vie et leur population*..119
Introduction 119
Un portrait des Iroquoiens du Saint-Laurent
au moment du contact 119
Le mode de vie des Iroquoiens du Saint-Laurent 126
La population..129
Les maladies européennes : éthologie et manifestations................133
Microbes exogènes et microbes endogènes : des infections
atténuées à l'origine des premières épidémies?............................136
Des contacts fréquents et abondants au début du XVIe siècle........140
Conclusion 143

CHAPITRE 7

Les données historiques suggérant la niche réalisée des Iroquoiens du Saint-Laurent dans la vallée laurentienne 147

Introduction 147

Les écrits historiques de la vallée du Saint-Laurent 148

Au-delà de la vallée laurentienne...169

La caractérisation des paysages à partir des écrits : un bilan 182

Des cartes et des plans dessinés par Champlain :
quels enseignements? 184

Plans de Tadoussac, de la région de Québec et de
l'emplacement du Grand Saut St Louis dans l'île de Montréal 195

Analyse critique des descriptions paysagères de Champlain 203

Conclusion 205

CHAPITRE 8

Savoirs autochtones, maintien de la capacité de charge des marais et marécages à carex et envahissement par l'aulne rugueux et le roseau commun : le cas de la réserve nationale de faune du Lac-Saint-François..................................213

Introduction 213

La réserve nationale de faune du Lac-Saint-François (RNFLSF) 214

Des espèces aviennes à préserver...218

Des feux « prescrits » ou contrôlés, comme outil de gestion 220

Le cas de la réserve nationale de faune du
Lac-Saint-François (RNFLSF) 228

Quels enseignements pour la gestion des sites
naturels protégés? 231

Conclusion..239

Introduction 239

Sur la niche réalisée des Iroquoiens du Saint-Laurent 240

La création de niches des Autochtones et la gestion
des milieux naturels 246

Bibliographie 251

Introduction

Quelle est la part de l'intuition dans l'élaboration d'un projet de recherche? Voilà une question intéressante qui ne soulève guère d'intérêt parmi un grand nombre de chercheurs. Dans un monde où le rationalisme fait foi de dogme, où la déduction et l'induction sont souvent présentées comme les seules méthodes menant à la validation d'une recherche, il y eut quelques voix discordantes. Parmi elles, le philosophe américain Charles Sanders Peirce (1839-1914), un des fondateurs du pragmatisme, proposait une troisième voie : l'abduction. Pour simplifier son propos, nous emprunterons à Umberto Eco une citation puisée dans un ouvrage intitulé *De Superman au surhomme*[1] :

> *Considérons* [un] *résultat comme un cas curieux. Il me faudrait maintenant trouver une Loi telle que, si elle était vraie, et si le Résultat était considéré comme un Cas de cette loi, le Résultat ne serait plus curieux, mais au contraire très raisonnable.*

Il nous semble que cette approche pragmatique sied bien à certaines disciplines, où l'approche déductive ou inductive devient plus un carcan qu'une voie productive pour comprendre certains phénomènes et certaines problématiques.

Si nous abordons l'introduction de ce projet de recherche par cette mise au point, c'est que dans nos lectures antérieures concernant les débuts de l'agriculture en Nouvelle-France, il y a quelques passages qui nous rendaient perplexes. Il y eut d'abord, dans l'incontournable essai de Louise Dechêne, *Habitants et marchands de Montréal au XVIIe siècle*, le chapitre consacré à l'occupation du sol, l'auteure écrit : « Le défrichement d'une terre est une tâche longue et pénible à laquelle peu d'immigrants ont été préparés[2]. »

Ce chapitre propose ensuite un court récit d'un colon s'employant à occuper une terre, dont la trame fictive est basée sur l'analyse d'une cinquantaine de marchés de défrichements de toutes sortes, passés entre 1650 et 1720, comme le souligne une note de bas de page :

Imaginons pour commencer un colon qui, grâce aux économies qu'il a pu réaliser pendant ses années de service ou avec sa solde de soldat, peut consacrer tout son temps à la mise en valeur de la terre en bois debout qui vient de lui être acensée. Nous sommes en avril 1670, la neige achève de fondre. La concession est située dans la côte Sainte-Anne où il n'y a encore que deux ou trois familles et de rares clairières. Il y a 12 km jusqu'à la ville où loge ce garçon et le chemin ne couvre pas la moitié de la distance. Sa première tâche est d'abattre ce qu'il faut d'arbres pour construire une cabane de pieux […]. […] Il lui faut maintenant choisir et abattre des arbres de grandes tailles, de meilleure qualité et d'un gabarit sensiblement égal qui serviront à construire la maison. Le travail sera moins long si ce second chantier peut être fait dans un rayon restreint et coïncider avec la première clairière. De préférence, il choisira les chênes, sinon le pin, qu'il coupe en pièces de 18 à 22 pieds et place à l'écart. Avec une hache pour tout instrument, sans attelage pour hâler les troncs, il lui faut plusieurs semaines pour compléter cette seconde étape. En juin, il commence à nettoyer la terre ainsi dégagée, n'entreprenant pas plus d'un ou un et demi arpent à la fois. Il s'agit d'arracher toutes les souches des arbres qui ont un pied et moins de diamètre. Les plus gros, qui sont « hors de hache » sont « rasés et rayés[3] ». Il n'y a plus qu'à attendre qu'ils meurent, que les souches pourrissent, ce qui prend environ quatre à cinq ans. Les rebuts de bois sont débités et cordés près de la cabane pour le chauffage et, si possible, quelques ventes à la ville. Tout ce qui reste sur le sol, avec la « fardoche » (broussaille), est ensuite brûlé. L'arpent est « net » et prêt à être pioché. C'est le travail de l'automne : amollir la terre et les cendres en surface entre les gros troncs pour la préparer à recevoir la première semence de grains tard dans la saison ou au printemps[4].

À la lecture de ce tableau de vie, nous ne pouvons qu'être d'accord avec la conclusion de l'historienne sur la difficulté pour les colons de s'installer sur un nouveau lot. Mais, en y réfléchissant, plusieurs points mériteraient une relecture. Dans un territoire où la région bioclimatique est définie comme une érablière à caryer, les sources écrites concernant les marchés de défrichements, du moins à Montréal, semblent plutôt indiquer une forte présence de chênes et de pins entre 1650 et 1720, du moins sur les terres concédées. D'autre part, le dur travail de défrichement aurait-il pu être facilité par la présence de milieux plus ouverts, c'est-à-dire de grandes clairières, et/ou la présence de forêts-parcs, où les gros arbres étaient plus distancés? Celles-ci étaient-elles dues à des causes naturelles?

L'écologie végétale nous enseigne qu'un milieu forestier constituant un « paysage sauvage » peut être modifié par les feux naturels, les maladies et les insectes, les sécheresses, les chablis ou les changements climatiques sans une intervention humaine[5]. Mais, il faut souligner que depuis le retrait des derniers glaciers, il y a plus ou moins 10 000 ans dans l'est de l'Amérique du Nord, des Autochtones occupaient une bonne partie de ce territoire. Non seulement ceux-ci se sont déplacés dans cet espace en quête de nourriture, mais ils ont également construit, autour de leurs établissements temporaires ou permanents, par leurs occupations, leurs actions et leurs déplacements, une niche écologique[6], ou un paysage propre à assurer leur maintien et leur reproduction[7]. Prendre en compte les modifications volontaires d'un groupe humain, ici les Iroquoiens du Saint-Laurent, sur de vastes parties d'un territoire comme la vallée laurentienne change le paradigme de l'évolution des paysages et de la succession écologique forestière avant la colonisation européenne.

Cette vallée laurentienne est un vaste territoire se composant de différents milieux biophysiques, de nombreux écosystèmes, de plusieurs communautés végétales et d'une multitude de paysages. Des Grands Lacs jusqu'au golfe du Saint-Laurent, cet espace accueille une suite de régions bioclimatiques et des sols variés. Il n'y a pas d'unité bioclimatique sur le vaste territoire étudié dans le cadre du présent ouvrage. Il est toutefois d'usage chez les écologues et les climatologues de marquer la progression des températures moyennes annuelles des Grands Lacs

À quoi ressemblait le paysage de la vallée laurentienne à la venue des Européens? Cap-Tourmente.

vers le golfe du Saint-Laurent en se référant aux paysages végétaux ou aux domaines de végétation du Québec[8]. Ce modèle zonal des domaines de végétation présente une certaine rigidité[9], demandant de constantes précisions et des ajustements pour des portions plus restreintes de ce territoire. Il reste néanmoins un outil théorique pratique pour différencier les paysages végétaux à une échelle variant de quelques kilomètres à plusieurs centaines de kilomètres en caractérisant les différents domaines par la présence et/ou l'absence d'espèces végétales variées. L'abondance et/ou la concentration de certaines essences arborées, à certaines époques, sur certaines parties de la vallée laurentienne, tout comme les changements de faciès des forêts peuvent signifier des conditions édaphiques et/ou climatiques particulières, des perturbations naturelles (invasion d'insectes, feux naturels, chablis, etc.), mais elles peuvent également être un marqueur de l'anthropisation du milieu ou, du moins, d'une partie de celui-ci. Cette échelle, de quelques kilomètres à plusieurs centaines de kilomètres, est traversée par différents domaines de végétation, elle correspond, *grosso modo*, à la zone d'occupation ou de déplacements des différents groupes d'Iroquoiens du Saint-Laurent dans la vallée laurentienne, qui est le cadre de ce livre.

L'écologie, l'ethnohistoire et l'anthropologie culturelle semblent avoir dénoté une certaine réticence à admettre que les sociétés préhistoriques peuvent avoir eu un impact majeur sur leur environnement[10]. Cette réticence peut-elle résulter de la croyance des chercheurs en une « nature sauvage[11] » quasi intacte lors de la colonisation de l'Amérique du Nord? Une terre « non mise en valeur » par les peuples des Premières Nations qui l'occupaient pourtant? Une fois ceux-ci rapidement décimés par les grandes pandémies qui les affectèrent lors de ces contacts avec les Européens, leur « lieu de vie » pouvait être réoccupé par des colons imbus de leur idéologie religieuse ou mercantile, justifiant ainsi l'appropriation des terres autochtones. Pour les chercheurs, ce paradigme de la « nature sauvage » avant la colonisation de l'Amérique du Nord n'est-il pas « l'arbre qui cache la forêt »? Les tenants de ce paradigme soutiennent que les membres des Premières Nations n'avaient qu'une empreinte faible sur leur environnement ou la matérialité du paysage. Il semble aux yeux de plusieurs que l'entièreté du fardeau de la preuve repose sur les travaux des tenants de l'importance des paysages « culturels » ou « anthropiques ». Or, il est bon de rappeler à tous que des Paléoautochtones ont foulé et occupé les territoires libérés par les glaciers dans l'est de l'Amérique du Nord, et ce, pendant plusieurs milliers d'années.

Certains auteurs[12] soulignent que la transformation d'une partie de l'environnement des Premières Nations du nord-est de l'Amérique du Nord, incluant les Iroquoiens du Saint-Laurent, est un fait indéniable, mais il est également difficile d'évaluer l'importance de cette transformation sur le paysage des territoires occupés par ces mêmes Autochtones, incluant la vallée laurentienne. Il n'y a donc toujours pas de consensus sur l'étendue des transformations des forêts de l'est de l'Amérique du Nord avant l'arrivée des Européens. Certains ont conclu que les Premières Nations avaient eu un impact somme toute mineur, et que les changements significatifs sur l'environnement n'ont véritablement commencé qu'avec la venue des premiers Européens. Certains chercheurs[13] signalent que les arguments en faveur de l'interprétation de l'impact minimal reposent en grande partie sur des preuves négatives. Les adhérents à ce paradigme minimaliste soulignent que les densités de population avant la période de colonisation étaient faibles et que les agriculteurs autochtones du nord-est de l'Amérique du

Nord étaient technologiquement peu sophistiqués. Les arguments des adhérents d'un impact important sur l'environnement des forêts dites « vierges » de ce vaste territoire reposaient, en grande partie, sur les observations des chroniqueurs qui ont parcouru les contrées peu après que les populations autochtones aient subi de fortes baisses à la suite de l'introduction des maladies contagieuses véhiculées par les Européens.

Face à cette question qui demeure en suspens, notre hypothèse de départ est que les Iroquoiens du Saint-Laurent par leur présence et leurs actions visant la reproduction de leur société/culture ont transformé des portions importantes de leur environnement, c'est-à-dire la vallée du Saint-Laurent, jusqu'à leur disparition [14] à la fin du XVIe siècle, et qu'il est possible de caractériser ou de « visualiser » ces paysages à travers les récits des premiers explorateurs et les représentations cartographiques du début du XVIIe siècle. À l'instar des autres groupes des Premières Nations du nord-est de l'Amérique du Nord, ils auraient transformé leur environnement immédiat et les territoires adjacents par le défrichement, la sélection des essences arborées et surtout l'utilisation de feux contrôlés ou de brûlis sporadiques et réguliers de faible intensité. Cette dernière technique aurait permis aux groupes autochtones, sédentaires et nomades, de privilégier la sélection d'espèces arborescentes et arbustives productrices de noix comestibles et de petits fruits pour accroître les possibilités de cueillette, et de favoriser le maintien et la croissance des certaines espèces animales, notamment le gibier [15].

L'objectif général de cette recherche est d'apporter une contribution à la compréhension de la nature et de l'étendue des modifications du paysage végétal par les Iroquoiens du Saint-Laurent. Les questions qui nous intéressent dans les pages qui vont suivre peuvent se résumer comme suit :

— Quelle(s) empreinte(s) les Premières Nations (plus spécifiquement les Iroquoiens du Saint-Laurent) ont-elles eue(s) sur leur environnement dans la vallée laurentienne ?

— Comment évaluer l'importance ou l'étendue de cette « transformation » ?

— Comment est-il possible « de voir » ces paysages du passé qui sont impossibles à observer *in situ* en 2020 ?

— Peut-on réellement comprendre la ou les relations qui existaient entre un environnement naturel (biotopes ou écosystèmes) et/ou un paysage construit (anthropique) et la perception des populations qui les ont traversés, fréquentés ou habités, et qui ont aujourd'hui disparu ?

Nous avons cherché à identifier les différentes actions que les Iroquoiens du Saint-Laurent ont privilégiées pour construire leur niche dans l'environnement de la vallée du Saint-Laurent et l'impact de celles-ci sur le paysage. Parmi ces actions, nous nous sommes penchés sur la possible utilisation de feux contrôlés comme outil technologique pour la réalisation de certains aspects de cette construction de niche.

Gordon M. Day (1953) [16] indique que l'influence des activités des Autochtones sur leur environnement exige une connaissance assez complète de quatre facteurs : la durée de l'occupation d'une population, la taille de cette population, la concentration et les déplacements de celle-ci et le mode d'établissement local ou, de préférence, l'emplacement de tous les villages. Sur ce dernier point, étant donné que les perturbations sur l'environnement, notamment le paysage arboré, se manifestent de façon importante sur plusieurs décennies, il convient également de prendre en considération l'étendue des aires d'occupation humaine sur une période couvrant quelques décennies. Par la suite, nous nous pencherons sur les actions qui assurent la reproduction de cette population, c'est-à-dire, plus spécifiquement, l'habitation, l'alimentation, les contacts et les échanges avec les autres populations environnantes.

Nous sommes confrontés pour les quatre facteurs énumérés par Day à des problèmes de validation qui semblent insurmontables présentement. Premièrement, concernant la durée de l'occupation de notre population d'étude, nos seules certitudes sont, d'une part, que Jacques Cartier rencontre des Iroquoiens du Saint-Laurent à Stadaconé (région de Québec), des groupes probablement apparentés le long du Saint-Laurent jusqu'à Hochelaga, et plus de 1 000 de ces Autochtones dans un grand village dans l'île de Montréal en 1535. Il semble que cette population soit encore présente dans la région de Québec lorsqu'il tente d'établir sa colonie à Cap-Rouge en 1541 et lors de son voyage vers Hochelaga et sa visite de la bourgade de Tutonaguy. D'autre part, lorsque Samuel de Champlain se joint à l'expédition de François Aymar de Chaste sur le fleuve Saint-Laurent en 1603, se voyant confier le mandat de « voir ce pays, & ce que les entrepreneurs y feroient », il ne signale aucunement, dans ses écrits, des bourgades habitées par des Iroquoiens du Saint-Laurent. C'est donc que ceux-ci n'occupaient plus, semble-t-il, cette portion de la vallée laurentienne entre Hochelaga et Stadaconé. Combien de temps cette population a-t-elle occupé ce territoire ? Il est difficile de le préciser. Roland Tremblay [17] affirme que les Iroquoiens du Saint-Laurent vivaient dans la vallée laurentienne au moins 600 ans avant l'arrivée des Européens.

La taille de cette population préhistorique ou même protohistorique est également très difficile à évaluer. L'anthropologue Bruce Trigger résume assez bien cette problématique en écrivant :

> *Il nous est impossible pour le moment de prouver que les populations iroquoiennes des plaines du Saint-Laurent ont subi un déclin massif provoqué soit par les pandémies d'origine européenne qui se répandirent périodiquement sur toute la région, soit par des épidémies localisées de ces maladies. Mais d'autre part, nous ne pouvons exclure qu'un effondrement démographique se soit produit à cette époque. Seule une analyse détaillée des squelettes humains et des configurations des établissements nous permettra de déterminer les tendances démographiques de l'époque[18].*

Pour l'instant, les recherches n'ont pas conduit à la découverte d'ossuaires importants pour permettre cette analyse. Autre difficulté importante, les recherches archéologiques n'ont pas encore identifié et/ou fouillé les sites d'une grande partie de l'aire d'occupation des Iroquoiens dans la vallée laurentienne. Par exemple, les deux villages visités par Cartier, soit Stadaconé et Hochelaga, n'ont jamais été trouvés; le site Dawson, découvert au milieu du XIXe siècle, n'est plus associé à celui d'Hochelaga. Le musée Pointe-à-Callière, cité d'archéologie et d'histoire de Montréal a produit une carte[19] qui situe les sites archéologiques répertoriés en spécifiant ceux correspondant à des bourgades villageoises (une trentaine) et ceux considérés comme des campements saisonniers ou de nature indéterminée (totalisant environ 130 sites). Ceux-ci s'échelonnent de la région de Mingan, au nord, jusqu'au sud de la région de Waterton, dans l'État de New York, avec une petite concentration de sites au nord du lac Champlain et trois autres répertoriés le long de la rivière des Outaouais. Considérant également le fait que les Iroquoiens du Saint-Laurent auraient occupé ce territoire durant au moins 600 ans et que leurs villages étaient régulièrement déplacés, nous devrions nous attendre à un plus grand nombre de bourgades répertoriées. Il faut, au-delà du site, comprendre comment cette population utilisait le territoire au cours des diverses périodes de cette occupation pour bien saisir l'évolution dans le temps. Cette analyse des sites de façon à la fois synchronique et diachronique demande une grande précision chronologique, Trigger[20] spécifie même « d'une plus grande précision chronologique », pour démontrer l'évolution de ces occupations ainsi que la coexistence de ces bourgades, donc de la concentration de ces populations à une période déterminée et pour une région spécifique. Lorsque ces conditions de la recherche archéologique seront réunies, ce qui n'est pas le cas présentement, il sera plus facile de trouver des réponses aux trois autres facteurs déterminés par Day.

Nous croyons, malgré d'évidents problèmes de validation, qu'il faut poursuivre l'étude de l'empreinte écologique de cette population sur la vallée laurentienne. Il faut également se questionner de nouveau sur les hypothèses devenues des dogmes relevant du vécu et des pratiques autochtones et sur leur impact sur l'environnement par la création d'une niche. Pour ne citer que quelques questions qu'il conviendrait peut-être de reconsidérer, mentionnons :

— Le déclin des populations autochtones débute-t-il au début ou au milieu du XVIIe siècle ?

— L'agriculture des groupes sédentaires épuisait-elle rapidement les sols mis en culture et obligeait-elle ces populations à déplacer leurs villages périodiquement ?

— Les agriculteurs autochtones privilégiaient-ils les terres sablonneuses pour l'établissement de leurs champs ?

— Les Premières Nations avaient-elles la technologie nécessaire pour transformer de vastes territoires ?

— Les différents groupes autochtones en Amérique du Nord étaient-ils soit nomades, soit sédentaires ?

— Enfin, cela est cœur de cet essai, les membres des Premières Nations s'adaptaient-ils à leur environnement, et étaient-ils capables d'adapter leur environnement à leurs besoins ?

Notre méthodologie est présentée au chapitre 1. Dans le cadre conceptuel de notre recherche, au chapitre 2, nous expliquerons pourquoi le paysage est choisi comme échelle de notre étude et comment celle-ci s'allie bien avec le concept de construction de niche pour comprendre « un paysage du passé ».

Le chapitre 3 abordera l'état de la recherche concernant la niche réalisée par les Autochtones du nord-est de l'Amérique du Nord en faisant ressortir les données recensées dans la littérature concernant la transformation du paysage à travers les actions et/ou les conséquences de ces gestes sur ledit paysage. Dans le cadre de notre questionnement, nous tenterons également de comprendre, au chapitre 4, comment la palynologie et la recherche de charbon de bois fossile dans les sédiments des tourbières et des lacs peuvent aider ou non à valider la transformation des essences arborées sur le territoire occupé par les Iroquoiens du Saint-Laurent. Dans le chapitre 5, nous nous intéresserons aux conséquences de l'adoption de l'agriculture sur le paysage boisé, et nous soulignerons également, dans un intérêt d'ethnologie comparative, l'apport des informations recueillies par l'ethnologue Henry T. Lewis[21] sur le rôle des brûlis contrôlés des Autochtones du Nord de l'Alberta pour augmenter la capacité de charge de leur environnement.

Il nous apparaît évident que ce livre doit aborder la présence des Iroquoiens du Saint-Laurent dans la vallée laurentienne, leur concentration et l'étendue des aires d'occupation humaine avant la rencontre avec les premiers explorateurs européens, c'est ce que nous ferons succinctement au chapitre 6. Nous chercherons également à établir si les populations des Premières Nations ont pu fluctuer de façon importante au moment des premiers contacts avec les Européens dès le début du XVIe siècle, puisqu'il existe un rapport direct entre le nombre et la taille des établissements des Premières Nations dans la vallée du Saint-Laurent et leur capacité à développer et étendre leur niche écologique.

Dans le chapitre 7, nous abordons le cœur de notre recherche. Nous présenterons les écrits historiques suggérant la niche réalisée par les Iroquoiens du Saint-Laurent dans la vallée laurentienne, et ce, à la suite d'une relecture d'un certain nombre de textes publiés aux XVIe et XVIIe siècles ainsi qu'au début du XVIIIe siècle. Nous étudierons avec une attention particulière les trois illustrations de Samuel de Champlain concernant le territoire autrefois fréquenté par les Iroquoiens du Saint-Laurent, ainsi que la carte datée de 1632 pour y découvrir des indices de niches réalisées. Pour tenter de valider les informations proposées par ces illustrations, nous analyserons également dans ce chapitre les plans et dessins réalisés par Champlain sur la côte est de l'Atlantique. Bien qu'un plan de Champlain ait déjà été utilisé pour caractériser le paysage boisé et les modes d'occupation de l'île de Montréal du Sylvicole supérieur récent [22], ce sera la première fois que plusieurs plans et dessins de Champlain seront examinés pour tenter de valider la niche réalisée par les Iroquoiens du Saint-Laurent et des Autochtones de la côte est de l'Atlantique.

Enfin, dans le chapitre 8, sur la base des enseignements livrés dans les chapitres précédents, nous nous pencherons sur la gestion actuelle des aires protégées. Plus spécifiquement en prenant comme sujet d'étude les marais de la réserve nationale de faune du Lac-Saint-François, nous nous intéresserons aux brûlis contrôlés comme outils de gestion pour contrer l'envahissement d'espèces ayant un impact négatif sur la biodiversité des prairies humides à carex et marécages. Dès 1973, les études écologiques portant sur ce milieu semblaient démontrer que des feux contrôlés y étaient annuellement allumés pour maintenir la capacité de charge de cet habitat.

Notes

1. Umberto ECO, *De Superman au surhomme.*

2. Louise DECHÊNE, Louise, 1988, *Habitants et marchands de Montréal au XVIIe siècle*, trad. de The people of New France, Les Éditions du Boréal, Montréal, 532 pages, p. 271.

3. C'est-à-dire par annélation de l'écorce du tronc.

4. Louise DECHÊNE, *op. cit.*, p. 271-272.

5. Parmi les auteurs qui ont « creusé » et « déploré » ce paradigme restrictif, nous proposons : William CRONON, 1983, *Changes in the Land: Indians, Colonists, and the Ecology of New England*, Hill and Wang, New York, 241 pages; et Gerald A. OETELAAR et D. Joy OETELAAR, 2007, « The New Ecology and Landscape Archaeology: Incorporating the Anthropogenic Factor in Models of Settlement Systems in the Canadian Prairie Ecozone » in *Canadian Journal of Archaeology / Journal canadien d'Archéologie*, 31, p. 65-92.

6. Niche écologique : « notion englobant le lieu de vie (biotope) d'un individu ou d'une espèce et le mode d'utilisation de ce lieu. La connaissance de la niche écologique permet de savoir comment, où et aux dépens de qui l'espèce se nourrit, où et comment elle vit et se reproduit » (Henri FRIEDEL, 1980 : 190). Cette notion sera développée dans le cadre conceptuel de notre étude.

7. De très nombreux auteurs pourraient être cités. Nous vous suggérons deux textes fort intéressants du même auteur : Bruce D. SMITH, 2011a, « General patterns of niche construction and the management of "wild" plant and animal resources by small-scale pre-industrial societies », *Philos Trans. R. Soc. B*, 366, p. 836-848; Bruce SMITH, 2011b, « Shaping the Natural World: Patterns of Human Niche Construction by Small-Scale Societies in North Americana » in Smith, Bruce D. (edi.), *The subsistence economies of indigenous North American Societies*, Smithsonian Institution Scholarly Press, Washington, D.C., p. 593-609.

8. Pour les lecteurs voulant approfondir cette question : Madeleine CAUBOUE, 2007, *Description écologique des forêts du Québec*, Centre collégial de développement du matériel didactique / Collège Maisonneuve, Montréal, 203 pages + 1 carte.

9. Alexandre, Frédéric et Alain GÉNIN, 2011, *Géographie de la végétation terrestre; modèles hérités, perspectives, concepts et méthodes*, Paris, Armand Collin, 302 pages.

10. Sur cette question : CRONON, *op. cit.*, p. 11; Gordon G. WHITNEY, 1994, *From Coastal Wilderness to Fruited Plain: A history of environmental change in temperate North American from 1500 to the present*, Cambridge University Press, New York, 451 pages; et Gerald W. WILLIAMS, 2002, « Aboriginal Use of Fire; Are There any "Natural" Plant Communities ? » in *Wilderness & Political Ecology; Aboriginal Influences and the Original State of Nature*, Charles E. Kay & Randy T. Simmons (eds), The University of Utah Press, Salt Lake City, p. 179-214.

11. Plus souvent définie comme la *wilderness*.

12. Mentionnons, entre autres auteurs : Gordon M. DAY, 1953, « The Indian as an Ecological Factor in the Northeastern » in *Ecology*, 34 (2), Ecological Society of America and the Duke University Press, Lancaster, Pennsylvanie, p. 329-346; William A. PATTERSON III et Kenneth SASSAMAN, 1988, « Indian Fires in the Prehistory of New England » in George P. Nicholas (edi.) *Holocene human ecology in Northeastern North America*, p. 107-135; Roger BYRNE et William D. FINLAYSON, 1998, « Iroquoian Agriculture and Forest Clearance at Crawford Lake, Ontario » in Finlayson, William D., with contributions by Mel Brown, Roger Byrne, Jim Esler, Ron Farquer, Ron Hancock, Larry Pavlish and Charles Turton, 1998, *Iroquoian Peoples of the land of Rocks and Water, A.D. 100-1650: A study in settlement Archaeology*, volume 1, London Museum of Archaeology, London (Ontario), p. 94-107.

13. Roger BYRNE et William D. FINLAYSON, *op. cit.*, p. 94-107.

14. Les Iroquoiens du Saint-Laurent auraient disparu vers 1580. On ignore la raison, mais on suppose que la maladie, les guerres ou leur assimilation ont joué un rôle dans cette disparition.

15. Paul MELLARS, 1976, « Fire Ecology, Animal Populations and Man: a Study of some Ecological Relationships in Prehistory » in *Procedings of Prehistoric Society*, 42, p. 15-45.

16. Gordon M. DAY, *op. cit.*, p. 340.

17. Roland TREMBLAY, 2006, *Les Iroquoiens du Saint-Laurent, peuple de maïs*, Pointe-à-Callière, Musée d'archéologie et d'histoire de Montréal / Éditions de l'Homme, Montréal, 139 pages, p. 17.

18. Bruce TRIGGER, 1992, *Les Indiens, la fourrure et les Blancs*, trad. de *Natives and Newcomers*, Boréal, Montréal, 543 pages, p. 336.

19. Dans TREMBLAY, 2006, *op. cit.*, p. 34c et 34d.

20. TRIGGER, 1992, *op. cit.*, p. 105.

21. Henry T. LEWIS, 1982, *A Time for Burning*, Occasional Publication, Number 17, Boreal Institute for Northern Studies, University of Alberta, Edmonton, 62 pages.

22. Brad LOEWEN, 1988, « Le paysage boisé et les modes d'occupation de l'île de Montréal, du Sylvicole supérieur récent au XIXe siècle » in *Recherches amérindiennes au Québec*, 39 (1-2), p. 5-21 : [en ligne] http ://id.erudit.org/iderudit/044994ar

Chapitre 1

Concepts : climax, nature, construction de niche et paysage

Introduction

Ce projet de recherche est centré sur une question en apparence banale, mais qui n'en est pas moins fondamentale dans la mesure où elle conditionne les attitudes scientifiques de nombreux chercheurs, tant en écologie, en anthropologie que dans le cadre de la gestion des parcs et des réserves naturels : d'une part, quelle place faut-il accorder au rôle des groupements et/ou des sociétés humaines dans la création de paysages dans le nord-est de l'Amérique du Nord, plus précisément dans la vallée laurentienne avant la colonisation de ce territoire par des Européens, et d'autre part, dans une optique plus actuelle, avant la mise sous « protection » des parcs nationaux et des réserves naturelles ?

Nous avons mentionné dans notre introduction que l'empreinte humaine sur les paysages était peu considérée ou, du moins, peu développée, dans de nombreux articles et livres traitant de l'écologie ou de l'écologie du paysage, sauf pour y mentionner les actions négatives des humains sur l'environnement. Sans faire la recension des ouvrages excluant ou minimisant cette empreinte, il nous apparaît important de citer en exemple le chapitre consacré au cadre naturel d'un village iroquoien du XVIᵉ siècle (le site Mailhot-Curran) dans le Haut-Saint-

Laurent dans lequel l'anthropologue et archéologue Claude Chapdelaine décrit l'environnement des Iroquoiens ainsi :

> *Il y a 500 ans, les Iroquoiens de Saint-Anicet vivaient dans des espaces dominés par la forêt, rompus seulement par les clairières aménagées par eux pour construire le village et les champs à cultiver.* [...] *Ce cadre naturel ne se veut pas statique, mais plutôt dynamique comme il devait l'être il y a 500 ans quand les humains étaient fort peu nombreux au sud du lac Saint-François*[1].

> *La grande région de Saint-Anicet s'inscrit dans le domaine bioclimatique de l'érablière à caryer cordiforme. Cette appartenance signifie que nous sommes dans une zone biologiquement riche et diversifiée, dont les essences d'arbres sont les plus thermophiles du Québec*[2].

> *L'histoire de la végétation est complexe et riche tout en s'échelonnant sur une dizaine de milliers d'années. Le territoire à l'étude a connu une longue succession d'associations végétales, passant de la toundra à la forêt actuelle* [...][3].

> *Dans une perspective plus diachronique, les études palynologies selon Pierre Richard n'ont généralement pas de résolution suffisante pour décortiquer la période charnière entre les forêts naturelles des derniers siècles et l'arrivée des premiers colons* (Laliberté et al., 2010 : 15). *Il faut considérer la composition forestière (ou végétale) comme étant naturellement influencée par les milieux physiques et bioclimatiques, mais héritée aussi d'une dynamique forestière régie par les perturbations naturelles et les occupations amérindiennes d'avant la colonisation française*[4].

Mais spécifiquement sur ces perturbations autochtones, le lecteur ne saura rien de plus.

Pourtant, cette partie du territoire du Haut-Saint-Laurent accueillera au fil des décennies plusieurs sites occupés par des Iroquoiens du Saint-Laurent dans un rayon d'une dizaine de kilomètres. Outre le site Mailhot-Curran, on y a retrouvé et fouillé, de manière plus ou moins exhaustive, les sites Droulers-Tsiionhiakwatha, Berry, Higgins Stanley, Irving, McPherson, McDonald, Angus et Leblanc. On peut dire que pour cette partie du Haut-Saint-Laurent, il y a eu une occupation, sinon continue, du moins régulière du territoire par un ou des groupes iroquoiens.

Nous observons une concentration également importante de sites d'occupation autochtone de l'autre côté du lac Saint-François, notamment, les sites Summerstown Station, Glenbrook, Sugarbush et Grays Creek[5].

Parlant de cette région dans son ouvrage de 1664, Pierre Boucher signale :

> *Au lac Saint-François, qui est à environ quatorze ou quinze lieues au-dessus du Mont-Royal, il se trouve de belles chênaies qui soit dans le monde, tant pour la beauté des arbres, que pour sa grandeur; elle a plus de vingt lieues de long, et l'on ne sait pas combien elle en a de larges[6].*

Ces belles et immenses chênaies dont parle Pierre Boucher dans ses écrits ne correspondent guère au climax de la forêt de cette région bioclimatique. Correspondent-elles mieux à des conditions édaphiques particulières ou à une perturbation humaine ?

L'approche phytosociologique, fondée sur les zones de végétation et les domaines bioclimatiques ainsi que le concept de climax sous-jacent, est perçue par de nombreux écologues et phytosociologues comme une approche « qui ignore totalement le rôle spécifique de l'homme ou, plus exactement, qui l'exclut[7] ».

Il serait intéressant de revisiter le concept de climax et les rapports philosophiques de l'humain à la nature et/ou de la nature à l'humain. Il nous apparaît utile de réfléchir sur cette place dans l'environnement et de considérer l'humain comme un supra-organisme propre, à l'instar de tous les autres organismes vivants, à construire une ou des niches. Enfin, il existe une multitude de termes pour parler du monde physique qui accueille les humains : environnement, biotope, écosystème, habitat, territoire et paysage. Ce dernier nous apparaît le plus intéressant pour marquer l'échelle du territoire étudié dans la présente étude, et nous expliquerons pourquoi.

Le concept de climax

Le concept de climax, dans le sens de la définition donnée en 1916 par F. E. Clements, désignerait le stade ultime de l'évolution de la végétation dans une zone bioclimatique et une zone édaphique qui, en dehors de toute intervention humaine, correspondrait à un état d'équilibre final en corrélation avec les conditions stables dudit milieu. Autrement dit, la végétation non altérée par les humains serait climacique tout comme celle qui adviendrait, à la suite d'une forte perturbation naturelle (feux, chablis, infestation d'insectes, etc.), lors du stade final de la succession dynamique progressive d'une reconquête de la végétation sans intervention anthropique. Ce concept fait donc appel à la notion d'équilibre naturel, mais celui-ci est de plus en plus contesté[8], car comme le soulignent Vincent Clément et Antoine Gavoille : « Si l'on admet l'existence d'un état d'équilibre primaire de la nature, avant toute intervention humaine, il doit être possible de le situer dans le temps[9]. »

Dans la vallée laurentienne, lors de la dernière glaciation dite du Wisconsin, il y a environ 73 000 ans, le territoire était recouvert d'au moins 1 000 mètres de glace. Il y a 14 000 ans, l'élévation de la température entraîne la fonte de la plaque de glace, le territoire est alors envahi par une mer intérieure, la mer de Champlain. Ce n'est qu'il y a 12 000 ans que le soulèvement de la croûte terrestre, libérée du poids de la glace, provoque graduellement le retrait de la mer. Le sol, autrefois mis à nu par la glace et libéré de l'eau, est colonisé, dans le sud-ouest du Québec, peu à peu par une végétation de toundra. La toundra herbacée devient une toundra arbustive, puis lentement celle-ci évolue vers une toundra forestière. Il y a 11 000 ans une pessière ouverte et, localement, une pessière et une peupleraie couvrent le territoire de la Montérégie. Vient ensuite la sapinière puis, vers 8 500 ans, la région prend progressivement le faciès d'une érablière avec comme dominance pour le Haut-Saint-Laurent, l'érable à sucre (*Acer saccharum*)[10]. À partir de 8 500 ans, le domaine de végétation correspondant au Haut-Saint-Laurent continue son évolution pour tendre progressivement vers une érablière à caryer cordiforme là où l'humain n'intervient pas ou, du moins, guère. Par ailleurs, depuis le début de l'Holocène, l'évolution du couvert végétal n'a probablement pas été linéaire. Elle fut tributaire de l'alternance de phases de réchauffement ou de refroidissement, et de phases plus humides ou plus arides. À une échelle plus réduite, les zones de végétation sont influencées par des conditions édaphiques particulières et des perturbations naturelles. Il faut également tenir compte du fait que cette évolution s'accompagne de la colonisation du territoire par des groupements humains. Bref, le climax peut difficilement être, sur une grande échelle, le stade ultime de l'équilibre de la végétation naturelle dans une courte période spatiotemporelle; cela devient par le fait même une fiction théorique. D'autre part, dans le cadre de la présente étude nous souscrivons à la position de Clément et Gavoille :

> *Tant que la nature est conçue comme un état antérieur ou supérieur à l'existence humaine, elle ne peut être qu'une construction imaginaire (certes nécessaire du point de vue anthropologique, s'il est vrai que toute société génère une mythologie de la nature). Il faut donc plutôt essayer de penser non la nature en soi, mais la relation pratique qui, unissant l'homme à la nature, conduisent à redéfinir les termes de la relation. Toutefois, deux préjugés concernant cette relation hypothèquent son analyse objective : l'idée d'équilibre naturel et l'image de l'homme destructeur*[11].

Comme nous l'avons souligné, la notion d'équilibre naturel et stable, ou climax, résiste mal à une échelle spatiotemporelle de plusieurs centaines d'années. Les biocénoses et les biotopes, les deux composantes essentielles des écosystèmes, sont par définition instables, car soumis à de constantes variations. Alors, est-ce par rapport aux humains, leur présence ou leur absence, qu'on cherche à établir, de manière relative, des équilibres naturels ?

L'humain et la nature, la nature et l'humain

Les conceptions naturalistes classiques sont fondées sur la préexistence de la nature par rapport aux humains. Le paradigme renvoie à l'idée qu'il existe une nature terrestre « intacte », c'est-à-dire « non touchée » par la présence et les actions des humains et que cette « nature terrestre objective » « se décompose en lithosphère, hydrosphère, biosphère et atmosphères ».

> *Le mot nature peut aussi désigner un état primitif, celui qui correspond aux grands biomes terrestres apparus après les dernières glaciations et offrant une certaine stabilité avant les défrichements du Néolithique[12].*

Cela présuppose qu'il existe des lieux, des territoires ou des biomes qui ne sont pas ou ne furent pas affectés par l'humain. Cela est fort possible et facilement envisageable, bien que les recherches actuelles menées par de nombreux archéologiques et écologues semblent réduire considérablement ces lieux dits « naturels ». C'est notamment le cas pour l'Amazonie[13].

Les recherches actuelles sur le concept de « nature sauvage », également appelée « naturalité » et « *wilderness* » indiquent que celui-ci a une forte charge culturelle[14].

> *Pour l'homme et par l'homme, la nature est forcément traduite en termes propres à une culture; elle est intégrée au monde que l'homme est capable de concevoir, de percevoir et d'aménager[15].*

La nature fut historiquement divinisée chez les Grecs. Elle fut plutôt un état menaçant d'irréligion chez les grandes religions monothéistes, bien que considérée comme l'œuvre tantôt parfaite, tantôt imparfaite, d'un Créateur. Parce qu'imparfaite et menaçante pour les humains, cette nature à l'époque des Lumières doit être inventoriée et « contrôlée » grâce au progrès technique. Puisque l'esprit humain se doit d'être plus fort que cette « nature sauvage », celle-ci, dans la mesure du possible, doit être aménagée. À partir du XIXᵉ siècle et surtout au XXᵉ siècle, la nature est perçue à la fois comme exploitable pour les bénéfices des sociétés humaines, et « sanctifiée » par certains, notamment les adhérents au mouvement écologique, comme « un ultime rempart contre la civilisation, maladie par trop humaine qui risque de gangréner la planète entière[16] ».

La notion de « nature sauvage » (et de ses synonymes « naturalité » et « *wilderness* ») est donc relative. Celle-ci détermine des attitudes et des choix qui influencent tant le grand public que les scientifiques. Chez les « naturalistes » qui adhèrent au « naturalisme », l'humain est rarement considéré comme un acteur important de la transformation des paysages dits naturels, sauf pour souligner ses actions perturbatrices.

> [...] *l'oubli de l'homme. En effet, ces préjugés dérivent en fait de la structure perceptive de cette approche commune de la nature, qui provoque toutes les illusions habituellement liées à la perception quand elle est érigée en moyen de connaissance : séparation entre le sujet et l'objet, oubli du sujet. Cet oubli est l'obstacle épistémologique commun à toutes les sciences : dans sa contemplation naïve de la nature, l'homme s'oublie lui-même en tant qu'observateur, c'est-à-dire, d'une part, en tant que présence physique qui peut induire des phénomènes nouveaux (marque des pas, comportement des animaux regardés) et, d'autre part, en tant que sujet psychologique, car un paysage contemplé n'est déjà plus un morceau de nature vierge, dans le sens ou l'homme y projette un certain nombre de schémas et d'intentions — à commencer par l'idée même de virginité — qui modifient sa perception*[17].

L'idée même de l'humain destructeur de la nature est un préjugé qui fut érigé en dogme par certains auteurs du XIXᵉ siècle et intégré par certains chercheurs depuis. Il faut plutôt considérer l'humain comme un organisme vivant qui traverse, vit et transforme une multitude de territoires, de milieux, d'écosystèmes pour se construire une niche écologique propre à assurer sa subsistance et sa reproduction. Certains groupes vivent en harmonie relative avec leur milieu pendant une longue période de temps; d'autres, pour différentes raisons et facteurs, échouent à assurer cet équilibre. En tant qu'organismes, les hominidés ne sont ni bons, ni mauvais : ils sont, ils vivent, ils se reproduisent. Ces organismes entraînent des conséquences sur leur milieu, leurs écosystèmes et leurs paysages que rien n'interdit de modifier s'ils prennent acte qu'il faille demeurer conscient que leurs actions conduisent à un bouleversement des conditions nécessaires à leur survie et à leur reproduction.

L'humain comme supra-organisme et la construction de sa niche écologique

L'humain possède des atouts importants sur les autres organismes présents dans les écosystèmes qu'il habite. Son cerveau, proportionnellement plus important que celui de la majorité des autres organismes, sa grande mobilité et sa faculté et son habilité à concevoir des outils l'avantagent. L'humain possède également un savoir acquis de l'expérience individuelle qui peut plus facilement se transmettre par sa capacité d'échanger grâce au langage. Certaines expériences individuelles peuvent devenir collectives par l'échange culturel; des problèmes techniques et adaptatifs peuvent alors être résolus par la coopération.

Mais attention, comme le souligne l'anthropologue Georges Guille-Escuret :

> [...] *notre espèce n'est pas unique par son adaptabilité, ni par sa capacité à exploiter une large gamme de milieux. Elle l'est par son aptitude à donner plusieurs réponses radicalement dissemblables à un même environnement, et plus encore parce qu'elle peut faire cohabiter ces réponses*[18].

Par exemple, personne ne conteste que la domestication du feu fût acquise et généralisée par diffusion au temps paléolithique, il y a 200 000 ans[19] ou 250 000 ans[20]. Des individus ou des groupes d'individus qui ont traversé la Béringie pour coloniser les Amériques il y a plus 12 000 ans connaissaient l'utilisation du feu, du moins comme source de chaleur et pour la cuisson des aliments. Mais le feu est un « outil » qui peut également servir à assurer ou faciliter la reproduction des groupes humains préhistoriques de bien des façons.

C'est également une technologie qui semble propre à l'humain et un moyen d'extraire plus efficacement de l'énergie de la nourriture et de l'environnement; son site de production, le foyer, devient provisoirement ou d'une façon plus permanente un point d'ancrage pour les humains, favorisant ainsi un lieu de partage et un réseautage social et culturel. Mais, il reste impossible, même par les techniques les plus sophistiquées de l'archéologie et de la paléontologie, d'évaluer spécifiquement les types d'échange de ces regroupements humains autour des foyers. Seule la collecte d'une multitude d'artéfacts et d'écofacts sur le maximum de sites occupés par l'espèce humaine de manière diachronique et synchronique sur des territoires étendus permet à des spécialistes d'essayer de reconstruire la « réalité » du vécu des occupants. En les comparant à d'autres études, ces spécialistes essaient de comprendre leur mode de vie et leur reproduction. Mais nous supposons qu'à l'instar des autres organismes fréquentant un milieu ou un écosystème, l'humain a créé sa niche écologique.

Comme l'indique les auteurs de *Niche Construction, the neglected process in evolution*, certains chercheurs conçoivent l'évolution comme un processus où la sélection naturelle permet à des organismes de présenter les caractéristiques assurant leur survie et leur reproduction dans leur environnement[21]. Selon ce paradigme, ce sont toujours les changements dans les organismes plutôt que les changements dans l'environnement qui sont responsables de leur adaptation. Dit autrement, les organismes sont censés s'adapter à leur environnement, mais les environnements ne sont pas censés « s'adapter » à leurs organismes.

Pendant des décennies, les approches évolutionnistes les plus courantes de l'étude de l'humain étaient de nature « adaptationniste ». Or, le concept de construction de niches ouvre une deuxième voie vers des interactions possibles et dynamiques entre les organismes (dans cette étude, les humains) et l'environnement. C'est là un processus bidirectionnel impliquant tant des humains répondant à leur biotope que des actions pour changer leur environnement grâce à la construction de niches.

À partir de la définition originelle de Grinnell développée en 1917, Maxime Lamotte, généticien, biologiste et pionnier de l'écologie, rapporte que la signification de la niche écologique définie en 1927 par Elton est :

> *par un consensus général, la « place » d'une espèce dans le milieu où elle vit. Il ne s'agit toutefois pas de l'espace géométrique qu'occupe l'espèce dans ce milieu, mais essentiellement des relations qu'elle entretient avec « sa nourriture et ses ennemis[22].*

Odling-Smee, Laland et Feldman en déduisent que :

> *les organismes qui construisent des niches ne peuvent plus être traités simplement comme des véhicules pour leurs gènes, car ils modifient également les pressions de sélection dans leur propre environnement et pour d'autres espèces et, ce faisant, ils peuvent introduire des réactions[23].*

La construction de niches peut donc être définie comme une ou des modifications environnementales induites par un organisme; organisme spécifiquement humain dans la présente étude où on s'attarde aux activités humaines entraînant des changements dans l'environnement. Par sa présence depuis plusieurs millénaires, l'*Homo sapiens* et ses ancêtres sont probablement les espèces qui ont le plus transformé leurs habitats. Odling-Smee, Laland et Feldman identifient d'ailleurs les humains comme « les constructeurs de niches ultimes ».

Ces auteurs spécifient que les humains peuvent et, effectivement, modifient leur environnement, principalement au moyen de processus culturels.

Dans l'expression « processus culturel », il y a le mot « culture ». Ces mêmes auteurs rapportent qu'en 1871, l'anthropologue Tyler a défini la culture comme « un ensemble complexe qui comprend la connaissance, la croyance, l'art, la morale, la coutume, et toutes les autres capacités et habitudes acquises par [les humains] en tant que membre de la société[24] ». Ils soulignent aussi que :

> *Une grande partie de la construction de niche humaine est guidée par des connaissances acquises socialement et un héritage culturel, mais la transmission et l'acquisition de ces connaissances dépendent elles-mêmes d'informations pré-existantes acquises par évolution génétique, processus onto-génétiques complexes ou apprentissage social préalable[25].*

Charles Darwin proposait l'expression « place dans la nature » comme la résultante de toutes les « luttes pour l'existence » que livre un organisme avec son environnement (biotope) et la biocénose où il évolue; cette expression fait référence, entre autres, selon nous, à la notion de niche écologique. Car elle figure la place d'un organisme, dans ce cas-ci de l'humain, dans la biocénose, « soit en participant à sa reproduction, soit en modifiant sa construction[26] ».

Notre étude s'intéresse principalement à la construction de niches par les Autochtones de l'est de l'Amérique du Nord, mais plus spécialement à la niche réalisée par les Iroquoiens du Saint-Laurent. Comme nous l'avons souligné en introduction, ce groupe culturel assez homogène[27] occupait un vaste territoire, entre le déversoir des Grands

Lacs et le golfe du Saint-Laurent. Cela nous impose de distinguer d'une part la **niche fondamentale**, c'est-à-dire les paysages ou les territoires où notre population étudiée pourrait s'implanter et se reproduire en exploitant les ressources, mais qu'elle choisit de fréquenter de façon ponctuelle, sans y altérer ou modifier, de façon importante, le biome, et ce, soit parce que ceux-ci sont également fréquentés ou occupés par d'autres organismes, soit encore qu'ils ne peuvent assurer la pleine reproduction de la population. Et d'autre part, la **niche réalisée**, c'est-à-dire, la position effective au terme de la place qu'occupe réellement l'organisme dans un écosystème, un habitat ou un paysage, d'une façon continue ou du moins saisonnière. La niche réalisée nécessite donc une tentative de localisation dans un espace que nous avons jusqu'à maintenant défini par une multitude de termes : environnement, biotope, écosystème, habitat, territoire et paysage.

Le paysage comme outil de référence de la construction de niche plutôt que l'écosystème

> *L'écologie, [...], s'est donné pour tâche l'étude de divers niveaux d'organisation de la matière vivante qui vont de l'individu à la biosphère. Dans un domaine aussi étendu, cependant, la caractérisation des « niveaux » reste un problème majeur dont la solution, si elle existe, est loin d'être trouvée*[28].

C'est exactement le même problème que nous rencontrons pour définir adéquatement le niveau sur lequel nous devons travailler. Le terme **environnement** peut prendre une multitude de sens, mais est souvent associé au **biotope**, c'est-à-dire un milieu, plus ou moins étendu, aux caractéristiques physiques, chimiques et climatiques assez uniformes.

Le biotope et la **biocénose**, c'est-à-dire l'ensemble des êtres vivants, y compris les humains, qui coexistent dans un biotope, forment un *écosystème* ou des *écosystèmes*. Or, il y a ambiguïté puisque le mot *écosystème* désigne moins un site ou un espace défini en écologie, il fait plutôt référence à « une analyse fonctionnelle du réseau trophique et des flux d'énergie[29] » dans un milieu préférablement bien délimité ou, du moins, relativement homogène. C'est d'ailleurs pour cette raison qu'il est d'usage courant de dire qu'un lac, une rivière, un fleuve, une prairie, une forêt, ou une zone de transition entre une prairie et une forêt (**écotone**) est un écosystème.

Comme le remarquait l'écologue Tansley[30] :

> *Toute méthode de la science […] est d'isoler mentalement des systèmes pour les besoins de la recherche, de sorte que les séries de ces isolats que nous obtenons deviennent les objets effectifs de notre recherche […]. En fait les systèmes que nous isolons mentalement ne sont pas seulement inclus dans d'autres systèmes plus vastes, ils se chevauchent aussi, s'enclenchent l'un dans l'autre et interagissent entre eux. L'isolement est en partie factice, mais c'est la seule voie dans laquelle nous puissions avancer[31].*

Les lacs, les rivières, le fleuve, les praires, les forêts, ou les écotones deviennent des écosystèmes d'un plus vaste écosystème.

O'Neil s'interroge sur les limites spatiales de l'écosystème :

> *Le concept d'écosystème considère une unité spatiale spéci-fique : classiquement, un petit bassin versant pour les systèmes terrestres et un lac pour les systèmes aquatiques. Le concept examine à l'intérieur de ces limites en identifiant les dynamiques significatives nécessitant des explications et les processus significatifs qui les expliqueront. Les frontières peuvent être ouvertes à l'échange d'organismes, d'énergie et de matières. Néanmoins, le concept d'écosystème suppose que les interactions et les bouches de rétroactions nécessaires et suffisantes pour expliquer la dynamique se produisent à l'intérieur des limites.*
>
> *Le problème avec cette hypothèse est que les distributions spatiales des populations composant un milieu peuvent être beaucoup plus grandes que les limites de l'écosystème. En effet, même le domaine vital des organismes peut être plus grand que l'écosystème […][32].*

Le territoire, c'est-à-dire une aire qu'une espèce se réserve soit pour se nourrir, soit pour s'y reproduire, occupé de façon permanente ou saisonnière par certains groupes d'Iroquoiens du Saint-Laurent est immense. À cette échelle, il nous est impossible d'entrevoir la construction de niches de notre organisme en se référant uniquement à des milieux bien délimités ou homogènes, pas plus que sur la totalité du territoire occupé par notre organisme, c'est-à-dire à l'écosystème de la totalité des écosystèmes de la vallée du fleuve Saint-Laurent.

D'autre part, Blandin (2007) rapporte dans son article la réflexion de deux collègues :

> Il existe un ensemble complexe de relations entre les différents écosystèmes qui composent un espace donné. C'est justement la raison pour laquelle cet espace peut, à son tour, être considéré comme un système (de systèmes). Chaque écosystème devient alors un élément du « système spatial » qui l'intègre. On ne s'intéresse plus aux flux internes qui caractérisent chaque écosystème, mais aux échanges que chacun entretient avec l'ensemble des autres [33].

Comme nous l'avons déjà souligné dans notre introduction, les forêts dites naturelles ou climaciques sont fréquemment affectées par les tempêtes de vent, les incendies causées par la foudre, les explosions d'insectes et, moins fréquemment, par les maladies bactériennes, virales ou les cryptogamiques, auxquels il faut également ajouter les perturbations anthropiques, les incendies par négligence ou prémédités, la collecte de bois, le défrichement pour créer des espaces ouverts soit pour l'implantation de cultures ou pour augmenter la capacité de charge de l'environnement, dans de nombreux lieux et depuis fort longtemps, comme nous le détaillerons dans les prochains chapitres de cette étude. Ces perturbations, plus ou moins localisées, sont néanmoins récurrentes et produisent une structure en mosaïque, « où coexistent des unités écologiques correspondant à différents stades de succession, d'où une diversité écologique et spécifique qui serait entretenue par le régime de perturbation. C'est donc à l'échelle spatiale du paysage, et non pas à celle de tel ou tel écosystème constitutif, qu'un équilibre serait maintenu [34] ».

Patrick Blandin rapporte une citation fort intéressante à propos de la dynamique des hydrosystèmes fluviaux qui convient également aux paysages naturels dits forestiers présents sur un vaste territoire :

> *Une des conséquences de cette dynamique spatio-temporelle à l'échelle des secteurs fonctionnels, est la présence simultanée, dans un même secteur, des communautés correspondant à tous les stades de différentes successions écologiques. Ceci permet aux espèces correspondantes de trouver toujours quelque part dans le secteur considéré des conditions d'habitat qui leurs sont propices donc de se perpétuer malgré les transformations incessantes des écosystèmes. Il en résulte une diversité floristique et faunistique maximale, et supérieure à la diversité des seuls stades climax des successions* [35].

Si cette dynamique n'est pas le seul fruit du hasard, mais qu'elle est provoquée à dessein par un organisme, elle devient alors une construction de niche.

Il nous est alors apparu intéressant non pas de définir cette construction de niche à un niveau précis d'échelle spatiale, mais plutôt de choisir un niveau « arbitraire » qui a l'avantage de caractériser une portion, plus ou moins étendue, de notre territoire d'étude : le **paysage**.

Une approche pluridisciplinaire du paysage

L'ethnologue Gérard Lenclud souligne que « le paysage est un lieu, mais un lieu isolé par le regard; un site, mais un site contemplé; un espace, mais un espace cadré; un donné, mais un donné reconstruit par une analyse visuelle; une découpe du monde, mais une découpe signifiante. Un paysage n'accède donc au statut de paysage que par le biais d'une réception [36] ».

Anne Sgard, géographe, dans *Le partage du paysage* [37], comme bien d'autres avant elle, insiste sur la polysémie ou la « polyphonie » du terme *paysage*, dont le flou de celui-ci permet d'y « trouver une richesse stimulante ».

L'anthropologue Philippe Descola, dans sa première leçon, sous le thème « Anthropologie de la Nature : les formes du paysage[38] » au Collège de France, débute avec une série de questions fort intéressantes :

> *À quoi se réfère-t-on lorsque l'on parle de paysage ? Peut-on généraliser cette notion au-delà des cultures qui ont élaboré des représentations paysagères, picturales ou littéraires ? Et, dans ce cas, comment définir avec précision le noyau commun d'un schème paysager ?*

Evelyne Gauché, dans *Le paysage à l'épreuve de la complexité : les raisons de l'action paysagère*, souligne également la multitude d'approches du paysage et des définitions comme une preuve de la complexité de la notion[39]. Elle propose pour poursuivre la réflexion de redéfinir cette notion sous le terme complexe-paysager.

> *Le **complexe-paysager** tel qu'il est entendu ici est ainsi fondé sur les interactions entre trois éléments qui constituent eux-mêmes des sous-systèmes* (figure 1) *: la matérialité du paysage (dimension matérielle), les représentations sociales et l'action qui lui est destinée (dimension praxéologique), constituée ici par l'action paysagère intentionnelle, c'est-à-dire l'action politique), triptyque auquel nous accordons une valeur heuristique. La matérialité du paysage est le support des représentations et de l'action (Politique) en même temps qu'elle en est le produit des représentations qu'elle contribue corrélativement à construire*[40].

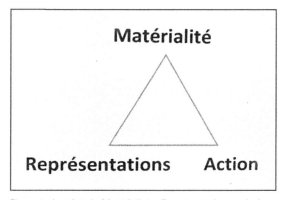

Figure 1 : Le triangle Matérialité – Représentations – Action

Représentations Action

Personnellement, nous rapprocherons cette relation typologique à celle des classes texturales qui définissent les sols en pédologie dans lesquelles on a défini treize types en relation avec la proportion d'argile, de sable et de limon. Bien que pour le complexe-paysager cette multiplicité de classes ne soit pas encore définie, l'étude du paysage ne serait plus immédiatement classée dans deux grands ensembles, comme l'écrit Pascal Ragouet[41] :

> d'une part les représentants de ce qu'il appelle l'« option constructiviste », mettant l'accent sur la perception individuelle et/ou les représentations sociales, et d'autre part, l'« option matérialiste-naturaliste », concevant le paysage comme un donné, un espace tantôt exclusivement naturel, tantôt résultat de l'action anthropique.

À l'instar des treize classes texturales en pédologie, ce triptyque original permettra peut-être de légitimer et, d'une certaine manière, de catégoriser toutes les approches issues des différentes disciplines qui s'intéressent aux paysages à travers une démarche qui privilégie ou non la matérialité, la représentation ou l'action (et son contraire, la non-action) sur l'étude d'un paysage et non pas qualifier une approche particulière d'impasse comme le définit Descola[42].

Dans une perspective plus actuelle, débordant nettement du cadre plus « matérialiste-naturaliste », Descola donne cette définition plus englobante :

> Un paysage est d'abord un objet produit ou façonné de façon intentionnelle par des humains afin que, parmi une diversité d'autres usages possibles, il fonctionne aussi dans sa totalité, comme un signe iconique tenant lieu d'une réalité différente de celle dont il est la réalisation matérielle[43].

Fort bien, mais cela est-il possible pour les paysages du passé qui sont impossibles à voir *in situ* ? Peut-on réellement comprendre la ou les relations qui existaient entre un environnement naturel (biome ou écosystème) et/ou un paysage construit (anthropique) et la perception des populations qui les ont traversés, fréquentés ou habités et qui ont aujourd'hui disparu ? Cela est difficile à retracer et à corroborer dans une démarche néopositiviste. L'anthropologue Christopher Tilley[44], dans son essai *A Phenomenology of Landscape: Place, Paths and Monument*, propose une approche différente pour tenter de solutionner cette problématique dans une démarche qui allie l'archéologie, l'anthropologie et la géographie humaine. Comme l'écrit le géographe André-Louis Sanguin, l'approche phénoménologique « met davantage l'accent sur l'étude des intentions, des valeurs et des buts d'un groupe humain[45] ». Il ajoute dans son article que « la plus grande critique relevée par les géographes humanistes contre les scientistes est que la recherche vers des explications causales et vers des lois du comportement humain ainsi que la modélisation quantifiée a aliéné la liberté de correctif des jugements et des observations[46] ». La démarche phénoménologique insiste sur un principe : « toute connaissance procède du monde de l'expérience et ne peut être indépendante de ce monde. Il n'y a pas un monde unique et objectif, mais une pluralité[47] ».

L'archéologue Julian Thomas souligne, malgré les difficultés associées à la reconstitution des paysages anciens, que « la préoccupation centrale serait de savoir comment un paysage était occupé et compris, et comment il a fourni le contexte pour la formulation et la réalisation de projets humains[48] ».

Nous pouvons difficilement savoir si les Iroquoiens du Saint-Laurent qui habitaient la vallée du Saint-Laurent au XVIe siècle concevaient une représentation de leur espace de vie comme un paysage particulier. Par contre, en tant que chercheur doté de cette capacité d'une représentation paysagère, il nous est loisible d'aborder notre étude dans ce sens et de reprendre les interrogations déjà manifestées par un des orateurs d'un congrès international de géographie en 1938 et rapportées par Thierry Paquot :

> *comment distinguer un « paysage naturel » d'un « paysage humain », tant le premier est tributaire, parfois de manière imperceptible, des agissements des humains, nomades ou sédentaires, qui, de fait, rien qu'en le traversant, en perturbent bien de délicats équilibres écosystémiques. Alors, le paysage est-il un morceau d'espace humanisé ? Ou bien*

une nature « travaillée » par une culture? Et comment
mesure-t-on cette intervention humaine? La perçoit-on?
La représente-t-on[49]?

Conclusion

Les Autochtones de nord-est de l'Amérique du Nord sont, à l'instar des autres espèces qui partagent leur biotope, des constituants du biome. Comme tous les organismes présents sur ce territoire ou ces paysages, ils exploitent des ressources propres à assurer leur reproduction. Dans la vallée laurentienne, l'environnement a beaucoup changé depuis le retrait des derniers glaciers il y a 12 000 ans. Après que la glace ait retraité, le sol nu s'est très progressivement couvert d'une végétation, d'abord éparse et d'affinité arctico-alpine, vers un tapis d'arbustes, puis des forêts conifériennes et pour les zones les plus chaudes, des forêts de feuillus. Le couvert végétal évolue donc au fil des décennies ou des millénaires au gré des fluctuations climatiques (réchauffement, refroidissement, sécheresses) et des perturbations. Celles-ci sont d'ordre biologique (insectes, maladies), physique (chablis, feux non anthropiques) et anthropique (incendies délibérés, prélèvements, etc.). Car il importe de spécifier que des humains ont suivi le retrait des glaces pour occuper les territoires libérés. Le concept de succession végétale devrait donc prendre en compte cette présence humaine et les actions de celle-ci sur l'environnement et sur les écosystèmes et, du moins, là où des populations ont exploité de façon plus régulière les ressources, les paysages.

Pour comprendre ces paysages humanisés, il nous faut chercher à comprendre les besoins en ressources pour assurer la reproduction à long terme des populations autochtones qui les ont habités, ce qui sera abordé plus spécifiquement au chapitre 5.

Notes

1. Claude CHAPDELAINE (dir.), 2015, *Mailhot-Curran, un village iroquoien du XVIe siècle*, Collection « Paléo-Québec », n° 35, Recherches amérindiennes au Québec Éditeur, Montréal, 412 pages, p. 35.

2. CHAPDELAINE, 2015, *op. cit.*, p. 41.

3. *Ibid.*, p. 42.

4. *Ibid.*, p. 42-43.

5. TREMBLAY, 2006, *op. cit.*, p. 34b.

6. Pierre BOUCHER, 1964, *Histoire véritable et naturelle des mœurs et productions du Pays de la Nouvelle-France vulgairement dite le Canada*, Florentin Lambert, Paris, 1664. Facsimilé de la Société historique de Boucherville, Longueuil, 415 pages, p. 168.

7. Vincent CLÉMENT, 2002, *De la marche-frontière au pays-des-bois : forêts, sociétés paysannes et territoires en vieille-Castille (XIe-XXe siècle)*, Madrid, Casa de Velázquez, 383 pages, p. 12.

8. Parmi les auteurs qui contestent ce concept, nous pourrions citer : Catherine LARRÈRE et Raphaël LARRÈRE, 2009, « Du "principe de la naturalité" à la "gestion de la diversité biologique" in Raphaël LARRÈRE *et al.*, *Histoire des parcs nationaux. Comment prendre soin de la nature ?* Éditions Quae / Musée national d'histoire naturelle, p. 205-219; Daniel BOTKIN, 1990, *Discordant Harmonies: A new Ecology for the twenty-first Century*, Oxford University Press, xii + 241 pages; et Daniel BOTKIN, 2012, *The Moon in the Nautilus Shell: Discordant Harmonies Reconsidered*, Oxford University Press, New York, xxii + 424 pages.

9. Vincent CLÉMENT et Antoine GAVOILLE, 1994, *op. cit.*, p. 243.

10. Pour approfondir ce sujet, voir : Claude CHAPDELAINE et Pierre J. H. RICHARD, 2017, « Middle and Late Paleoindian Adaptation to the Landscapes of Southeastern Québec » in *PaleoAmerica, A journal of early human migration and dispersal*, p. 1-14 : http://dx.doi.org/10.1080/2055563.2017.1379848

11. Vincent CLÉMENT et Antoine GAVOILLE, 1994, *op. cit.*, p. 242-243.

12. Vincent CLÉMENT, 2002, *op. cit.*, p. 13.

13. Voir sur ce sujet : Stéphen ROSTAIN, 2016, *Amazonie. Un jardin sauvage ou une forêt domestiquée. Essai d'écologie historique*, Actes Sud / Errance, Paris, 263 pages; et Stéphen ROSTAIN, 2017, Amazie. *Les 12 travaux des civilisations précolombiennes*, Éditions Belin, Paris, 334 pages.

14. Sur cette question, à lire : William CRONON, 2009, « Le problème de la wilderness, ou le retour vers une mauvaise nature » in *Écologie & Politique*, 38, p. 173-199; et Raphaël LARRÈRE et Catherine LARRÈRE, 2009 [1997], *Du bon usage de la nature. Pour une philosophie de l'environnement*, Éditions Flammarion, Paris, 355 pages.

15. Auguste BERQUE, 2009, *Médiance de milieux en paysages*, Belin Éditeur, Paris, 160 pages, p. 51-52.

16. William CRONON, 2009, *op. cit.*, p. 173.

17. Vincent CLÉMENT et Antoine GAVOILLE, 1994, *op. cit.*, p. 241.

18. Georges GUILLE-ESCURET, 1996, « La niche écologique contre l'écosystème et l'intervention négligée des faits techniques » in *Anthropologie et Sociétés*, 20 (3), (pages 85-105), p. 94 : [en ligne] id.erudit.org/iderudit/015435ar

19. Henry DE LUMLEY, 2017, *La domestication du feu aux temps paléolithiques*, Odile Jacob, Paris, 181 pages, p. 152.

20. M. C. STINER et S. L. KUHN, 2016, « Are we missing the "sweet spot" between optimality theory and niche construction theory in arcaeology ? » in *Journal of Anthropological Archaeology*, 44, Part B : (pages 177-184), p. 180.

21. F. John ODLING-SMEE, Kevin N. LALAND et Marcus W. FELDMAN, 2003, *Niche Construction, the neglected process in evolution*, Monographs in Population Biology, 37, Princeton University Press, Princeton and Oxford, 472 pages, p. 240.

22. M. LAMOTTE, 1979, « La niche écologique, des concepts théoriques aux utilisations pratiques » in *Terre Vie, revue écologique* 33, (pages 509-520), p. 509.

1. Concepts : climax, nature, construction de niche et paysage

23. F. John ODLING-SMEE, Kevin N. LALAND et Marcus W. FELDMAN, 2003, *op. cit.*, p. 240.

24. *Ibid.*, 2003, *op. cit.*, p. 263.

25. *Ibid.*, p. 261.

26. Georges GUILLE-ESCURET, 1996, *op. cit.*, p. 90-91.

27. Nous y reviendrons dans le chapitre 6.

28. Patrick BLANDIN et Maxime LAMOTTE, 1988, « Recherche d'une entité écologique correspondant à l'étude des paysages : la notion d'écocomplexe » in *Bull. Écol.*, 19 (4), (pages 547-555), p. 547.

29. *Ibid.*, p. 548.

30. A. G. TANSLEY, 1935, « The Use and abuse of Vegetational Concepts and terms » in *Ecology*, 16 (3), (pages 284-307), p. 299-300.

31. Cité par Patrick BLANDIN, 2007, « L'écosystème existe-t-il ? Le tout et la partie en écologie » in Martin T. (coord.), *Le tout et les parties dans les systèmes naturels*, Vuibert, Paris, (pages 21-46), p. 28.

32. Robert V. O'NEIL, 2001, « Is it time to bury the ecosystem concept (with full military honors, of course ! » in *Ecology*, 82 (12), (pages 3275-3284), p. 3276.

33. Patrick BLANDIN, 2007, *op. cit.*, p. 36.

34. Patrick BLANDIN, 2009, *De la protection de la nature au pilotage de la biodiversité*; conférence-débat organisée par le groupe « Sciences en questions », Inra, Paris, 4 octobre 2007, Éditions Quae et Inra (Versailles), France, (pages 21-46), p. 46.

35. AMOROS et WADE, 1973, cités par Patrick BLANDIN, 2009, *op. cit.*, p. 46.

36. Gérard LENCLUD, 1995, « L'ethnologie et le paysage : Question sans réponses » in *Paysage au pluriel : Pour une approche ethnologique des paysages*, Éditions de la Maison des sciences de l'homme, Paris, (pages 2-17), p. 4-5.

37. Anne SGARD, 2011, *Le partage du paysage*, Géographie, Université de Grenoble, 262 pages, p. 20 : [en ligne] https://tel.archives-ouvertes.fr/tel-00686995

38. Philippe DESCOLA, 2013, « Anthropologie de la Nature : les formes du paysage » in *L'annuaire du Collège de France*, 113, pages 679-701 : [en ligne] http://journal.openedition.org/annuaire-cdg/11954

39. Évelyne GAUCHÉ, 2015, « Le paysage à l'épreuve de la complexité : les raisons de l'action paysagère » in *Cybergeo: European Journal of Geography / Environnement, Nature, Paysage* : [en ligne] http://journals.openedition.org/cybergeo/27245

40. *Ibid.*, p. 3.

41. Pascal RAGOUET, 2000; cité par Anne SGARD, 2011, *op. cit.*, p. 25.

42. Philippe DESCOLA, 2014, « Anthropologie de la Nature: les formes du paysage (suite) » in *L'annuaire du Collège de France* [en ligne], 113, (pages 679-701), p. 679 : http//journal.openedition.org/annuaire-cdf/2580

43. Philippe DESCOLA, 2015, « Anthropologie de la Nature: les formes du paysage (suite et fin) » in *L'annuaire du Collège de France* [en ligne], 114, (pages 757-781), p. 758 : http//journal.openedition.org/annuaire-cdf/11954

44. Christopher TILLEY, 1994, *A Phenomenology of Landscape: Place, Paths and Monuments*, Berg, Orford/Providence, USA, 221 pages.

45. André-Louis SANGUIN, 1981, « La géographie humaniste ou l'approche phénoménologique des lieux des paysage et des espaces » in *Annales de géographie*, T. 90, n° 501, pages 560-587.

46. *Ibid.*, p. 562.

47. *Ibid.*, p. 563.

48. Julian THOMAS, 2010, « Archaeology, Landscape, and Dwelling » in *Handbook of Landscape Archaeology*, B. David et J. Thomas (edis.) Routledge, London & New York, (pages 300-306), p. 305.

49. Thierry PAQUOT, 2016, *Le paysage*, Éditions La Découverte, Paris, 125 pages, p. 25.

CHAPITRE 2

Notre méthodologie

Introduction

À la question « quelle(s) empreinte(s) les Iroquoiens du Saint-Laurent ont-ils eue(s) sur leur environnement dans la vallée laurentienne? », il nous faut maintenant définir notre méthodologie. Plus précisément, comment aborder cette question et trouver, dans notre recherche axée sur une recension de la littérature, les éléments qui nous permettraient soit d'y répondre, soit d'entrevoir de nouvelles pistes pour orienter de futures recherches? Les pages qui suivent précisent notre positionnement méthodologique et notre base empirique.

Positionnement méthodologique

Dans l'étude des paysages du passé, comme celui de la vallée du Saint-Laurent au XVIe siècle, la démarche doit d'abord s'appuyer sur la matérialité « reconstruite » de celui-ci, sinon elle s'avère difficile, voire impossible. Un paysage ou, dans une autre échelle, un territoire, un lieu, un site, une place, un espace ou une aire d'occupation d'organismes ou d'humains (une niche écologique réalisée) peuvent avoir disparu ainsi que les populations qui y vivaient. La reconstitution de ce paysage ne peut donc pas faire l'objet d'une analyse visuelle en temps réel.

Les études protohistoriques sur le paysage étant relativement peu fréquentes en écologie végétale et dans les disciplines de l'aménagement, nous nous appuierons sur une approche multidisciplinaire, impliquant principalement une revue de littérature dans les domaines de l'ethnologie, de l'ethnohistoire, de l'histoire, de l'ethnologie comparative, de la géographie, de l'écologie, de l'agronomie, de la palynologie, de l'étude des charbons de bois fossiles, de l'archéologie et de l'archéologie du paysage, considérant le paysage comme une niche réalisée. C'est-à-dire, en recherchant l'empreinte de la transformation du milieu « naturel » ou de leur environnement pour les besoins d'une population ou d'un groupe. Nous nous proposons de faire une relecture des récits et des données abordant les relations entre le paysage et la présence des Premières Nations en envisageant les Autochtones comme des acteurs actifs dans leur environnement et en présupposant que ceux-ci ont façonné de façon plus ou moins importante leur biotope[1] ou leur écosystème[2] pour former un ou des paysages ayant des caractéristiques différenciées des milieux où les interventions humaines auraient été absentes ou du moins minimales, c'est-à-dire de la « nature sauvage ».

La difficulté de l'interprétation des données paléoécologiques

En l'absence d'un regard humain réel sur ces paysages d'autrefois ou de photographies de ceux-ci, nous devons nous tourner vers d'autres sources pour valider notre hypothèse. La rigueur requise pour tester notre hypothèse ne peut malheureusement recourir à l'inventaire comparé *in situ* de paysages de la période préhistorique et protohistorique à proximité de zones connues de peuplements autochtones. C'est d'ailleurs la raison majeure de la poursuite de ce débat concernant l'importance ou non des activités des Autochtones sur la transformation d'un environnement « naturel » à des paysages anthropiques; du moins, dans certaines parties du nord-est de l'Amérique du Nord et, plus précisément dans cette étude, dans la vallée du Saint-Laurent. Même en nous basant plus spécifiquement sur les données issues de la paléoécologie du Quaternaire, c'est-à-dire principalement sur la présence et l'abondance de certains grains de pollens et de charbon de bois fossilisé, ainsi que sur celles de l'archéologie, la validation de notre hypothèse se heurte à plusieurs obstacles dans le cadre d'une recherche scientifique strictement positiviste.

Les actions d'individus arrivés en Amérique du Nord depuis plus de 12 000 ans[3] ont entraîné des changements écologiques sur une grande partie de ce vaste territoire; changement dont l'ampleur est déterminée par de nombreux facteurs, notamment la taille de la population humaine, sa répartition et ses modes de vie.

Ces individus qui ont cheminé de l'Asie pour coloniser le continent américain connaissaient le feu comme une technologie propre à assurer une chaleur bienfaisante dans les moments de repos, un éclairage dans la pénombre d'un endroit abrité ou durant la nuit, et pour la cuisson des aliments, tout en maintenant au loin certains prédateurs. Cette technologie du feu englobe ce que les anthropologues appellent *In-Site Fire Use* et elle est certainement acquise par les *Homo sapiens* lors de leur présence sur le continent américain[4]. Ces groupes humains ou du moins certains de ceux-ci possédaient également une technologie apte à chasser la faune aviaire, terrestre et aquatique de ce vaste territoire, y compris la mégafaune, dont ces chasseurs seraient responsables, du moins en partie, de la disparition[5]. Une étude ethnographique comparative de l'utilisation de feux ou brûlis induits, sur plusieurs groupes de chasseurs-cueilleurs[6], indique que l'application de la technologie du feu, autre que celle pratiquée et déjà mentionnée précédemment (*In-Site Fire Use*), est un fait avéré et observé parmi au moins 231 groupes sur différents continents. Les données recueillies révèlent que les raisons les plus souvent mentionnées de l'utilisation de ces feux volontairement prescrits sont l'ouverture de milieux arbustif ou forestier, l'amélioration de la capacité de charge faunique d'un territoire et la conduite de la chasse; ces raisons, relevons-le, renvoient à des utilisations extérieures au site d'occupation (*Out-Site Fire Use*). Les auteurs de *Burning the Land: An Ethnographic Study of Off-site Fire Use by Current and Historically Documented Foragers and Implications for the Interpretation of Past Fire Practices in the Landscape* indiquent dans leurs conclusions générales que « l'utilisation des brûlis d'origine anthropique hors site dans un passé lointain est presque invisible[7] ». Par manque de preuves archéologiques et paléoécologiques, celles-ci semblent donner raison aux chercheurs qui prétendent que les Autochtones avaient un faible impact sur leurs environnements, leurs écosystèmes et leurs paysages. Mais « cette impression pourrait être fausse[8] ». Leur article, qui fournit une synthèse des documents historiques et des observations ethnographiques sur l'étendue, la diversité et les modèles d'utilisation des brûlis anthropiques hors site chez les groupes de chasseurs-cueilleurs actuels ou d'un passé récent, montre que cette pratique est répandue et fréquente.

Il est extrêmement difficile de répertorier actuellement les utilisations extérieures des sites d'occupation, soit par la paléoécologie ou l'archéologie. Il est donc impossible de valider si les Paléoautochtones qui ont occupé le territoire de l'Amérique du Nord après leur traversée de la Béringie utilisaient le feu pour d'autres raisons que celles révélées sur leurs sites d'occupation, c'est-à-dire la cuisson des aliments, l'éclairage, la chaleur ou la protection contre les prédateurs. Scherjon *et al.* indiquent qu'il y a de plus en plus de tentatives en recherches archéologiques pour découvrir et comprendre les brûlis d'origine anthropique hors site pour les périodes du Pléistocène tardif et du début de l'Holocène[9]. Ces auteurs citent également des travaux[10] suggérant des activités de brûlis hors site par des Néanderthaliens.

Delcourt et Delcourt, des paléoécologues du Quaternaire qui ont principalement travaillé en Amérique du Nord, rapportent les propos de chercheurs concernant les limites de l'interprétation des données recueillies :

> *Le premier de ces obstacles est que les séries chronologiques de pollen fossile ou d'artefacts culturels documentent des séquences uniques d'évènements à des endroits donnés qui ne sont pas nécessairement reproductibles en tant qu'expériences naturelles[11].*
>
> *Deuxièmement, les études paléoécologiques sont avant tout des comptes rendus descriptifs de l'évolution des paysages dans le temps. L'interprétation peut donc être difficile à présenter sous forme d'hypothèses vérifiables. Au contraire, plusieurs hypothèses de travail sont nécessaires car plusieurs interprétations peuvent être compatibles avec les preuves disponibles[12]. De plus, une vision réductionniste de la*

nature, dans laquelle un seul facteur est isolé en tant que cause du changement, est intenable car de nombreuses variables environnementales et biologiques changent simultanément à un endroit donné[13].

Il est donc difficile de réaliser des corrélations statistiquement significatives et de déterminer les causes et les effets de changements écologiques d'un territoire ou d'un paysage, notamment par la mesure de pollens et/ou de charbon de bois fossilisé et, par le fait même, de distinguer les causes environnementales de celles d'interventions humaines répétées ou ponctuelles. Mais cela demeure une avenue intéressante à exploiter pour certains sites connus du nord-est de l'Amérique du Nord.

Dans le territoire étudié dans le présent ouvrage, la vallée laurentienne, il nous faudrait trouver des études paléoécologiques dans des zones proches d'établissements autochtones identifiés. À défaut, de comparer des études déjà effectuées dans des aires culturelles similaires à notre population de référence.

La nécessité d'une intégration interdisciplinaire

Outre et/ou à défaut d'études paléoécologiques, nous chercherons également à identifier les différentes actions que les Iroquoiens du Saint-Laurent ont privilégiées pour construire leur niche dans l'environnement de la vallée du Saint-Laurent et l'impact de celles-ci sur les paysages. En raison de la tendance à la spécialisation des champs de la recherche, tant dans la production des données que dans leur diffusion, il nous semble important de relever, dans plusieurs champs de connaissance, les indications menant à la validation de notre hypothèse en recourant à une vaste revue de la littérature.

Comme les auteurs de *Burning the Land* le signalent, les problèmes d'interprétation des données recueillies par l'archéologie et la paléoécologie peuvent être confrontés et/ou comparés avec des données issues de l'ethnographie. Nous y ajouterons, puisque l'ethnologie est une discipline relativement récente, les données générées par les documents historiques.

Les prémisses de notre hypothèse nous conduisent à rechercher des informations concernant la construction de niche par les Autochtones de l'est de l'Amérique du Nord dans les documents historiques.

L'anthropologue Bruce D. Smith propose comme principe de base de la construction de niche chez les sociétés humaines que celles-ci cherchent à augmenter la capacité de charge des biotopes qu'elles occupent en accroissant l'accessibilité, l'abondance et la fiabilité des ressources végétales et animales indispensables à assurer leur maintien et leur reproduction sur l'ensemble de la planète[14]. Il en résulte à maints endroits où l'*Homo sapiens* et les autres hominidés ont foulé le sol la création d'une niche réalisée ou d'un paysage anthropique.

D'autre part, il souligne[15] que l'un des principaux objectifs des sociétés humaines a été d'augmenter la productivité annuelle des écosystèmes qu'elles occupent ou occupaient en augmentant à la fois l'abondance et la fiabilité des ressources végétales et animales dont elles dépendent ou dépendaient. Dans son article, il aboutit à identifier six grandes interventions dans la construction d'une niche « humaine » qu'il base à la fois sur les caractéristiques communes des espèces cibles et sur des schémas généraux d'intervention humaine :

— **Modification générale des communautés végétales** : création de mosaïques d'habitats et augmentation de zones de transition entre ceux-ci.

— **Diffusion de semis d'annuelles sauvages** : la création de peuplements sauvages de plantes portant des graines dans les zones riveraines des lacs et des rivières exposées au recul des eaux.

— **Transplantation d'espèces fruitières vivaces** : création de forêts-vergers et multiplication de parcelles d'arbustes à fruits comestibles (baies).

— **Encouragement sur place d'espèces pérennes de fruits et de noix** : création de paysages de forêts-parcs à fruits à coque (*mast*).

— **Transplantation et encouragement sur place des plantes racines vivaces** : création de jardins de racines et extension de l'habitat des peuplements sauvages.

— **Modification du paysage pour augmenter l'abondance des proies dans des endroits précis** : amélioration des cours d'eau à saumon et création de jardins de palourdes, étangs à poissons et déversoirs, et lignes de transmission [16].

Notre approche pour entrevoir la niche réalisée des Iroquoiens du Saint-Laurent dans la vallée laurentienne s'est concentrée sur trois aspects des interventions humaines : 1) la modification générale des communautés végétales pour créer des mosaïques différenciées; 2) la modification du paysage pour augmenter l'abondance des proies dans des endroits précis; 3) l'encouragement sur une parcelle précise d'espèces arborées pérennes de fruits à pulpe et à coque (noix, glands, noisettes). Nous porterons une attention particulière sur la ou les technologies utilisées par les Autochtones pour réaliser ces interventions.

Dans notre démarche relevant de la recension de documents historiques, nous avons essayé de documenter les données relevant des actions des groupes autochtones de l'est de l'Amérique du Nord, notamment les Iroquoiens du Saint-Laurent, à travers les écrits des explorateurs, aventuriers, missionnaires, administrateurs présents dans la vallée laurentienne entre le début du XVIe siècle et le XVIIIe siècle. À cet égard, les descriptions des paysages observés rapportées par ceux-ci ont été analysées par rapport à l'hypothèse de la construction d'une niche par des Autochtones. Outre les descriptions, nous nous sommes attardés plus en détail sur certaines illustrations et cartes de Samuel de Champlain, dont trois (celle de la région de Tadoussac, de la région de Québec et d'une portion de la région de Montréal) nous apparaissent intéressantes pour tenter de valider, dans une portion de la vallée du Saint-Laurent, des niches réalisées par des membres des Premières Nations.

Plus particulièrement, nous avons recherché dans cette revue de littérature les indications de feux contrôlés ou de brûlis d'origine anthropique hors site d'origine autochtone comme outil technologique pour la construction de cette niche réalisée. Les observations recueillies seront également comparées aux informations déduites des recherches en archéologie, ethnologie comparative, en ethnohistoire et en histoire.

Nous croyons qu'en l'absence de documents écrits par les Autochtones eux-mêmes sur leurs modes de vie et leurs actions sur la transformation d'une partie des paysages de la vallée du Saint-Laurent aux XVIe et XVIIe siècles, nous devions utiliser impérativement les écrits générés par les premiers observateurs en contact avec les Premières Nations.

Nous avons recherché un maximum de ces sources historiques et fait ressortir les passages qui donneraient une ou des indications sur la construction de niche de la population de la vallée laurentienne avant la colonisation, en considérant d'une part que les auteurs de ces récits ou observations n'avaient pas tous ou toutes le regard tourné vers une analyse paysagère des territoires traversés ou explorés, ni une vaste connaissance des végétaux, ni un intérêt particulier pour certains aspects de leur mode de vie. Il s'est avéré que des concepts comme celui de la construction de niche, de zones de végétation bioclimatique, d'écosystèmes et d'autres utilisés dans cet essai étaient inconnus par ces auteurs. Il était alors impératif de tenter de trouver les sources les plus complètes, c'est-à-dire non dépouillées de certains passages ou chapitres du manuscrit original.

D'autre part, il convient de signaler que l'absence d'un compte rendu écrit historique de certains faits observables ne signifie aucunement que ceux-ci étaient inexistants. À cet égard, nous tenons à souligner un biais généralement sous-estimé, et que des recherches antérieures nous ont permis de reconnaître, c'est qu'« il est plus souvent difficile de rechercher le commun que l'extraordinaire [17] ». C'est notamment le cas pour les recensions des brûlis intentionnels d'origine anthropique pour modifier le paysage naturel. Ainsi, comme l'écrit Georges Bertrand dans le chapitre consacré à une « histoire écologique de la France rurale » dans l'*Histoire de la France rurale*, tome 1 :

> *La destruction de la nature et la raréfaction de certaines ressources naturelles ne sont pas l'apanage de l'industrialisation et du capitalisme industriel. Dès le moyen âge, le bois, l'herbe, la faune sauvage, sont devenus des biens de consommation menacés, de plus en plus rares.*

> […] *La destruction de la couverture vivante est le premier acte de la vie agricole,* […] *Le feu est presque toujours et presque partout l'élément précurseur de la mise en valeur*[18].

Un peu plus loin dans son tableau écologique de cette France rurale en devenir, il écrit :

> *Contrairement à une opinion assez répandue chez les historiens, rien ne permet d'affirmer que les premiers défrichements s'attaquent à d'épaisses masses forestières puissantes, homogènes, difficiles à détruire et à contenir sur les marges de l'ager. Un certain nombre d'informations, fournies par les analyses palynologiques et par la composition actuelle des formations buissonnantes et les herbacées (qui possèdent des stocks floristiques complexes et indépendants de ceux des milieux forestiers), laissent supposer que le tapis végétal naturel n'est ni entièrement forestier, ni totalement fermé.*
>
> *La végétation naturelle devait se présenter comme une mosaïque relativement hétérogène*[19].

Bien que l'auteur de ces lignes ne spécifie pas précisément la période de référence de son propos, nous supposons que celui-ci s'inscrit avant la fin du Moyen Âge, c'est-à-dire avant que les premiers explorateurs et colonisateurs foulent le sol de l'Amérique du Nord. L'utilisation du feu pour favoriser le déboisement, soit pour la mise en culture du sol ou pour favoriser un déboisement conduisant à une mosaïque relativement hétérogène, ne devait pas susciter parmi eux un si grand étonnement, puisque cela était une pratique courante depuis des siècles en France. Il est donc fort possible que des comptes rendus exhaustifs de ces pratiques soient plus rares, voire inexistants chez nombre d'entre eux.

Les récits des premiers explorateurs, commerçants et colons européens, bien qu'ils puissent être chargés de distorsions, de biais et de contractions, sont souvent les seuls sur lesquels un chercheur peut s'appuyer pour valider des informations ou des comportements. Julian E. Hammett indique que dans ce type de données :

il est nécessaire de reconnaître leurs forces et leurs faiblesses pour qu'elles soient utiles. Une clé importante pour comprendre les limites de tels documents est de déterminer le contexte culturel de l'écrit, les antécédents de l'auteur et ses intentions pour conserver ces documents. En relativisant ces facteurs, une évaluation plus réaliste de la valeur interprétative des sources historiques peut être faite[20].

Face à des documents historiques, nous devons tenter d'établir une « valeur de vérité » avant que ceux-ci puissent nous servir de « valeur de connaissance ». Dans un texte portant sur Champlain comme peintre, l'historien de l'art François-Marc Gagnon, en parlant des gravures du cartographe et du fondateur de la ville de Québec, signale que l'on a beaucoup sollicité les dessins de Champlain « mais du point de vue ethnographique et on les a souvent trouvées en défaut par rapport à la "réalité", tel que l'on pouvait la reconstituer à partir des données de l'archéologie et de l'anthropologie. Autrement dit, on a cherché à déterminer leur valeur de vérité, plutôt que leur valeur de connaissance, pour reprendre la distinction célèbre du grand logicien Gottlob Frege[21] ».

Il est vrai que les auteurs des récits, des relations, des cartes et des plans de l'époque de l'exploration et de la colonisation des territoires de l'Amérique du Nord ne sont pas exempts d'*a priori* et que leurs intentions peuvent être multiples et intéressées par la conquête et l'exploitation des ressources humaines et matérielles de ceux-ci. Mais il est important de souligner que leurs observations et leurs retranscriptions, bien que teintées des schèmes de pensée de l'époque et de leurs préjugés, sont une source inestimable d'informations. Pour comprendre cette période de l'histoire de l'Amérique du Nord, il faut, au-delà d'une valeur de vérité absolue, tenter de définir la valeur de connaissance de tels documents. Cependant, encore faut-il que le chercheur puisse comprendre ces biais et ces préjugés ainsi que le cadre de référence que la production et la reproduction de ces documents historiques imposent aux lecteurs de l'époque, et non en faisant référence aux idées, aux jugements et au cadre culturel auxquels est assujetti le chercheur d'aujourd'hui.

Il importe autant de s'intéresser au sens qu'à la référence du document historique qui nous est présenté. Frege disait que c'est le sens qui tient la clé de la référence, bien que celui-ci se référait à un terme, Gagnon signale que c'est aussi vrai pour une image et, j'ajouterais, également pour une carte.

> *C'est parce que nous saisissons le sens d'une image, donc à quel contenu mental elle correspondrait dans l'esprit de son auteur, ce que Frege appelait sa valeur de connaissance, que nous sommes capables de déterminer sa valeur de vérité*[22].

Enfin, dans le présent ouvrage, il importe de rappeler que les sources historiques sélectionnées ne représentent pas la totalité des textes et des études couvrant notre sujet. Les correspondances, les observations et les différents *Récits* et *Relations* abordant cette période de l'Histoire du continent nord-américain sont innombrables. Certains des manuscrits ou des sources ne sont pas encore publiés ni facilement accessibles. D'autre part, il convient également de mentionner que quelques éditions de textes anciens publiés ne sont pas fidèles aux écrits de l'auteur, soit en raison de contraintes financières de l'éditeur, soit parce que des parties des écrits du manuscrit originel ne rencontrent pas les intérêts de celui qui prépare l'édition. Pour ne citer qu'un exemple, la version française du manuscrit original de la relation de voyage des pères Dollier et Galinée, publiée en 1875 dans *Mémoire de la Société Historique de Montréal*, est amputée d'un paragraphe fort intéressant sur la présence de chênes à proximité d'un village iroquoien des Cinq Nations, un passage que l'on retrouve dans la version anglaise disponible dans un document numérisé de la Wisconsin Historical Society. Il nous apparaît donc important de toujours rechercher le texte numérisé du manuscrit original, ou à défaut de trouver la version la plus complète de celui-ci.

La sélection des sources utilisées

Une fois le positionnement méthodologique exposé, il importe de préciser comment ont été répertoriés et sélectionnés les textes considérés dans la présente étude. De fait, celle-ci fait partie d'un vaste projet de recherche que nous avons entrepris il y plus de vingt ans sur les jardins, l'agriculture et l'histoire naturelle de la Nouvelle-France. Spécifiquement, elle vise à répondre à un questionnement personnel : « Les colons français du début de la Nouvelle-France ont-ils bénéficié de paysages déjà transformés par les Autochtones pour s'installer dans la vallée du Saint-Laurent? »

Nos recherches antérieures[23] nous ont permis d'amasser une bibliographie fort importante sur la Nouvelle-France sur les thèmes mentionnés précédemment. Dans un premier temps, les écrits de trois personnages intimement liés au début de la Nouvelle-France s'imposaient, soit ceux de Jacques Cartier, Samuel de Champlain et du père Gabriel Sagard. Le premier est le seul à avoir rencontré les Iroquoiens du Saint-Laurent. Le deuxième a visité la vallée du Saint-Laurent quelque temps après la disparition ou la dispersion de cette population. Enfin, le troisième a vécu dix mois (1623-1624) avec des Hurons-Wendats, un groupe proche des Iroquoiens du Saint-Laurent, dans une aire géographique contiguë. Les écrits de Pierre Boucher (1664) furent également utiles, car il y trace un vaste portrait de la Nouvelle-France dans l'espoir d'attirer de nouveaux colons; quelques descriptions donnent un aperçu des paysages de la vallée du Saint-Laurent. Bien que certains écrits du père Louis Nicolas soient maintenant accessibles[24], il nous manque certaines parties du manuscrit qui traitent et décrivent les Autochtones et la géographie des territoires fréquentés par ce jésuite. Les textes des *Relations des Jésuites* ont également fait l'objet d'une relecture pour rechercher des indications sur les feux prescrits ou contrôlés, les actions sur l'environnement ou les paysages. D'autres sources furent également utilisées, comme la correspondance du gouverneur de Frontenac au ministre Colbert et le texte publié sur le voyage de deux sulpiciens, Dollier et Galinée.

Nous connaissions, depuis quelques années, les différentes cartes et les plans dessinés par Samuel de Champlain. Pour les cartes, au-delà de l'exactitude de la représentation cartographique, ainsi que pour les plans, à la lumière des observations et des commentaires de l'historien de l'art François-Marc Gagnon[25], nous avons cherché à établir si les informations fournies par ces artéfacts iconographiques peuvent servir à valider les descriptions des paysages observés par le célèbre cartographe-géographe. Les sources iconographiques retenues dans cet ouvrage sont de la main de Champlain et ne furent pas, semble-t-il, profondément altérées par celles d'un quelconque graveur. La validation des sources iconographiques présentait un défi, car peu de chercheurs ont eu recours à celles-ci pour caractériser le ou les paysages, à l'exception d'une iconographie utilisée dans un article de l'anthropologue Brad Loewen[26]. Les données recueillies par un archéologue américain sur un site de Cap Cod, dessiné par Champlain, semble cependant valider cette iconographie.

Il importe de souligner que nos investigations plus générales sur la construction de niches par les Autochtones du nord-est de l'Amérique du Nord ont, au départ, bénéficié de deux contributions majeures, dont les bibliographies respectives ont tracé la voie à différentes ressources : Day (1953), *The Indian as an Ecological Factor in the Northeastern*[27], et Cronon (1983), *Changes in the Land: Indians, Colonists, and the Ecology of New England*[28].

Notes

1. Biotope : « lieu où une espèce animale [ou humaine] ou végétale donnée vit habituellement ». (Friedel, 1980 : 38).

2. Écosystème : « milieu de vie, grand ou petit, tel que les échanges nutritionnels et respiratoires entre espèces vivantes de la biocénose qui l'occupe se produisant à l'intérieur de ses limites et ne les franchisses que très peu ». (FRIEDEL, 1980 : 112).

3. Certaines recherches récentes semblent indiquer que la présence humaine en Amérique du Nord daterait d'environ 20 000 ans et peut-être plus, voir BOURGEON, BURKE et HIGHAM, 2017, « Earliest Human Presence in North America Dated to the Last Glacial Maximum: New Radiocarbon Dates from Bluedish Caves, Canada » in *Humans in North American during the Last Glacial Maximum*, Plos One I DOI : 1371/journal.pone.0169486, 15 pages.

4. Fulco SCHERJON, Corrie BAKELS, Katherine MACDONALD et Wil ROEBROEKS, 2015, « Burning the Land: An Ethnographic Study of Off-Site Fire Use by Current an Historically Documented Foragers and Implications for the Interpretation of Past Fire Practices in the Landscape » in *Current Anthropology* 56 (3), p. 299-326 : [en ligne] www.jstor.org/stable/10.1086/681561

5. Sur cette question voir Christopher SANDOM, SØren FAURBY, Brody SANDEL et Jens-Christian SVENNING, 2014, « Global late Quaternary megafauna extinctions linked to humans, not climate change » in *Proceedings of the Royal Society B*, 281, 9 pages; et Paul L. KOCH et Anthony D. BARNOSKY, 2006, « Late Quaternare Extinctions: State of the Debate » in Annu. *Review Ecol. Evol. Syst.*, 37, p. 215-250.

6. Notamment à partir de *Human Relations Area Files World Culture ethnographics database* (eHRAF), voir Fulco SCHERJON *et al.*, 2015, *op. cit.*

7. Fuldo SCHERJON *et al.*, 2015, *op. cit.*, p. 313.

8. *Ibid.*, p. 313.

9. *Ibid.*, p. 300.

10. Wil ROEBROEKS et Corrie C. BAKELS, 2015, « "Forest furniture" or "forest managers"? Neandertal presence in Last Interglacial environments » in *Settlement, Society and Cognition in Human Evolution: Landscapes in Mind*. F. Wenban-Smith, F. Coward, R. Hosfield, and M. Poe, eds, Cambridge University Press, p. 174-188;

    Eduard POP et Corrie BAKELS, 2015, « Semi-open environmental conditions during phases of hominin occupation at the Eemian Interglacial basin site Neumark-Nord 2 and its wider environment » in *Quaterry Science Reviews*, 117, p. 72-81.

11. DEEVEY, 1969; cité dans Paul A. DELCOURT et Hazel R. DELCOURT, 2004, *Prehistoric Native Americans and Ecological Change: Human Ecosystems in Eastern North America since the Pleistocene*, Cambridge University Press, Cambridge/New York, (205 pages), p. 8.

12. BIRKS, 1988 : cité dans Paul A. DELCOURT et Hazel R. DELCOURT, 2004, *op. cit.*, p. 8-9.

13. GUNDERSON et al., 1995; et ABEL, 1998, cités par Paul A. DELCOURT et Hazel R. DELCOURT, 2004, *op. cit.*, p. 8-9.

14. Bruce D. SMITH, 2011a, « General patterns of niche construction and the management of "wild" plant and animal resources by small-scale pre-industrial societies » in *Philos Trans. R. Soc. B* 366, (pages 836-848), p. 845.

15. Bruce SMITH, 2011b, « Shaping the Natural World: Patterns of Human Niche Construction by Small-Scale Societies in North Americana » in Smith, Bruce D. (edi.), *The subsistence economies of indigenous North American Societies*, Smithsonian Institution Scholarly Press, Washington, D.C, p. 593-609.

16. Bruce SMITH, 2011a, *op. cit.*, p. 837.

17. Daniel FORTIN, 2012, *Histoire naturelle des Indes occidentales du père Louis Nicolas, tome 1 : La botanique*, Les Éditions GID, Québec, 462 pages, p. 14.

18. Georges BERTRAND, 1975, « Pour une histoire écologique de la France rurale » in *Histoire de la France rurale; des origines au XIVᵉ siècle*, volume 1, dirigé par Georges Duby, Paris, Seuil, (pages 34-116), p. 60-61.

19. *Ibid.*, p. 62.

20. Julia E. HAMMETT, 2000, « Ethnohistory of Aboriginal Landscapes in the Southeastern United States » in *Biodiversity and Native America*, Minnis, Paul E. and Wayne J. Elisens (edit.), University of Oklahoma Press, Norman, (p. 248-299), p. 253.

21. François-Marc GAGNON, 2004, « Champlain, peintre ? » in *Champlain, la naissance de l'Amérique française*, sous la direction de Raymonde Litalien et Denis Vaugeois, Éditions du Nouveau Monde et Les éditions du Septentrion, Sillery (Québec), (pages 303-311), p. 304.

22. François-Marc GAGNON, 2004, *op. cit.*, p. 305.

23. Daniel FORTIN, 2017, *Histoire naturelle des Indes occidentales du père Louis Nicolas, tome III : Les oiseaux et les poissons*, Les Éditions GID, Québec, 519 pages; Daniel FORTIN, 2015, *Histoire naturelle des Indes occidentales du père Louis Nicolas, tome II : Les mammifères*, Les Éditions GID, Québec, 415 pages; Daniel FORTIN, 2014, *Histoire naturelle des Indes occidentales du père Louis Nicolas, tome I : La botanique*, Les Éditions GID, Québec, 462 pages.

24. *Ibid.*

25. François-Marc GAGNON, 2004, *op. cit.*

26. Brad LOEWEN, 2009, « Le paysage boisé et les modes d'occupation de l'île de Montréal, du Sylvicole supérieur récent au XIXe siècle » *Recherches amérindiennes au Québec*, 39 (1-2), p. 5-21 : [en ligne] http://id.erudit.org/iderudit/044994ar

27. Gordon M. DAY, 1953, « The Indian as an Ecological Factor in the Northeastern » *Ecology*, 34 (2), Ecological Society of America and the Duke University Press, Lancaster, Pennsylvanie, p. 329-346.

28. William CRONON, 1983, *Changes in the Land: Indians, Colonists, and the Ecology of New England*, Hill and Wang, New York, 241 pages.

Chapitre 3

La construction de niche des Autochtones de l'est de l'Amérique du Nord

Introduction

Comme nous l'avons déjà souligné, en l'absence de documents écrits par les Autochtones sur leurs pratiques et sur leur mode de vie, les actions de ceux-ci sur leurs milieux de vie et leurs paysages aux XVIe et XVIIe siècles ne peuvent qu'être d'abord appréhendées par les observations des individus qui sont entrés en contact avec les membres de ces Premières Nations et/ou à partir des déductions faites par les fouilles archéologiques ainsi que par les recherches en paléo-environnement subséquentes. Les récits des premiers explorateurs, commerçants et colons venus d'Europe, bien qu'ils puissent être chargés de distorsions, de biais et de contractions, sont des sources primordiales sur lesquelles un chercheur peut s'appuyer pour valider des informations ou des comportements. La chercheuse Julia E. Hammett indique que, dans ce type de données :

> [...] *il est nécessaire de reconnaître leurs forces et leurs faiblesses pour qu'elles soient utiles. Une clé importante pour comprendre les limites de tels documents est de déterminer le contexte culturel de l'écrit, les antécédents de*

*l'auteur et ses intentions pour conserver ces documents. En
relativisant ces facteurs, une évaluation plus réaliste de la
valeur interprétative des sources historiques peut être faite*[1].

Comme le fait remarquer l'historien de l'art François-Marc
Gagnon[2], il ne faut pas rechercher la véracité absolue de la représentation (cartes, dessins et illustrations) dans le cadre d'analyse de la
société d'aujourd'hui, mais rechercher plutôt les renseignements que
cette représentation documentait pour les lecteurs de l'époque de la
réalisation et de la publication de ces cartes, dessins et illustrations. Il
insiste pour souligner qu'il importe autant de s'intéresser au sens qu'à
la référence du document historique qui nous est présenté.

Avant d'aborder plus spécifiquement la question principale de
notre essai, nous croyons qu'il est intéressant de commencer par les écrits
historiques soulignant la construction de niche de diverses populations
d'Autochtones de l'est de l'Amérique du Nord qui étaient constituées
de deux groupes linguistiques apparentés à ceux habitant la vallée du
Saint-Laurent, soit les Iroquoiens et les Algonquins. Trois aspects des
interventions humaines nous intéressent particulièrement dans le cadre
de cette recherche :

1. la modification générale des communautés végétales pour la création
    de paysage présentant des mosaïques différenciées;

2. la modification du paysage pour augmenter l'abondance des proies
    en des endroits précis;

3. l'encouragement sur une parcelle précise d'espèces arborées pérennes
    de fruits à pulpe et à coque (noix, glands, noisettes).

Parmi toutes les technologies disponibles, nous pensons que les
brûlis, contrôlés ou non, facilitent la réalisation de cette construction de
niche. C'est donc par la recherche de documents historiques concernant
l'utilisation du feu par les Autochtones de l'est de l'Amérique du Nord
que nous amorcerons ce chapitre.

Les sources historiques concernant l'est de l'Amérique du Nord

Dans un article régulièrement cité, l'historienne Emily W. B. Russell[3] examine 35 comptes rendus dits de première main décrivant des pratiques autochtones sur leur milieu de vie et/ou la végétation de la côte est américaine entre les Carolines et le Maine aux XVIe et XVIIe siècles, dont toutes les sources utilisées dans l'article de Day[4]. Seules les sources écrites avant 1700 ont été sélectionnées, car après cette date, selon elle, les modes de vie des Autochtones avaient été considérablement modifiés par le contact avec les colons européens. Elle mentionne que chaque document a été soumis à une critique historique standard avant d'être inclus dans l'étude. Cette analyse a porté sur l'objectivité du témoin, sa connaissance du sujet et la cohérence chronologique et géographique de sa description avec ce qu'il sait de ses voyages et des régions qu'il a visitées[5]. L'historienne souligne que les explorateurs étaient principalement intéressés par les gains économiques, et non par l'histoire naturelle, et leurs navires n'accueillaient généralement pas de spécialistes de l'histoire naturelle. Les récits et les observations avaient généralement le mandat d'attirer des colons et non de signaler les détails de l'environnement naturel, sauf si leur importance économique permettait d'atteindre les buts avoués des colonisateurs.

La moitié des 35 sources étudiées ont mentionné l'utilisation du feu par les Autochtones. Six des chroniqueurs ont indiqué que les Autochtones avaient brûlé abondamment les forêts. Au moins 14 observateurs ont fait référence à l'ouverture des forêts, mais seulement la moitié d'entre eux ont mentionné que les incendies généralisés ou fréquents étaient la cause probable de l'ouverture. Ces six narrateurs (Morton, 1632; Wood, 1635; Williams, 1643; Van der Donck, ± 1655; Johnson, 1651 et Denton, 1670) sont pour la plupart ceux cités dans les articles de Maxwell[6], Bromley[7] et Day[8].

Gordon G. Whitney souligne qu'une fois les témoignages les plus faibles éliminés, il reste un certain nombre d'observations fiables qui permettent de valider l'utilisation de feux ou de brûlis contrôlés par les Autochtones. Il présente un tableau des meilleures références que nous reproduisons ici[9].

3. La construction de niche des Autochtones de l'est de l'Amérique du Nord

TABLEAU 1				
SOURCES	LIEU/DATE	TYPE DE VÉGÉTATION	TEMPS	UTILISATION
Wood 1634	Massachusetts 1629-1633	Chênes et caryers	Novembre	Nettoyer le sous-bois et favoriser la chasse
Morton 1632	Massachusetts 1620s-1630s	Chênes et caryers, châtaigniers	Printemps Automne	Nettoyer le sous-bois et favoriser la chasse — voir «les gens venir»
Johnson 1654	Massachusetts 1630s	Chênes		Faciliter la chasse au chevreuil et à l'ours
Williams 1963	Massachusetts Rhode Island		Deux fois par année	Nettoyer le sous-bois, éliminer les herbes et favoriser la chasse
Van der Donck 1655	New York	Pins-chênes-caryers	Automne et avril	Faciliter la chasse et augmenter la croissance des herbes
De Vries 1632	New York 1632		Hiver	Faciliter la chasse
Lindestrom 1925	New Jersey Pennsylvanie 1654-1656	Chênes	Printemps	Faciliter la chasse
Smith 1906	New York Pennsylvanie	Bouleaux, érables, châtaigniers, chênes-caryers	Non donné	
Morgan 1901	New York			Faciliter la chasse au chevreuil
Kalm 1749	New York	Pins	Annuel	

Parmi les causes naturelles de perturbations des forêts « naturelles », le feu de haute intensité, généré par une épaisse litière forestière et/ou une composition arborée comptant des essences résineuses, est un élément particulièrement perturbateur pour les forêts anciennes. Or, en l'absence d'humains, ceux-ci sont occasionnés par la foudre. Comme le signale Stephen J. Pyne [10], les feux de foudre sont rares dans le nord-est de l'Amérique du Nord. On a calculé qu'ils ne dépassent pas 1 % de tous

Un feu non contrôlé peut être destructeur à court terme. (photo : John McColgan)

Un feu contrôlé et/ou prescrit peut être un outil précieux pour la gestion du paysage anthropique. (photo : Jack Behrens, US Forest Service)

les incendies forestiers historiquement recensés en Pennsylvanie, alors que ce pourcentage s'élève à 12 % dans l'État du Maine. D'ailleurs, les travaux de Charles E. Kay (2007) lui font conclure que la force écologique dominante dans la transformation des forêts américaines a été les feux autochtones.

Si, selon notre paradigme énoncé dans les chapitres précédents, les Autochtones avaient la capacité d'influer sur leur environnement pour augmenter la capacité de charge de l'habitat, le feu comme outil de gestion était une technique qu'ils pouvaient et devaient utiliser. Mais la fréquence et l'intensité des feux naturels étaient à la fois imprévisibles et, probablement à cause de violence de certains feux allumés par la foudre, incontrôlables. Il fallait donc recourir à des feux de moindre force qui, préférablement, n'atteignaient pas la canopée.

Thomas Morton (1632), un colon et commerçant anglais qui admirait la culture des Algonquins de la Nouvelle-Angleterre, décrit dans *New English Canaan* les activités des Autochtones comme des coutumes ancestrales :

> *Les Sauvages sont habitués à mettre le feu au pays dans tous les lieux où ils viennent; et de le brûler deux fois par an au printemps et à la chute des feuilles. La raison qui les pousse à le faire est que ce serait autrement, il serait tellement envahi par les arbustes du sous-bois, que ce serait tout en taillis, et les gens ne pourraient en aucun cas traverser le pays hors des sentiers battus. La combustion de l'herbe a détruit le sous-bois et a brûlé les arbres les plus âgés, les a fait rétrécir et entrave beaucoup leur croissance; pour que celui qui cherche à trouver de grands arbres et du bon bois ne soit pas tributaire de l'aide d'un prospecteur de bois pour les trouver sur le sol[11].*

En d'autres termes, les Autochtones ont brûlé les sous-bois deux fois par an, ce qui a non seulement permis de défricher le sous-étage, mais aussi de détruire les jeunes arbres de sorte qu'il ne reste plus que de gros arbres sur les hautes terres. Mais, il appert que cette technique peut échapper au contrôle des utilisateurs :

> *Pour les Sauvages par cette coutume, ont gâché tout le reste... [de la forêt]. Car, lorsque le feu s'allume une fois, il se dilate et se répand aussi bien contre le vent que contre le vent; brûlant continuellement nuit et jour, jusqu'à ce qu'une pluie de pluie tombe pour l'étancher. Et cette coutume de [mettre le feu au] pays est le moyen de le rendre praticable, et par le fait que les arbres poussent ici et là comme dans nos parcs et rendent le pays très beau et commode [12].*

William Wood, un autre colon de la baie du Massachusetts qui y a vécu de 1629 à 1633, a également décrit l'utilisation du feu par les Autochtones [13]. Il écrit :

> *Et tandis que l'on conçoit généralement que le bois croît densément [so thick], qu'il n'y a pas plus de terrain dégagé que par le fait du travail de l'homme; ce n'est pas exact, en de nombreux endroits, de nombreux acres [de terrain] sont dégagés, de sorte que l'on peut chasser dans la plupart de ces terres, sans risquer de se perdre; Il n'y a de sous-bois intacts que dans les marécages et les terrains bas qui sont mouillés... la coutume des Indiens étant de brûler le bois en novembre, quand l'herbe est fanée et les feuilles sèches, elle consomme tout le sous-bois et la litière, sinon, le pays deviendrait inutilisable, et la chasse tant affectée serait de plus en plus difficile : de cette façon, dans les endroits où habitent les Indiens, il y a peu de brousse ou de sous-bois encombrant sur le sol... Dans certains endroits où les Indiens sont morts de la peste il y a quelque quatorze ans, il y a beaucoup de taillis dans le sous-bois, comme à mi-chemin entre Wessaguscus et Plymouth, parce qu'ils n'ont pas été brûlés [14].*

En 1655, un homme de loi hollandais, Adriaen Van der Donck, qui avait vécu dans la vallée de l'Hudson à l'époque une colonie néerlandaise, a publié un ouvrage consacré à cette partie de l'Amérique du Nord sous le titre *Beschryvinge van Nieuw-Nederlant* (*Description of New Netherland*) [15]. Cet homme qui avait défendu les colons contre l'administration de la Dutch West India Company avait un profond attachement pour ces terres du Nouveau Monde. Dans son ouvrage [16], il écrit :

> *Les Indiens ont une coutume annuelle (que certains de nos chrétiens ont également adoptée) de brûler les bois, les plaines et les prairies à l'automne, lorsque les feuilles sont tombées et que les substances végétales et l'herbe sont sèches. Ces lieux où cela se passe sont brûlés au printemps en avril. Cette pratique est nommée par nous et par les Indiens, « brûlure de brousse » [Bush-Bruning], ce qui se fait pour plusieurs raisons; d'abord, rendre la chasse plus facile, car la croissance des buissons et des herbes rend la marche difficile pour le chasseur, et le craquement des substances sèches le trahit et effraie le gibier. Deuxièmement, éclaircir et éliminer le bois de toutes les substances mortes et de l'herbe, favorise une meilleure repousse au printemps suivant. Troisièmement, circonscrire et entourer le gibier dans les limites d'un feu, le rend plus facile à prendre, et aussi parce que le gibier est plus facilement repérable sur les parties brûlées du bois.*
>
> *La combustion du sous-bois présente une apparence grandiose et sublime. En le voyant de l'extérieur, nous pourrions imaginer que non seulement les feuilles sèches, les herbes et les branches seraient brûlés, mais que tout le bois serait consommé là où le feu passe, car il se propage et se déchaîne fréquemment avec une telle violence, qu'il est affreux à voir; et quand le feu s'approche des maisons, des jardins et des enclos en bois, alors une grande attention et une grande vigilance sont nécessaires pour leur conservation, car j'ai vu plusieurs maisons récemment détruites avant que les propriétaires ne soient informés de leur danger.*
>
> *Malgré le danger apparent de la destruction totale des forêts par le brûlage, les arbres verts ne souffrent toujours pas. L'écorce extérieure est brûlée de trois ou quatre pieds de haut, ce qui ne leur fait pas de mal, car les arbres ne sont pas tués.*

Mais les feux ne sont pas toujours de faible intensité comme le rapporte Van der Donck :

> *Il arrive cependant parfois que, dans les épaisses forêts de pins, où les arbres sont tombés les uns sur les autres et soient devenus secs, que la flamme monte et frappe les sommets des arbres, mettant le feu à tout l'emplacement, lequel est alimenté par les ramilles et les aiguilles, favorisant l'embrasement, et avec l'aide du vent se propage d'un arbre à un autre, ce qui fait que toute la ramure des arbres est brûlée pendant que les troncs restent debout. [...] J'ai vu de nombreuses fois des feux de forêt dans la colonie de Rensselaerwyck, où il y a beaucoup de bois de pins. Ces incendies semblent énormes, la nuit, vues des navires qui passent dans la rivière* [Hudson], *lorsque les bois brûlent des deux côtés de la rive.*

Comme le signale Russell[17], cette description est l'une des notations les plus évidentes de l'utilisation du feu par les Autochtones. Le portrait des brûlis que le narrateur expose est une image assez précise des incendies de surface ou incendies de faible intensité qui n'affectent généralement que le sous-étage. Si ces feux contrôlés sont allumés régulièrement, la combustion de la litière forestière peu abondante ne produira pas un feu de forte intensité et a peu de risque d'affecter les grands arbres dont l'écorce présente une certaine résistance aux flammes. Parmi les essences reconnues comme présentant une bonne résistance au feu, les arboriculteurs classent le chêne à gros fruits (*Quercus macrocarpa*), le chêne noir (*Quercus velutina*), le chêne blanc (*Quercus alba*), le chêne rouge (*Quercus rubra*)[18]. Il convient également d'ajouter à cette liste le chêne châtaignier (*Quercus montana*, syn. *Quercus prinus*) et le châtaignier d'Amérique (*Castanea dentata*). Cette dernière espèce est maintenant disparue de la zone de la forêt carolinienne à cause d'un champignon pathogène venu d'Asie. Dans son article, Marc D. Abrams, l'auteur de *Where Has All the White Oak Gone?*, nous indique que les chênes du sous-genre *Leucobalanus*, qui comprend en autres le chêne blanc, le chêne châtaignier et le chêne à gros fruits, ont la capacité de produire des excroissances excentriques des parois cellulaires, appelées *tyloses*, en réponse à une blessure ou à une infection. Cette particularité permet un compartimentage des blessures causées par un incendie de faible intensité.

Le chêne blanc (*Quercus alba*) dominait certains paysages de la vallée du Saint-Laurent au XVIIe siècle. (photo : Daniel Fortin)

De plus, il signale que les feux de faible intensité sont bénéfiques aux chênes dans leur compétition avec d'autres espèces de feuillus et les conifères, car ils présentent un enracinement plus profond, une aptitude à produire des tiges qui s'élèvent rapidement, une germination rapide et une survie accrue dans les surfaces dégagées par des feux[19]. À cela s'ajoute, pour plusieurs espèces de chênes, mais plus spécifiquement pour le chêne blanc, une bonne résistance à la sécheresse; en contrepartie, les jeunes chênes blancs héliophiles ont de la difficulté à pousser sous un ombrage moyen et sont rapidement éliminés par des espèces tolérantes à l'ombre. Dans le sud de la Nouvelle-Angleterre et dans l'est de l'État de New York, le chêne blanc dominait dans la forêt de pré-peuplement européen avec des pourcentages de composition variant entre 17 % et 36 %; les autres espèces importantes étaient le chêne noir (*Quercus velutina*), le pin blanc (*Pinus strobus*), les caryers (*Carya* spp.), le châtaignier (*Castanea dentata*) et la pruche (*Tsuga canadensis*)[20].

Dans le chapitre de son ouvrage, *Du bois, des productions naturelles et des fruits de la terre*, Van der Donck (1655) souligne justement la prépondérance de ces espèces :

> *La Nouvelle-Hollande* [...] *est très fructueuse et heureuse dans ses beaux bois; à tel point que tout le pays est couvert de bois... Les chênes sont très grands; de soixante à soixante-dix pieds de hauteur, sans nœuds et de deux à trois brasses d'épaisseur, de tailles diverses. Il existe plusieurs sortes de chênes, telles que le chêne blanc, à écorce lisse, à écorce rugueuse, à écorce grise et à écorce noire. L'arbre à noix* [nut-wood] *pousse aussi haut que le chêne, mais n'est pas aussi massif.*
>
> [...] *Par conséquent, il semblerait qu'il y ait en fait une telle abondance de bois en Nouvelle-Hollande qu'avec des soins ordinaires, il ne serait* [pas] *rare là-bas.*
>
> *Le bois de pin blanc et jaune, dans toutes les variétés, est abondant ici, et nous avons entendu les habitants du nord dire (des colons d'ici) que le pin est aussi bon que le pin de Norvège. Mais le pin ne pousse pas aussi bien près de l'eau salée, sauf dans certains endroits. À l'intérieur des terres, cependant, en haut des rivières, il pousse en grandes forêts, il est abondant et assez massif pour* [faire] *des mâts et des poutrelles de navires. Il y a aussi des châtaigniers, comme ceux de la Hollande, qui sont répartis dans les bois. Les châtaigniers seraient plus nombreux sans les Indiens, qui détruisent les arbres en enlevant l'écorce pour couvrir leurs maisons. Les Indiens, ainsi que les colons néerlandais, ont également abattu des arbres pendant la saison de récolte des châtaignes et coupé les grosses branches pour ramasser les noix, ce qui a contribué à la diminution de ces arbres.*
>
> [...] *Tous les deux ans, les chênes portent de nombreux glands en alternance avec les châtaigniers*[21].

Cette description, certes d'un territoire restreint de ce qui est aujourd'hui une partie de l'État de New York, est en concordance avec les études paléo-écologiques qui indiquent pour une grande partie du nord-est américain une dominance dans le biome forestier des espèces de chênes.

En 1670, Daniel Denton a publié un petit ouvrage qui semble avoir été conçu pour attirer les colons. Il décrit une région de la Nouvelle-Hollande le long de la rivière Raritan (New Jersey) comme ayant « des chênes majestueux, dont les sommets à branches larges ne servent à rien, sauf à éloigner la chaleur du soleil les bêtes sauvages de la forêt vierge, où est l'herbe aussi haute que le milieu de l'homme, qui ne sert qu'à autre chose que de maintenir les wapitis et chevreuils, qui n'en dévorent jamais un centième, puis d'être brûlés chaque printemps pour faire place à de nouvelles repousses [22] ».

Abrams [23] mentionne que la répartition du chêne blanc a augmenté avant la colonisation européenne en raison de l'occurrence des feux récurrents d'origine anthropique. Cependant, en raison de la suppression de ces brûlis et de l'exploitation extensive du chêne par les descendants des colons européens à la fin du XIXe siècle et au début du XXe siècle, ainsi que la disparition des châtaigniers, les anciennes forêts de chênes blancs sur les sites mésiques et humides-mésiques ont été remplacées par des érablières avec une prédominance d'érable à sucre (*Acer saccharum*), de hêtre américain (*Fagus grandifolia*) et d'érable rouge (*Acer rubrum*).

Les données de l'ethnobotanique préhistorique dans le nord-est de l'Amérique du Nord, nous indiquent qu'à la période Archaïque supérieur (± 8 000 et 3 500 ans avant notre ère), les peuples préhistoriques tiraient leur nourriture de trois sources fondamentales : 1) les glands et les noix; 2) les animaux qui se nourrissaient comme les humains des glands et des noix; 3) les ressources halieutiques [24]. Il y a 5 000 à 6 000 avant notre ère, soit bien avant la culture des trois sœurs, c'est-à-dire un système agricole basé sur la polyculture du maïs, du haricot et des courges, certains groupes autochtones avaient domestiqué trois taxons annuels, le *Chenopodium berlandieri*, l'*Iva annua* et le tournesol (*Helianthus annuus*). Les premières preuves de la production alimentaire des trois sœurs au Canada sont associées au complexe Princess Point du sud de l'Ontario, entre 450 et 950 de notre ère. Cela semble également le cas en Nouvelle-Angleterre.

La sélection d'essences utiles

Les glands de différentes espèces de chênes (*Quercus* spp.), les noix des caryers (*Carya* spp.), celles des noyers (*Juglans nigra* et *Juglans cinerea*) et les châtaignes (*Castanea dentata* et *Castanea pumila*) étaient une source importante de nourriture pour les Autochtones de l'est de l'Amérique du Nord dès la période de l'Archaïque moyen[25]. Notons que les caryers, les noyers et les hêtres sont des essences intolérantes au feu. Si les peuplements de chênes et de châtaigniers, ainsi que ceux de noisetiers d'Amérique (*Corylus americana*) peuvent être entretenus et améliorés par des techniques utilisant des feux périodiques, l'amélioration des peuplements de caryers, de noyers et de hêtres doit recourir à une autre technique, par exemple l'abattage des espèces concurrentes ou leur récolte pour le bois de construction ou de chauffage. Par contre, toutes ces essences produisant des noix et des glands nécessitent des forêts où la canopée est plutôt ouverte, sinon les rendements en fruits chutent de façon importante et peuvent difficilement soutenir de manière prévisible ou économiquement rentable les populations humaines.

Les forêts précoloniales n'étaient pas aussi fermées et denses que les chroniqueurs du XIXe siècle semblaient l'affirmer lorsqu'ils discouraient sur le fait qu'un écureuil pouvait facilement traverser le pays sur la canopée des arbres, de la côte atlantique jusqu'aux grandes plaines du centre de l'Amérique sans jamais toucher le sol. Certaines notations de l'explorateur Giovanni da Verrazano, qui en 1524 longe la côte atlantique entre la Floride et le Cap-Breton, méritant d'être rapportées, semblent indiquer la présence de forêts plus ouvertes et de parcelles, plus ou moins étendues, plutôt dégagées :

> *En cette région[26], la terre est aussi belle et aussi bonne qu'aux lieux précédemment touchés. Les forêts y sont rares, mais les arbres de tous genres y abondent sans être toutefois aussi odoriférants, les pays étant plus septentrionaux et plus froids. Nous aperçûmes beaucoup de vignes sauvages qui en grandissant s'enroulent autour des arbres. [...] À plusieurs reprises, en effet, nous constatâmes que leur fruit, séché, était comme celui de notre pays agréable et*

doux. Ces vignes sont appréciées des indigènes, car partout où elles naissent ils arrachent les arbustes voisins afin de permettre aux grappes de mûrir[27].

En poursuivant sa route, Verrazano signale dans une note : « Nous suivîmes une côte toute verte de forêts, mais dépourvue de ports. Il s'y trouvait quelques beaux caps et de petits fleuves. »

Puis il s'arrête une quinzaine de jours, pour se ravitailler, dans la baie de Narragansett, qu'il nomme *le refuge* :

> *À diverses reprises, nous fîmes des reconnaissances de cinq ou six lieues à l'intérieur des terres. Nous y trouvâmes le pays le plus agréable et le plus favorable qui soit pour toute espèce de culture : blé, vin, huile. Il y existe des étendues de vingt-cinq et trente lieues accessibles de partout et complètement dépourvues d'arbres : elles sont si fertiles que toute graine doit y fructifier aisément. Nous entrâmes ensuite dans les forêts : les traverser serait aisé aux plus importantes armées. Les essences d'arbres y sont le chêne, le cyprès et d'autres inconnues en Europe. Nous y trouvâmes des baies de Lucullus*[28]*, des prunes, des noisettes et quantités d'autres fruits différents de ceux de nos contrées.*
>
> *Les animaux pullulent dans ces forêts. Ce sont des cerfs, des daims, des loups-cerviers, d'autres espèces encore*[29].

Il me semble important de présenter ici un paragraphe de la lettre VIII parue dans l'ouvrage *Travels in New England and New York* de Timothy Dwight, dont les observations ont été colligées à la fin du XVIIIe siècle ou au début du XIXe siècle :

> *Les aborigènes de la Nouvelle-Angleterre ont l'habitude de mettre le feu aux forêts afin de poursuivre leur chasse à leur avantage, d'une manière qui sera mentionnée ci-après. Les terrains, recouverts [de feuilles] de chênes, de châtaigniers, etc. ou de pin rigide, ont été sélectionnés à cet effet, car ils étaient les seuls, dans les années ordinaires, suffisamment secs. Telles étaient en grande partie les terres de la Nouvelle-Angleterre et elles ont probablement été brûlées*

pendant plus de mille ans. La litière végétale a bien sûr été détruite. Cette litière est le fumier et finalement le sol des terrains longtemps boisés; et toujours, la production de riches récoltes, même avec une culture très négligée [cette litière organique] *assure une grande réputation aux terres sur lesquelles, elle est copieusement retrouvée sur les terres de Nouvelle-Angleterre qui ont été empêchées d'être détruites*[30].

Bromley (1935) précise en citant Dwight : « l'objet de ces conflagrations était la production de pâturages frais et verdoyants, dans le but d'attirer les cerfs… Immédiatement après les feux, une espèce d'herbe jaillit parfois appelée herbe à feu[31] [32].

Augmenter la capacité de charge du milieu pour accroître les proies

Ce même chercheur signale dans un article subséquent[33] que les brûlis contrôlés effectués par les Autochtones dans le Massachusetts augmentaient la nourriture pour la poule des prairies (*Tympanuchus cupido cupido*), la tourte voyageuse (*Ectopistes migratorius*), le dindon sauvage (*Meleagris gallopavo*) et le chevreuil (*Odocoileus virginianus*). En effet, les fruits à coque (*mast*) des chênes (*Quercus* spp.), des châtaigniers (*Castanea*), des noisetiers (*Corylus*), des caryers (*Carya*) et les faines des hêtres (*Fagus grandifolia*) sont une source de nourriture très appréciée par les espèces mentionnées précédemment qui étaient des gibiers fort recherchés par les Premières Nations de la Nouvelle-Angleterre. Les endroits où selon Dwight les Autochtones mettaient facilement le feu étaient déjà constitués d'essences résistantes au feu de faible intensité. Cela souligne une des raisons pour lesquelles on en sait si peu sur la gestion des essences arborées dans les forêts du nord-est de l'Amérique du Nord dans les documents historiques, les observateurs et les chroniqueurs des XVIe, XVIIe et XVIIIe siècles n'ayant probablement par réalisé ce que le paysage, qu'ils voyaient pour la première fois, reflétait.

Parce que les membres des Premières Nations n'élevaient pas d'animaux dans des enclos, ces mêmes observateurs et chroniqueurs n'ont peut-être pas noté que les Autochtones ont probablement utilisé la technique des brûlis contrôlés de faible intensité pour modifier

Glands de chêne blanc (*Quercus alba*) (photo Wikimedia Commons)

l'environnement en favorisant la création d'écotones [34]. Bromley [35] est un des premiers chercheurs à décrire l'utilisation de feux contrôlés par les Autochtones comme une relation symbiotique entre les associations végétales, créées par la technique du brûlis, les humains qui utilisaient cette technique et les animaux sauvages. Les feux périodiques auraient, entre autres, favorisé les chênes et les autres arbres et arbustes à noix ou à coque, augmentant la disponibilité des glands et des noix, et par réaction des animaux qui se nourrissaient de ceux-ci. Les feux périodiques créaient non seulement des sous-bois dégagés sous la canopée des arbres, mais permettaient également des parcelles nettement plus ouvertes et des écotones, c'est-à-dire des lisières des forêts.

Paul Mellars [36], qui rapporte différents articles scientifiques, souligne que les effets des incendies sur la capacité de charges des zones forestières pour les espèces herbivores peuvent être attribués à quatre facteurs principaux : en premier lieu, les incendies entraînent normalement une augmentation de la fertilité du sol en libérant un riche apport de nutriments au sol sous la forme de cendres; en termes écologiques, la combustion induit un recyclage plus rapide des nutriments dans l'écosystème. Deuxièmement, toute réduction de l'étendue ou de la densité de la strate arbustive et arborée résultant de la combustion des tiges et des troncs permet une pénétration plus importante de la lumière du soleil vers le sol, favorisant ainsi une croissance plus rapide des plantes herbacées présentes ensuite pour les herbivores qui fréquenteront les lieux. L'effet de ce facteur est évidemment plus important lorsque la combustion entraîne la destruction totale de la canopée des arbres, de sorte que toute l'énergie solaire est disponible pour la strate arbustive renaissante ou herbacée. Même lorsque les brûlis de faible intensité sont confinés aux niveaux inférieurs de la végétation, la croissance des plantes herbacées peut être augmentée de façon significative par la combustion de la litière forestière (feuilles mortes, branches, herbes desséchées, etc.), ainsi que par la réduction de la densité de la strate arbustive. Troisièmement, il a été constaté que, bien que la combustion réduise presque inévitablement la taille de la plupart des arbustes et des arbres immatures, le résultat de ce type d'élagage par le feu est souvent d'encourager une repousse plus vigoureuse de ces plantes, augmentant ainsi les jeunes tiges disponibles pour les animaux brouteurs (notamment les chevreuils et les orignaux). De nombreuses espèces d'arbustes, dont les saules (*Salix*), mais également les bleuets (*Vaccinium*) et les framboisiers (*Rubus*), émettent de nouvelles tiges à partir des racines survivantes lorsque la quasi-totalité des parties aériennes des plantes a été détruite par le feu. Pour ces deux derniers arbustes à petits fruits, l'abondance de la production est un bénéfice tant pour les animaux que pour les humains. Un corollaire tout aussi important de cette réduction de la hauteur des arbustes est qu'une plus grande portion de broussailles produite par le feu peut conduire directement à l'apparition d'une nouvelle végétation en stimulant la germination de certains types de graines annuelles et vivaces.

Les incendies ont eu pour effet d'augmenter les quantités totales de fourrage disponible. L'article de Mellars relate une étude entreprise[37] dans une zone de forêt mixte de chênes au centre de la Pennsylvanie à la suite d'un incendie qualifié de naturel, où la canopée a été détruite. Cette réduction du couvert arboré a directement contribué, deux ans après ce brûlis intensif, à une augmentation importante du fourrage disponible, soit environ dix fois plus que la quantité de fourrage comparable à celle des forêts non brûlées. Cependant, cet accroissement n'est pas permanent, car sur l'emplacement de l'étude citée, la production de fourrage avait diminué de moitié quatre ans après les incendies et dix ans plus tard, la production était revenue à son niveau antérieur aux brûlis.

Une autre constatation des bénéfices pour les animaux brouteurs après le passage des incendies est la qualité nutritionnelle du fourrage disponible, déterminée par la composition chimique de celui-ci. Mellars[38] signale que « plusieurs études permettent de conclure que les brûlis peuvent entraîner des améliorations notables dans les propriétés nutritives du fourrage ». Bien que les mécanismes biologiques soient moins bien compris, certains auteurs suggèrent que cette amélioration serait attribuable à la libération de grandes quantités de nutriments dans le sol sous la forme de cendres, tandis que d'autres émettent l'hypothèse que la croissance accélérée des plantes s'expliquerait par un ensoleillement plus direct.

Les conséquences de ces brûlis naturels ou intentionnels, par la quantité et la qualité nutritionnelle des fourrages, sont importantes sur les herbivores brouteurs qui sont pour la plupart des proies potentielles. Mellars mentionne que toutes les études consultées semblent démontrer que les conséquences écologiques des feux augmentent de façon significative la capacité de ces habitats nouvellement créés à soutenir les herbivores brouteurs. Cette augmentation de la capacité de charge est évaluée entre 300 et 700 % par rapport aux environnements similaires non touchés par le passage de feux[39]. Cependant, pour atteindre ces taux, il faut que les zones de brûlis soient relativement petites :

> La répartition des types de forêts est presque aussi importante pour les cerfs que le stade de la succession forestière. De vastes zones de couverture végétale uniforme ne maintiennent pas les populations de cerfs. Celles-ci sont obtenues uniquement avec la diversification. Sur les grandes étendues de terre cuite laissées par les forêts et les sapins du Nord-Ouest, la plupart des cerfs désertent les zones ouvertes pendant les mois d'hiver pour se rassembler dans et autour des conifères dispersés laissés par les marécages et les

affleurements rocheux. La densité idéale de cerfs ne peut alors être obtenue qu'en ayant des mosaïques de forêt bien réparties, à divers stades de croissance, entrecoupées de zones où les arbres plus âgés protègent du froid hivernal et de la chaleur estivale[40].

Considérant les faits rapportés précédemment, la structure idéale d'un milieu portant une capacité de charge optimale de gibiers, de glands, de noix, de petits fruits comestibles pour une communauté vivant de chasse et de cueillette est donc un paysage constitué de forêts plutôt ouvertes, composées majoritairement d'essences produisant des noix et des glands, accueillant de nombreuses parcelles désertées de faibles étendues.

Les glands et les fruits à coque comme ressources alimentaires

Nous avons déjà souligné que les noix et les glands étaient une source de nourriture attestée par les fouilles archéologiques dans le nord-est de l'Amérique du Nord. Les récits ethnohistoriques des missionnaires ayant séjourné auprès de peuples iroquoiens ont indiqué que ces populations consommaient des glands à des fins de subsistance. En 1624, les glands étaient utilisés par les Hurons-Wendats, et pas seulement comme aliment de famine, comme en fait foi cette observation rapportée par le père Gabriel Sagard : « Ils font aussi pitance de glands qu'ils font bouillir en plusieurs eaux pour en ôter l'amertume, je les trouvais assez bons[41]. » Il semble bien que les glands consommés par les Hurons soient ceux du chêne rouge (*Quercus rubra*), qui contrairement à ceux du chêne blanc (*Quercus alba*) nécessitent une préparation pour atténuer ou éliminer l'amertume des tanins contenus dans leur chair. Malgré un pourcentage de tanins plus important, certaines recherches suggèrent que les Autochtones préféraient les glands du groupe du chêne rouge (*Lobatae*), à ceux du groupe du chêne blanc (*Lepidobalanus*)[42]. Les missionnaires jésuites du XVIIᵉ siècle ont observé que les Hurons-Wendats et les Iroquoiens comptaient sur les glands pour survivre.

Dans la dernière année de famine, les glands et les racines amères étaient pour eux, délicieux[43].

> *La famine règne… être contraint soit de manger des glands, soit d'aller chercher dans le bois des racines sauvages. Avec ceux-ci, ils mènent une vie misérable* [44].

> *Ils se dispersent çà et là en quête de glands n'ayant ni chasse, ni pêche, ni grain* [45].

> *De plus, nous constatons que les Iroquois sont généralement considérés comme une tribu agricole prospère, mangeant les noix amères. Peut-être alors, le gland n'était pas un aliment comme on le croyait si souvent chez d'autres Indiens de l'Est. Il a été noté : Gland… étant un cadeau de taille non négligeable parmi ces personnes, qui n'ont plus de mets délicieux en hiver, quand elles ne chassent ni ne pêchent* [46].

Les *Relations des Jésuites* indiquent qu'en l'an 1649, les Hurons réfugiés dans l'île Christian se sont dispersés dans la forêt pour y cueillir des glands. Avant l'hiver, ils avaient accumulé entre 500 et 600 boisseaux [47].

La haute valeur nutritive des glands et des noix et leur abondance dans le nord-est de l'Amérique du Nord ont certainement joué un rôle important à certaines époques chez les Autochtones, ce type de nourriture demeure aussi probablement un aliment de disette [48]. Les fruits à coque (*Quercus*, *Juglans*, *Carya* et *Castanea*) sont faciles à transporter et peuvent être stockés pendant un certain temps pour une utilisation ultérieure. Outre le ramassage, diverses préparations sont parfois nécessaires (lixiviation, décorticage, broyage et séchage), mais la dépense énergétique demandée pour la préparation de cette ressource alimentaire est toujours moindre que les bénéfices caloriques de celle-ci. Abrams et Nowack rapportent que William Bartram, pépiniériste et naturaliste américain, a observé qu'une famille d'Indiens Creek du sud-est des États-Unis entreposait jusqu'à 100 boisseaux de noix de caryer. En supposant que l'on puisse obtenir 18 kilogrammes de brou par boisseau [49] et une portion comestible (la chair de la noix) à 35 % [50], cette quantité de noix de caryer fournirait 2 200 kilocalories par jour à une personne pendant 56 jours. Alors, 100 boisseaux de noix de caryer peuvent nourrir une dizaine de personnes pendant plus d'un an et demi. Les graisses alimentaires fournies par les noix de caryer, en particulier, peuvent donc avoir été une ressource importante lors des périodes de soudure ou de disette.

Conclusion

Une forte concentration d'essences arborées de fruits à coque dans un paysage pourrait-elle être interprétée comme un indice d'une niche réalisée ? C'est la piste que nous allons plus spécifiquement aborder dans le chapitre 7 portant sur la niche réalisée par les Iroquoiens dans la vallée du Saint-Laurent. Il faut cependant spécifier que certains des premiers explorateurs, missionnaires ou colonisateurs, connaissaient bien les chênes et les noisetiers, car des espèces différentes de ces essences étaient indigènes en France. Le noyer commun (*Juglans regia*), originaire des Balkans, était cultivé et naturalisé en Europe, et donc également connu; par contre, les caryers (*Carya* spp.) étaient des essences inconnues. Pierre Boucher et le père Louis Nicolas, auteur d'une *Histoire naturelle des Indes occidentales* (Nouvelle-France), décrivent les caryers comme un espèce différente de noyer (*Juglans*).

> *Je n'ai rien de si rare à dire. Je ne dois que produire ici trois différentes espèces de noyers et de noix, dont deux façons ne sont pas plus grandes que des noix muscades, et dont les unes sont extrêmement amères* [*Carya cordiformis*]*, les autres fort douces et d'un aussi bon goût que les meilleures noix* [*Carya ovata*] [51]*.*

Il faudra donc chercher dans les observations à distinguer les noyers des caryers. Les fortes concentrations de caryers à fruits doux (*Carya ovata*) dans le paysage québécois sont extrêmement rares présentement, du moins dans la vallée du Saint-Laurent; nous tenons cependant à spécifier qu'il y a une concentration importante de cette essence, associée avec de nombreux chênes rouges (*Quercus rubra*), sur un site autochtone reconnu et longtemps utilisé par eux comme emplacement de pêche, la pointe du Buisson à Melocheville (Beauharnois). On y trouve de très vieux spécimens de ces deux taxons, dont plusieurs sont en fin de vie, ils sont remplacés par des érables à sucre (*Acer saccharum*).

Notes

1. Julia E. HAMMETT, 2000, « Ethnohistory of Aboriginal Landscapes in the Southeastern United States » in *Biodiversity and Native America*, Minnis, Paul E. and Wayne J. Elisens (edit.), University of Oklahoma Press, Norman, (pages 248-299), p. 253.

2. François-Marc GAGNON, 2004, « Champlain, peintre ? » in *Champlain, la naissance de l'Amérique française*, sous la direction de Raymonde Litalien et Denis Vaugeois, Éditions du Nouveau Monde et Les éditions du Septentrion, Sillery (Québec), p. 303-311.

3. Emily W. B. RUSSELL, 1983, « Indian-Set Fires in the Forests of the Northeastern United States » in *Ecology*, 64 (1), p. 78-88 : [en ligne] www.jstor.org/stable/1937331

4. Gordon M. DAY, 1953, « The Indian as an Ecological Factor in the Northeastern » in *Ecology*, 34 (2), Ecological Society of America and the Duke University Press, Lancaster, Pennsylvanie, p. 329-346.

5. COLLINGWOOD, 1956; BARZUM et GRAFF, 1970; cités par Emily W. B. RUSSELL, 1983, *op. cit.*, p. 79.

6. Hu MAXWELL, 1910, « Use and Abuse of Forests by the Virginian Indians » in *The William and Mary Quartely*, 19 (2), p. 73-103 : [en ligne] http ://www.jstor.org/stable/ 1921261

7. Stanley W. BROMLEY, 1935, « The Original Forest Types of Southern New England » in *Ecological Monographs*, 5 (1), Ecological Society of America, p. 61-89 : [en ligne] http ://links.jstor.org

8. Gordon M. DAY, 1953, *op. cit.*

9. Gordon G. WHITNEY, 1994, *From Coastal Wilderness to Fruited Plain: A history of environmental change in temperate North America from 1500 to the present*, Cambridge University Press, New York, 451 pages, p. 109.

10. Stephen J. PYNE, 1982, *Fire in America: A Cultural History of Wildland and Rural Fire*, Princeton University Press, Princeton (New Jersey), 653 pages, p. 46.

11. MORTON, 1632; cité par Gordon M. DAY, 1953, *op. cit.*, p. 335 et Emily W. B. RUSSELL, 1983, *op. cit.*, p. 82.

12. MORTON, 1632; cité par Stanley W. BROMLEY, 1935, *op. cit.*, p. 64; Gordon M. DAY, 1953, *op. cit.*, p. 335 et Emily W. B. RUSSELL, 1983, *op. cit.*, p. 82.

13. William WOOD, 1993, *New England's Prospect*, Edited with an introduction by Aldern T. Vaugban, facsimilé de 1634, University of Massachusetts Press, Amherst, 132 pages.

14. WOOD, 1634; cité par Gordon M. DAY, 1953, *op. cit.*, page 335 et Emily W. B. RUSSELL, 1983, *op. cit.*, p. 82.

15. Cette traduction anglaise de l'ouvrage original en néerlandais est sans date et sans pagination pour l'édition consultée.

16. Adriaen VAN DER DONCK (vers 1655), « Description of the New Netherlands » in *Old South Leaflets*, n° 69, Boston.

17. Emily W. B. RUSSELL, 1983, *op. cit.*, p. 81.

18. LORIMER, 1985; cité par Marc D. ABRAMS, 2003, « Where Has All the White oak Gone ? » *BioScience*, 53 (10), (pages 927-939), p. 935.

19. Marc D. ABRAMS, 2003, *ibid.*, p. 935.

20. Marc D. ABRAMS, 2003, *op. cit.*, p. 928.

21. Andriaen VAN DER DONCK (vers 1655).

22. DENTON, 1670; cité par Emily W. B. RUSSELL, 1983, *op. cit.*, p. 81.

23. Marc D. ABRAMS, 2003, *op. cit.*, p. 933.

24. Sur cette question, voir : Thomas W. NEUMAN, 2002, « The Role of Prehistoric Peoples in Shaping Ecosystems in the Eastern United States » in *Wilderness & Political Ecology: Aboriginal Influences and the Original State of Nature*, Charles E. Kay & Randy T. Simmons (eds.), The University of Utah Press, Salt Lake City, p. 141-178; et Kristen J. GREMILLION, 2003, « Eastern Woodlands Overview », in *People and Plants in ancient eastern North America*, Paul E. Minnis, (edi.), Smithsonian Books, Washington/London, p. 17-49.

25. Sur cette question, nous incitons le lecteur à consulter : Gail E. WAGNER, 2003, « Eastern Woodlands Anthropogenic Ecology », *People and Plants in ancient eastern North America*, Paul E. Minnis (edi.), Smithsonian Books, Washington/London, p. 126-171; Laureen TALALAY, Donald R. KELLER et Patrick J. MUNSON, 1984, « Hickory nuts, walnuts, butternuts and hazelnuts: observations and experiments relevant to their aboriginal exploitation in eastern North America » in *Experiments and observations in Aboriginal wild food utilization in Eastern North America!*; Munson, P. J., (edi)., Prehistoric Research Series, 6 (2), Indiana Historical Society, p. 338-359; Paul S. GARDNER, 1997, « The Ecological Structure and Behavioral Implications of Mast Exploitation Strategies » in *People, Plants, and Landscapes, Studies in Paleoethnobotany*, Kristen J. Gremillion (edi.), The University of Alabama Press, Tuscaloosa and London, p. 161-178; et Timothy C. MESSNER, 2011, *Acorns and Bitter Roots, Starch Grain Research in the Prehistoric Eastern Woodlands*, The University of Alabama Press, Tuscaloosa, Alabama, 195 pages.

26. « Que nous nommâmes Arcadie, en raison de la beauté de ces arbres », pour Marcel Trudel ce que « Verrazano appelle *Arcadie* : compte tenu des distances et des cartes du seizième siècle, ce serait en Virginie la péninsule Accomac, à l'entrée de la baie de Chesapeake » (TRUDEL, 1963 : 43).

27. Giovanni da VERRAZANO, 1524, *Relation du voyage de la Dauphine*, rééditée par René Herval et Ch.-André Julien, dans *Les Français en Amérique pendant la première moitié du XVIe siècle*, Les Presses Universitaires de France, Paris, 1946, (pages 51-76), p. 61-62.

28. Cerises.

29. Giovanni da VERRAZANO, [1524] 1946, *op. cit.*, p. 66-67.

30. Timothy DWIGHT, 1821, *Travels in New England and New York*, Vol. 1, printed for William Bagnes and sons, and Ogle, Duncan & Co, Edinburgh, (483 pages), p. 76-77.

31. Probablement l'*Agrostis hyemalis* (Walt BSP).

32. Stanley W. BROMLEY, 1935, *op. cit.*, p. 65.

33. BROMLEY, 1945; cité par DAY, 1953, *op. cit.*, p. 339.

34. Écotone : « zone de contact entre deux écosystèmes très différents » (Friedel, 1980 : 112).

35. Stanley W. BROMLEY, 1935, *op. cit.*; et Stanley W. BROMLEY, 1945, « An Indian relic area » in *Scientific Monthly*, 60, p. 153-154.

36. Paul MELLARS, 1976, « Fire Ecology, Animal Populations and Man: a Study of some Ecological Relationships in Prehistory » in *Proceedings of Prehistoric Society*, 42, (pages 15-45), p. 17-18.

37. Étude de Ribiski, 1968; cité par Paul MELLARS, 1976, *op. cit.*, p. 18.

38. Paul MELLARS, 1976, *ibid.*, p. 19.

39. Paul MELLARS, 1976, *op. cit.*, p. 24.

40. COWAN, 1956; cité par Paul MELLARS, 1976, *ibid.*, p. 27.

41. Gabriel SAGARD, [1624] 1990, *Le grand voyage au pays des Hurons*, texte établi par Réal Ouellet, introduction par Réal Ouellet et Jack Warwick, coll. « Bibliothèque Québécoise », Montréal, 384 pages, p. 180.

42. MASSON, 1992 et 1995; cités par, Timothy C. MESSNER, 2011, *Acorns and Bitter Roots, Starch Grain Research in the Prehistoric Eastern Woodlands*, The University of Alabama Press, Tuscaloosa, Alabama, 195 pages, p. 16.

43. RAGUENEAU, 1650; cité par Wilma F. ALLER, 1954, « Aboriginal Food Utilization of Vegetation by the Indians of the Great Lakes Region as recorded in the Jesuit Relations » in *Quaterly by the Wisconsin Archeological Society*, 35 (3), (pages 59-73), p. 64.

44. RAGUENEAU, 1650; cité par Wilma, F. ALLER, *ibid.*, p. 62.

45. *Ibid.*, p. 62.

46. DABLON, 1673; cité par Wilma F. ALLER, *op. cit.*, p. 62.

47. *Les Relations des Jésuites*, 1649; cités par Conrad E. HEIDENREICH, 1971, *Huronia: A History and Geographic of the Huron Indians 1600-1650*, McClelland and Stewart, Toronto, (337 pages), p. 112.

48. Sur cette question, voir : Marc D. ABRAMS et Gregory J. NOWACKI, 2008, « Native Americans as active and passive promoters of mas and fruit trees in the eastern USA » in *The Holocene,* 18 (7), p. 1123-1137.

49. SCHOPMEYER, 1974 : Paul S. GARDNER, 1997, « The Ecological Structure and Behavioral Implications of Mast Exploitation Strategies » in *People, Plants, and Landscapes, Studies in Paleoethnobotany,* Kristen J. Gremillion (edi.), The University of Alabama Press, Tuscaloosa and London, (pages 161-178), p. 163.

50. WATT et MERRIL, 1975; cités par Paul S. GARDNER, 1997, *ibid.*, p. 163.

51. Louis NICOLAS, vers 1674; cité par Daniel FORTIN, 2014, *Histoire naturelle des Indes occidentales du père Louis Nicolas, tome 1 : La botanique,* Les Éditions GID, Québec, (462 pages), p. 364.

CHAPITRE 4

L'approche paléoécologique de la niche réalisée

Introduction

L'écologie végétale s'intéresse beaucoup à la composition floristique des forêts et à la régénération forestière des dernières décennies, mais d'une certaine façon peu à la physionomie du paysage de la préhistoire et de la période protohistorique. L'importance relative de la forêt par rapport aux espaces dénudés est méconnue. Une des raisons de ce désintérêt est qu'il est très difficile, voire impossible, de répondre à cette question. Les techniques de l'anthracologie, de la palynologie et de la dendrochronologie ne permettent pas actuellement de valider la densité des couverts forestiers sur une large étendue durant les périodes préhistorique ou protohistorique, bien qu'elles puissent indiquer des tendances.

À titre d'exemple, nous soulignons les fouilles de la moyenne vallée du Rhône par les archéologues Jean-François Berger, Claire Delhon, ainsi qu'une large équipe de spécialistes aux approches archéo-environnementales[1] : études des paléosols, des charbons de bois, des phytolithes et des coquilles de mollusques prélevés à la fois sur des sites archéologiques et dans des séquences « hors sites ». À partir des mêmes échantillons datés du Néolithique moyen chasséen (soit il y a 6 000 ans), les résultats des différentes analyses de chacune des techniques utilisées sont apparus contradictoires. Les charbons de bois ont montré une forte domination du chêne caducifolié, suggérant pour les chercheurs un environnement forestier. L'analyse des phytolithes des mêmes séquences indique que la végétation apparaissait principalement herbacée. L'analyse pédologique montre que la structure était des sols de prairies, voire des sols steppiques. Les analyses malacologiques indiquent des prairies sèches; alors que les données de l'anthracologie décrivent une chênaie dense. Ces dernières suggèrent une forêt primaire sous un climat doux et suffisamment humide, mais plus chaud qu'actuellement. Les résultats des autres analyses proposent plutôt un paysage de steppes peu arborées, donc une phase climatique plus froide.

> *Le croisement de l'ensemble des données dicte une troisième hypothèse, qui accorde une part importante aux effets des actions humaines dans la construction du paysage. Il s'agirait de formations anthropiques associant des prairies pâturées et de faibles superficies cultivées à des chênes exploités pour leurs fruits, leur bois ou leur feuillage dans un système économique agro-sylvo-pastoral. L'existence de tels paysages, de physionomie savanoïde (la savane est une formation végétale composée principalement de graminées et d'arbres et d'arbustes espacés), est cohérente avec nos connaissances de pratiques socioéconomiques des Néolithiques chasséens[2].*

L'étude des sédiments du lac Crawford, Ontario

Il est difficile, pour des raisons budgétaires, de réunir des équipes multidisciplinaires aussi élargies; celles-ci sont plus rarement utilisées dans les recherches archéologiques au Québec. Cela explique, pour le moment, qu'il est plus ardu de trouver des synthèses de fouilles archéologiques qui peuvent croiser un ensemble de données, dont des analyses polliniques et les charbons de bois fossiles. À défaut de telles études pour le sud-ouest du Québec et la vallée du Saint-Laurent pour la période du XVIe siècle et du XVIIe siècle, nous avons décidé d'étudier les données recueillies au lac Crawford en Ontario.

Les paléoécologues Clark et Royall[3] ont réalisé une étude portant sur les accumulations de particules de charbons de bois fossiles dans les

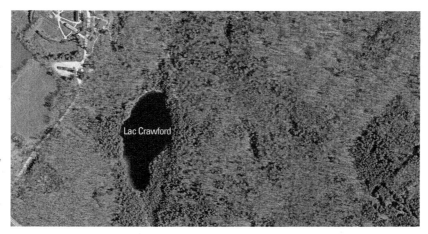

La région du lac Crawford, Milton, Ontario, Canada. (photo : Google Earth)

sédiments du lac Crawford (44° N, 80° W), un lac de 2,5 hectares, de 24 mètres de profondeur contenant 4,5 mètres de sédiments déposés en couches laminées. Des analyses polliniques antérieures [4] [5] ont montré que les forêts climaciques ont subi une transition spectaculaire entre 600 et 100 BP (1355-1855). Vers 600 BP environ, les forêts entourant le lac Crawford étaient en grande partie composées d'arbres à feuilles caduques, notamment de hêtres américains (*Fagus grandifolia*), d'érables à sucre (*Acer saccharum*), d'ormes (*Ulmus*), de tilleuls d'Amérique (*Tilia americana*), de caryers (*Carya*), de noyers cendrés (*Juglans cinerea*), de bouleaux (*Betula*), de peupliers (*Populus*), avec seulement de petites quantités de cèdre blanc au nord (*Thuja occidentalis*) et de pin blanc (*Pinus strobus*) ainsi que la pruche (*Tsuga canadensis*). Les hêtres, les érables à sucre et les tilleuls d'Amérique ont tous perdu de leur importance et ont été remplacés par des chênes et des pins blancs après 600 BP (1355). Cette période coïnciderait avec les preuves archéologiques de l'installation d'un village iroquoien dans le bassin versant du lac. De petites bourgades d'Iroquoiens étaient établies à quelques kilomètres du lac Crawford vers 1280; la densité maximale des populations, soit environ 2 400 individus, a été atteinte dans cette région entre 1360 et 1613. Les premières évidences archéologiques de la culture du maïs (*Zea mays*) débutent dans le sud de l'Ontario vers l'an 600 [6]. Mais la culture généralisée de cette céréale dans la péninsule ontarienne ne viendra que 400 à 500 ans plus tard. Les auteurs signalent que les données des pollens fossiles de *Quercus* et de *Pinus strobus* ont remplacé les pollens des taxons de feuillus (*Fagus grandifolia* et *Acer saccharum*) que l'on retrouve habituellement dans cette zone; parallèlement, les preuves de la culture du maïs sont bien présentes, autour du lac Crawford, entre 1360 et 1650.

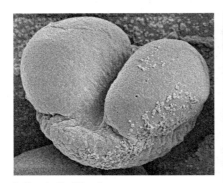

Pollen de Pin (*Pinus*)
(photo : Wikimedia Commons)

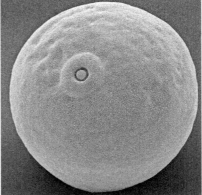

Pollen de maïs (*Zea mays*)
(photo : Wikimedia Commons)

Pour des fins de comparaison avec les données recueillies de charbon de bois fossile, Clark et Royall ont défini, à partir des analyses polliniques effectuées par McAndrews (1988), quatre zones stratigraphiques polliniques sur la base des changements notables dans les indicateurs des pollens issus de plantes herbacées, c'est-à-dire principalement les spores de la fougère-aigle commune (*Pteridium aquilinum*) et de pollens de graminées (notamment le maïs) et d'autres plantes associées à des milieux ouverts et anthropiques, comme le pourpier (*Portulaca oleacera*) :

1. **Période I** (avant 1360) : les indicateurs de pollens de milieux ouverts et anthropiques sont en faible abondance;

2. **Période II** (1360-1650) : les pollens de maïs, de graminées, de *Tubuliflorea* et les spores de *Pteridium aquilinum* augmentent en abondance. Plusieurs grains de pollen de *Portulaca oleracea* sont également présents durant cet intervalle (Byrne et McAndrews, 1975; cités par Clark et Royall, 1995);

3. **Période III** (1650-1850) : tous les indicateurs de perturbation anthropique déclinent. Les pollens de graminées, y compris le maïs, le *Portulaca* et la fougère-aigle, déclinent au minimum au cours du XVIIIe siècle;

4. **Période IV** (après 1850) : les indicateurs de perturbation anthropique mentionnés durant la période II augmentent, en particulier les graminées, avec également un accroissement des pollens associés aux Chénopodiacées (*Portulaca*), à l'herbe à poux (*Ambrosia* spp.) et aux plantains (*Plantago* spp.)

> *La période II est caractérisée par l'évolution des abondances de plusieurs taxons arboricoles. De 1360 à la fin du XVIIe siècle, l'augmentation de spores de* Pteridium *et du pollen de* Graminea *coïncide avec le déclin des types de pollens de feuillus nordiques et l'augmentation de ceux des* Pinus *et* Quercus. *Après leurs déclins abrupts au cours du XVe siècle,* Fagus *et* Acer saccharum *restent constants, puis commencent de légères augmentations avec le début de la période III[7].*

Maintenant, si on compare avec les indicateurs de charbon de bois fossile, Clark et Royall (1995) mentionnent que ceux-ci montrent des taux d'accumulation bas dans les strates sédimentaires de la période I (avant 1360), qu'ils appellent la période pré-iroquoienne. Des valeurs plus élevées, présentant plusieurs pics, se produisent dans la période II (1360 à 1650). Les plus grands pics sont datés de 1142 et 1658. Ces valeurs diminuent brusquement après 1650 et restent faibles jusqu'à une forte hausse vers la fin du XIXe siècle qui correspondrait à la période IV (après 1850).

Pour les chercheurs, les valeurs du charbon de bois fossile dans les strates sédimentaires durant les périodes II et III coïncident assez étroitement avec les types de pollens et de spores des indicateurs d'une transformation anthropique. L'augmentation du charbon de bois fossile suit celle des pollens de graminées et des spores de *Pteridium aquilinum*. Les séries de pics de la présence du charbon de bois fossile entre 1350 et 1650 sont également les valeurs maximales des pollens de graminées et des spores de fougère-aigle commune, et tous les grains de pollen du maïs (*Zea mays*) préeuropéens, sauf un, se retrouvent dans les strates de cette période.

Certains chercheurs[8] prétendent que les transformations forestières du paysage entre le XIVe siècle et le XVIIe siècle seraient dues à des changements climatiques plutôt qu'anthropiques. On attribuerait au Petit Âge glaciaire (1300-1850) des effets significatifs sur la végétation, la faune et l'habitat des Iroquoiens dans le sud de l'Ontario. Un des arguments en défaveur de changements importants dans l'environnement à cette période sur les Premières Nations du sud-est de l'Ontario, c'est que les Hurons qui occupaient les rives du lac Ontario se sont plutôt déplacés vers le comté de Simcoe, en bordure du lac Huron, donc plus au nord, plutôt que d'effectuer un déplacement vers le sud-ouest dans des zones thermales plus chaudes. D'autre part, les taux moyens de la teneur en charbon de bois fossile au cours de 2 000 dernières années étaient plus élevés pendant la période d'occupation iroquoienne (1360 à 1650) que pendant tout autre intervalle, à l'exception du la période post-européenne (après 1850). Les deux pics de charbon de bois fossile pouvaient alors provenir de brûlis de la végétation par les villageois iroquoiens présents à proximité du lac ou de feux de cuisson effectués par des Autochtones sur les rives du lac Crawford. Clark et Royall[9] concluent que la présence de quantités importantes de charbon de bois fossile dans les sédiments durant la période II (1360 et 1650) serait le résultat plus probable des changements d'ordre anthropique.

L'archéologue Williams D. Finlayson (1998) rapporte une étude[10] de Kelly, Cook et Larsen (1994) sur la dendrochronologie de vieux spécimens de cèdre blanc d'Amérique (*Thuja occidentalis*) poussant sur les falaises de la péninsule Bruce dans le sud de l'Ontario. Celle-ci couvre 1 397 ans, c'est-à-dire entre 600 et 1994 (cette chronologie traverse le Petit Âge glacière). Les données recueillies donnent un cycle oscillant entre des périodes de croissance élevée et faible durant l'ensemble des années couvertes et des périodes de croissance nettement déprimées entre 1460 et 1500, attribuées à des températures extrêmement hautes à la fin de l'été de l'année. Ceci « militerait » pour une approche dubitative face aux transformations supposées par une chute de température dans le sud de l'Ontario; ce qui renforcerait l'argumentaire des tenants de l'augmentation des feux anthropiques à proximité des villages sédentaires des Iroquoiens de la région immédiate du lac Crawford. Mais comme le fait remarquer l'anthropologue et archéologue Brad Loewen (Université de Montréal) [communication personelle], la température à la fin de l'été peut être difficilement applicable dans ce cas, car la croissance des cernes survient surtout entre la fin avril et juin.

Conclusion

L'étude des sédiments du lac Crawford fait l'objet d'une certaine polémique entre les tenants de l'hypothèse d'une transformation de la communauté végétale correspondant à la niche réalisée par les Iroquoiens présents à proximité de celui-ci et les tenants d'une fluctuation climatique due, entre autres, au refroidissement des températures. Les données rapportant la présence de spores de fougère-aigle commune (*Pteridium aquilenum*) ainsi que de pollen de maïs suivant celle de charbon de bois fossile dans les strates de sédiments dans la période d'occupation iroquoienne (1360-1650) nous incitent à y voir une corrélation assez forte de brûlis, contrôlés ou non, pour réaliser la niche de ce groupe autochtone, notamment par la présence de parcelles de maïs.

Nous souhaiterions qu'une étude similaire soit entreprise dans la région du Haut-Saint-Laurent, là où une occupation autochtone continue ou quasi continue est bien documentée, et ce, pour pouvoir comparer les résultats avec ceux obtenus au lac Crawford. La présence de tourbières dans cette région se prêterait bien à ce type de recherche.

Notes

1. Rapportées par Stéphanie THIÉBAULT, 2010, *Archéologie environnementale de la France*, Éditions La Découverte, Paris, 179 pages.

2. Stéphanie THIÉBAULT, 2010, *op. cit.*, p. 146.

3. James S. CLARK and P. Daniel ROYALL, 1995, « Transformation of a northern hardwood forest by aboriginal (Iroquois) fire: charcoal evidence from Crawford Lake, Ontario, Canada » in *The Holocene*, 5 (1), p. 1-9.

4. Les sédiments ont été échantillonnés avec une résolution allant de 10 ans entre 950 et 160 BP (1000-1800 de notre ère) et des intervalles de 5 ans de 160 BP à nos jours (1800-1985) (McAndrews et Boyko-Diakonow, 1989). BP, où 0 BP équivaut à AD 1955, sur la base de l'étalonnage Calib 4.3 des âges au radiocarbone (Struiver et al., 1995; rapporté par Delcourt et Delcourt, 2004 : 18).

5. Nous nous référons à deux études : M. BOYKO-DIAKONOW, 1979, « The laminated sediments of Crawford Lake » in *Moraines and Varve*, Ch. Schuchter (ed.), Balkena, Rotterdam, p. 3003-307; et J. H. McANDREWS et M. BOYKO-DIAKONOW, 1989, « Pollen analysis of varved sediment at Crawford Lake, Ontario: evidence of Indian and European farming, in *Quaternary Geology of Canada and Greenland*, R. J. Fulton (ed.), Ottawa, Ontario : *Geological Survey of Canada*, p. 528-530.

6. McANDREWS, 1988; rapporté par James S. CLARK and P. Daniel ROYALL, 1995, *op. cit.*, p. 2.

7. James S. CLARK and P. Daniel ROYALL, 1995, *op. cit.*, p. 3.

8. CAMPBELL et McANDREWS, 1993; cité par James S. CLARK and P. Daniel ROYALL, 1995, *op. cit.*

9. Rapportés par William D. FINLAYSON, with contributions by Mel Brown, Roger Byrne, Jim Esler, Ron Farquer, Ron Hancock, Larry Pavlish and Charles Turton, 1998, *Iroquoian Peoples of the land of Rocks and Water, A.D. 100-1650: A study in settlement Archaeology*, Volume 1, London Museum of Archaeology, London (Ontario), (448 pages), p. 64.

10. Étude de KELLY, COOK et LARSEN (1994) rapportée par William D. FINLAYSON, 1998, *ibid.*, p. 65.

CHAPITRE 5

La transformation du paysage boisé pour les cultures autochtones

Introduction

Comme nous l'avons déjà mentionné, du pollen de maïs (*Zea mays*) a été trouvé dans les sédiments du lac Crawford pendant la période d'occupation autochtone, ce qui conduit maintenant notre recherche à s'intéresser à la création d'espaces ouverts pour permettre la culture des plantes alimentaires. Peu de chercheurs contestent le fait que la mise en culture de cultigènes, notamment à partir de 1200 de notre ère, ait modifié l'environnement des Premières Nations dans tout le nord-est de l'Amérique du Nord. Mais, encore une fois, l'ampleur de ces modifications est sujette à de nombreuses projections. Certains insistent sur le fait que les Autochtones n'avaient pas la technologie et les moyens de défricher de vastes zones d'un paysage fortement boisé. Ce qui est probablement faux considérant que l'annélation des troncs des plus gros arbres d'une forêt climacique et le feu fournissaient un mécanisme efficace pour créer des espaces ouverts cultivables.

L'ouverture d'espaces cultivables

La culture du maïs, des haricots et des cucurbitacées (les trois sœurs, comme on les appelle souvent en parlant de ces cultures des champs autochtones) nécessite une lumière vive. Ces plantes ne poussent pas ou, du moins, ne fructifient pas sous la frondaison des arbres. La lumière atténuée et la compétition avec le feutre racinaire de ceux-ci sont préjudiciables à leur croissance. L'important n'est pas d'abattre et de nettoyer entièrement l'espace à ensemencer, mais plutôt de débarrasser le futur milieu de culture de la canopée feuillée afin de permettre à une lumière vive d'atteindre le milieu de croissance des cultigènes. Il importe de relever que le faciès de la forêt à ouvrir revêt une certaine importance quant à la difficulté ou plutôt à l'effort exigé pour obtenir une niche propre à assurer la croissance de plantes héliophiles. Deux vieilles forêts peuvent présenter des faciès fort différents, même si les arbres les constituant sont du même âge. Par exemple, le Boisé-des-Muir (voir la photo ci-contre), une réserve écologique dans le Haut-Saint-Laurent, à cinq kilomètres de la ville de Huntingdon, qui est considéré comme une forêt précoloniale[1] qui ne semble pas avoir été bûchée ou altérée depuis plusieurs centaines d'années (plusieurs spécimens seraient âgés d'environ 300 ans). Il présente néanmoins et étonnamment un faciès de jeune peuplement forestier avec des troncs de faible diamètre et un nombre important d'arbres à l'hectare. Par opposition, la forêt de la Charentonne (voir la photo ci-contre), également dans le Haut-Saint-Laurent, à 2-3 kilomètres du village de Saint-Antoine-Abbé, offre un aspect de forêt-parc, dont les érables à sucre (*Acer saccharum*) sont âgés d'environ 225 à 250 ans (évaluation à partir des cernes de croissance des souches). Comme cette forêt-parc accueille moins d'arbres par hectare, et que le sous-bois sous la frondaison de ces vieux arbres est très clairsemé, voire inexistant, celle-ci exigerait moins d'efforts pour dégager le sous-bois après la mort des arbres « cathédrales », permettant plus facilement la mise en culture du milieu. Il serait également intéressant de comparer la densification du feutre racinaire de ces deux forêts. Il est effectivement permis de croire que l'enchevêtrement des racines rend plus difficile ou plus facile le travail du sol dans l'une ou l'autre de ces forêts.

La plupart des évaluations concernant la superficie de champs mise en culture par les Autochtones provient des recherches du géographe Conrad E. Heidenreich[2] et de sa monographie (1971) : *Huronia: A History and Geographic of the Huron Indians 1600-1650*. La répartition des villages hurons dépendrait principalement des sols exploitables en

5. La transformation du paysage boisé pour les cultures autochtones

Faciès de la forêt ancienne du Boisé-des-Muir (photo : Daniel Fortin)

Faciès d'une forêt-parc, Bois de la Charentonne. (photo : Daniel Fortin)

agriculture et des ressources en eau disponibles, soit des eaux de surface, car les Hurons-Wendats, comme les autres Iroquoiens, ne creusaient pas de puits. Il semble donc pour le chercheur qu'il y aurait corrélation entre l'installation d'un village et la possibilité d'établir les champs de culture à proximité. Or, quelques phrases du père Jean de Brébeuf semblent indiquer que les champs en Huronie n'étaient pas, du moins toujours, immédiatement adjacents au village :

L'été est ici une saison fort incommode pour instruire les sauvages; les traites et les champs emmènent tout, hommes, femmes et enfants; il ne demeure quasi personne dans les villages[3].

Environ le mois de décembre, les neiges commencèrent à prendre pied et les sauvages se rendirent sédentaires dans le village. Car tout l'été et tout l'automne, ils sont la plupart, ou dans des cabanes champêtres à prendre garde à leurs blés, ou sur le lac à pêche, ou en traite, ce qui n'est pas une petite incommodité pour les instruire[4].

Si les champs étaient adjacents aux villages, les missionnaires auraient certainement pu attendre les femmes et les enfants à leur retour de leurs travaux. On peut supposer que les champs, de plus en plus vastes pour supporter une plus grande population, étaient dispersés dans le territoire de la Huronie, peut-être dans un substrat plus fertile que celui où sont installées les maisons longues ou, plus simplement, sur un plus grand nombre de parcelles ouvertes disséminées au fil du temps par les déplacements périodiques des communautés. C'est d'ailleurs ce que laisse entendre certaines conclusions des chercheurs Birch et Williamson[5], lorsqu'ils rapportent que, vers la fin du XVIIe siècle, les déplacements des villages hurons-wendats semblent avoir impliqué une recherche de sols agricoles plus productifs. Dans un contexte de croissance démographique et de dépendance croissante vis-à-vis de la culture du maïs et des haricots, les communautés se délocalisaient de la plaine du lac Érié vers le nord sur des emplacements présentant les *loams* plus résistants à la sécheresse de la plaine du *Till South Slopes*.

D'autre part, l'hypothèse que le site de captage des ressources[6] défini par Claudio Vita-Finzi et Eric Higgs[7], où les humains cherchaient à exploiter les ressources à une distance raisonnable de leur campement ou village, suppose un rayon maximal de 3 à 5 km. Or, chez les Hurons-Wendats, cela ne semble pas se confirmer avec la remarque du père Brébeuf, car les champs paraissent plus éloignés, les femmes et les enfants responsables de leur protection et de leur entretien ne revenant pas au village tous les soirs.

Si les champs s'avéraient plus éloignés des villages, sur des sols plus fertiles ou moins sablonneux, le déplacement des Autochtones pourrait être davantage lié à l'éloignement des sources de bois pour la construction ou la réparation des maisons longues, le chauffage de celles-ci, les feux de cuisson et/ou relatif à l'infestation des habitations par la vermine (puces, tiques, souris et mulots), qu'à la perte de fertilité des champs sis à proximité[8]. L'archéologue Claude Chapdelaine[9] souligne qu'à partir du XIVe siècle, les villages iroquoiens privilégient des sites en retrait des grandes artères navigables et à proximité de terres plutôt sablonneuses. Ce type de sol facilite effectivement l'érection des structures des habitations et des palissades tout en maintenant, grâce à un meilleur drainage, la surface d'occupation exempte d'eau de ruissellement ou stagnante, donc plus confortable pour les occupants. Mais, encore une fois, on peut douter que les implantations villageoises et la recherche d'un substrat sablonneux ou limoneux-sablonneux (*loams sableux*) soient spécifiquement ou nécessairement liées à leurs champs. Bien que les sols sablonneux ou limoneux sablonneux se réchauffent rapidement au printemps et se travaillent nettement plus facilement que les sols argileux, ceux-ci sont physiquement mal adaptés pour la culture. Ils sont peu fertiles, retiennent mal l'eau de surface, les engrais organiques enfouis y sont rapidement minéralisés et les éléments nutritifs, lessivés. Une exception, le tabac (*Nicotiana rustica*) trouve dans ce type de sol les conditions idéales de culture. Or, cette plante est un élément important de la culture iroquoienne. C'est probablement pour cette raison que le tabac était cultivé dans ou à proximité des villages dans des sols plus sablonneux. Des champs plus éloignés des villages donnent également une certaine sécurité aux résidents; la hauteur des tiges du maïs et la densité des plantations de cette céréale peuvent permettre à des ennemis potentiels de s'approcher subrepticement des maisons longues. D'autre part, les ennemis potentiels peuvent mettre le feu aux tiges desséchées du maïs, après la maturation des épis ou la récolte de ceux-ci, et ainsi entourer le village d'une couronne de feux et de fumée incommodant les assiégés.

Une des hypothèses intéressantes à approfondir est que le substrat sablonneux ait été recherché non pas pour la facilité de culture des cultigènes, mais plutôt pour la conservation des récoltes. Ainsi, en 1607, Champlain observe le village autochtone du cap Batturier[10], sur les côtes de la Nouvelle-Angleterre. Il signale :

> *Dedans ce port, il n'y a qu'une brasse d'eau, et à marée haute deux brasses. À l'est, il y a une baie qui refuit au nord sur quelque trois lieues, dans laquelle il y a une île et deux autres petits culs-de-sac, qui décorent le pays, où il y a beaucoup de terres défrichées et force petits coteaux, où ils font leur labourage de blé et autres grains, dont ils vivent. Il y a aussi de très belles vignes, quantité de noyers, chênes, cyprès, et peu de pins. Tous les peuples de ce lieu sont fort amateurs du labourage et font provision de blé d'Inde pour l'hiver, lequel ils conservent en la façon qui s'ensuit.*
>
> *Ils font des fosses, sur le penchant des coteaux dans le sable, de quelque cinq à six pieds plus ou moins, et prennent leurs blés et autres grains qu'ils mettent dans de grands sacs d'herbe, qu'ils jettent dedans lesdites fosses, et les couvrent de sable trois ou quatre pieds par-dessus la superficie de la terre, pour en prendre à leur besoin, et cela se conserve aussi bien qu'il saurait faire en nos greniers[11].*

La culture des trois sœurs et le défrichage des espaces boisés

Une chose est certaine, les Iroquoiens ont défriché la forêt pour permettre l'implantation de leurs champs. Comme le souligne le géographe Heidenreich, des prairies occupaient les zones de sols préférés qui avaient été défrichés et abandonnés à plusieurs reprises par le passé. Ce qui l'amène à poser l'hypothèse voulant que la régénération forestière ait suivi l'abandon des champs moins fertiles au profit de nouveaux abattis. Toutefois, son assertion à l'effet « que les Hurons devaient occuper des terres boisées, non seulement parce que la forêt revitalisait le sol et qu'ils n'avaient pas les outils pour faire face aux prairies; mais aussi parce qu'ils avaient besoin de bois pour brûler et construire des villes[12] » soulève certains doutes. Les colons de la Nouvelle-France ont effectivement occupé et exploité leurs terres pendant des décennies, utilisant un assolement biennal ou triennal[13]. Dans ce mode de culture, les champs sont divisés en deux ou trois parties, et pendant qu'une ou deux des sections sont mises en culture, celles restantes sont laissées en jachère. À cette époque, les parcelles en jachère ne bénéficiaient pas d'un semis particulier pour augmenter leur teneur en azote, mais étaient plutôt envahies par des plantes rudérales. L'ajout de fumier dans les champs des premiers colons canadiens était rare ou inexistant. Les colons avaient peu d'expérience dans l'agriculture et, de toute façon, ils possédaient peu d'animaux en stabulation durant la période hivernale, donc peu de fumier à épandre dans leurs champs au printemps.

Considérant d'abord le modèle d'agriculture coloniale qui a permis aux premiers colons d'exploiter leurs champs pendant des décennies et, d'autre part, les champs autochtones bénéficiant d'une technologie particulière, soit la polyculture sur monticules, ces derniers avaient-ils véritablement besoin d'une période de jachère de 30 ou 40 ans de leurs champs, comme l'affirme Heidenreich ? Il est plus probable qu'il suffisait simplement d'une courte jachère de quelques années, un peu plus sur un substrat nettement sablonneux pour favoriser la repousse de plantes herbacées et d'arbustes, et de mettre le feu à l'ancien champ pour le remettre en culture. C'est du moins, l'observation de Champlain dans la région côtière de la baie de Narragansett : « Il y avait aussi plusieurs champs qui n'étaient point cultivés, d'autant qu'ils laissent reposer les terres. Quand ils y veulent semer, ils mettent le feu dans les herbes et puis labourent avec leurs bêches de bois[14]. »

Le chercheur Doolittle[15] va dans le sens de cette observation. Ainsi, le fait qu'il ne fasse aucun doute que certains agriculteurs autochtones de la période pré-contact aient coupé et brûlé des parcelles de forêt de l'est de l'Amérique et déplacé périodiquement leurs champs n'implique pas qu'ils pratiquaient une forme de culture itinérante de très longues jachères, comme l'avance Heidenreich. Les remarques de deux Jésuites ayant servi en Huronie en 1639 semblent plutôt indiquer qu'une perte de fertilité des champs, après une dizaine d'années de culture, serait la ou du moins une des causes importantes du déplacement des villages. Ainsi, François du Peron[16] écrit que le pays

« ne produit que dix ou douze ans au maximum; et après dix ans, ils sont obligés de déménager leur village dans un autre endroit », alors que Jean de Brébeuf propose une observation plus nuancée, ne ciblant pas exclusivement la perte de fertilité des champs, en écrivant que les Autochtones « changent parfois de résidence — certainement quand il n'y a plus assez de bois pour leurs feux, ou quand la terre, longtemps labourée, produit une maigre récolte ». D'autres chercheurs [17] croient que des facteurs hygiéniques, entre autres, devaient affecter la décision de la communauté de déplacer et reconstruire les villages.

Outre la citation de Champlain de 1604, Doolittle [18] rapporte celle du gouverneur du Connecticut pour démontrer que certains groupes d'agriculteurs autochtones du nord-est de l'Amérique du Nord recouraient à de courtes jachères. Ce dernier écrivait en 1636, en parlant de la région de la baie de Narragansett, que les Autochtones « ont tous deux terrains, lesquels après les deux premières années, ils laissent un champ reposer chaque année et, ainsi, gardent leur terre en permanence en culture ».

Le père Sagard (1624) explique bien la méthode de préparation des nouvelles parcelles :

> *Leur coutume est que chaque ménage vive de ce qu'il pêche, chasse et sème, ayant autant de terres qu'il leur nécessaire, car toutes les forêts, prairies et terres non défrichées sont en commun. Il est permis à chacun d'en défricher et ensemencer autant qu'il veut, qu'il peut et qu'il lui est nécessaire; et cette terre, ainsi défrichée, demeure à la personne autant d'années qu'il continue de la cultiver et de s'en servir; et étant entièrement abandonnée du maître, s'en sert ensuite qui veut et non autrement. Ils coupent les arbres à la hauteur de deux ou trois pieds de terre, puis émondent toutes les branches, qu'ils font brûler aux pieds de ces arbres pour les faire mourir; ensuite ils ôtent les racines; puis les femmes nettoient bien la terre entre les arbres et bêchent, de pas en pas, une place ou fossé en rond; où ils sèment à chaque place neuf ou dix grains de maïs, qu'ils ont d'abord choisis, triées et fait tremper quelques jours dans l'eau et ils continuent ainsi jusqu'à ce qu'ils en aient pour deux ou trois ans de provision;*

> *soit par crainte qu'il ne leur succède quelque mauvaise année ou bien pour l'aller traiter dans / d'autres nations contre des pelleteries ou d'autres choses dont ils ont besoin. Tous les ans, ils sèment ainsi leur blé aux mêmes places et aux mêmes endroits, qu'ils rafraîchissent avec leur petite pelle de bois, en forme d'oreille et ayant une manche au bout; le reste de la terre n'est pas labouré, mais seulement nettoyé des méchantes herbes. Ainsi, il semble que ce soient tous des chemins tant ils ont de soin de tenir tout net. C'est pourquoi, allant parfois seul, d'un village à un autre, je m'égarais ordinairement dans ces champs de blé plutôt que dans les prairies et les forêts* [19].

Dans le texte de Sagard, la phrase suivante : « puis les femmes nettoient bien la terre entre les arbres et bêchent de pas en pas une place ou fossé en rond; où ils sèment à chaque place neuf ou dix grains de maïs [20] » semble confirmer que, dès le début, même entre les arbres calcinés, la création de petits monticules, sur lesquels les femmes sèment maïs, haricots et courges, est réalisée. L'agronome Jane Mt. Pleasant [21] signale que les chercheurs ont du mal à attribuer de la valeur et une productivité accrue à un système de culture qui mélangeait trois espèces

La polyculture du maïs, des haricots et des courges sur butte favorise un rendement plus élevé que la monoculture en assurant une plus longue fertilité. (photo : Daniel Fortin)

de plantes qui semblent être un fouillis aléatoire face aux rendements de nos monocultures. Cela est également probablement le cas des observateurs jésuites en Huronie.

Les trois sœurs, une méthode de culture assurant rendement et productivité à long terme

Les chercheurs Zhang, Postma, York et Lynch[22] indiquent que l'adoption généralisée de la polyculture des trois sœurs, composée du maïs (*Zea mays*), du haricot commun (*Phaseolus vulgaris*) et de la courge (*Cucurbita*), est répandue chez les agricultrices autochtones[23] de l'Amérique, y compris les Autochtones du nord-est de l'Amérique du Nord.

> *L'adoption généralisée de la polyculture maïs/haricot/courge par les petits agriculteurs de subsistance s'explique en partie par un avantage de rendement allant jusqu'à 30 % par rapport au rendement moyen des monocultures respectives (Rich et Hansen, 1982, 1983; Mt Pleasant et Burt, 2010). Plusieurs mécanismes sous-tendant l'avantage de rendement des polycultures à deux espèces ont été identifiés* [notamment le maïs et le haricot commun], *tels qu'une perte de rendement moindre due à la réduction de l'abondance des insectes (Risch, 1980), à l'incidence des maladies (Zhu et al., 2000) ou la croissance des mauvaises herbes (Gliessman, 1983) et une plus grande efficacité dans l'acquisition des nutriments (Hisinger et al., 2005; Ruijven et Berendse, 2005; Li et al., 2007) ou la capture totale de la lumière*[24].

Loin d'être primitifs, le procédé par monticules et la polyculture (maïs/haricot ou maïs/haricot/courge) peuvent être, selon plusieurs agronomes reconnus, le fruit d'un système de connaissances complexes qui a permis aux agricultrices iroquoiennes de développer une agriculture extensive, productive et relativement stable[25]. En créant des monticules, les agricultrices autochtones ont également considérablement modifié d'autres aspects du milieu. En compostant ou brûlant les résidus de cultures et des mauvaises herbes adjacentes et en incorporant ces résidus de végétaux dans le monticule, elles amélioraient la texture du sol et augmentaient le pourcentage de matière organique, un facteur important pour la croissance optimale des plantes. La minéralisation de la matière organique et l'apport de l'azote fourni par les plants de haricot permettaient sûrement le maintien de rendements intéressants et réduisaient grandement la perte de fertilité globale des champs, car dans le système des trois sœurs, la présence du haricot commun enrichit le sol du monticule de deux façons. D'une part, durant la période de croissance, les nodules des racines où les bactéries fixent l'azote atmosphérique sous une forme assimilable pour la plante, de petites quantités d'azote s'échappent au bénéfice des plantes à proximité, les racines du maïs dans ce cas-ci. D'autre part, la décomposition des résidus enfouis des tiges, des feuilles et des racines du haricot commun, riches en azote, l'enrichisse également : « […] les agriculteurs iroquoiens ont pu récolter des rendements modestes de grains de maïs (25 à 75 boisseaux/acre pendant des générations sur leurs terres agricoles les plus productives sans recourir à des engrais synthétiques, des pesticides ou du travail de sol[26]. »

Il est donc plus probable, à la lumière de la technologie autochtone utilisée, qu'il suffisait d'une courte jachère de quelques années, peut-être un peu plus pour un substrat sablonneux, et de mettre le feu aux herbes et aux jeunes arbustes poussant dans les anciens champs pour les remettre en culture en bénéficiant d'une fertilité accrue.

Le géographe et spécialiste des Hurons-Wendats, Conrad E. Heidenreich, donne les estimations de deux auteurs concernant les rendements en maïs qu'il décrit comme des «estimés éclairés[27] » : Kroeber (1939) arrivait à la conclusion que les Hurons produisaient 15 à 20 boisseaux par acre, alors que Popham (1950) écrivait que l'agriculture huronne pouvait produire 30 à 35 boisseaux à l'acre. Heidenreich relève qu'aucun des auteurs ne signale des baisses de rendements des sols partiellement épuisés. Ainsi est-il possible qu'ils aient conclu ou supposé que la technologie autochtone permettait de soutenir plus longtemps les rendements, comme l'affirment certains agronomes[28]. L'agriculture iroquoienne était donc probablement moins extensive que ce que les écrits d'Heidenreich, sur lesquels s'appuient nombre d'archéologues, laissent supposer.

Au-delà des champs...
un paysage boisé en attente et productif

On pourrait penser que les besoins d'espaces ouverts et déboisés pour l'agriculture autochtone ont amené les Autochtones de la vallée du Saint-Laurent et du pourtour des Grands Lacs à déserter de vastes superficies de forêts anciennes. Cela n'est peut-être pas le cas partout, mais l'agriculture autochtone a probablement joué un rôle non négligeable dans la transformation du paysage sur une superficie importante de ces territoires. Toujours selon le géographe Heidenreich, les besoins annuels des Hurons, seraient de 1,3 livre (± 600 grammes) de grains de maïs par jour, soit 472 livres (215 kilos) par année ou 8,4 boisseaux[29]. Il ajoute que si chaque individu contribue au commerce avec les autres nations d'un demi-boisseau par année, cela n'exigerait que 9 boisseaux par année. Une famille de 4 à 6 membres demanderait entre 36 et 56 boisseaux de grains de maïs, soit de 1 à 2 acres (4 000 à 8 000 m²) de terre mise en culture. Ainsi, pour une population estimée à 21 000 individus lors de la période précédant les épidémies de 1632-1640, les Hurons-Wendats auraient eu des besoins annuels de 189 000 boisseaux[30], donc 6 500 acres (2 630 hectares[31]). Fenton[32], cité par Trigger (1969), estime, à partir de ses observations sur les Iroquoiens de l'État de New York, que les 20 000 Hurons-Wendats avaient besoin de 7 000 acres (2 830 hectares) de terres cultivées pour se nourrir. Il y a donc concordance entre ces deux chercheurs. Heidenreich estimait dans son hypothèse d'une agriculture extensive que la quantité de terres en culture ou mises en jachère prolongée (30 ans) mobilisait environ 157 861 acres (±64 000 hectares ou 640 km²), soit un tiers des sols dont les Hurons-Wendats disposaient dans le cadre de leur système d'agriculture[33].

L'hypothèse de l'agriculture extensive proposée par Heidenreich permettrait incidemment de mettre en réserve, lors de longues jachères, des parcelles en régénération accueillant et concentrant des arbustes à petits fruits, des plantes herbacées, de même que de jeunes arbustes et arbres pour le maintien d'un cheptel de cerfs à queue blanche (*Odocoileus virginiana*) et d'élans ou wapitis (*Cervus canadensis*), deux espèces décrites par le père Gabriel Sagard qui demandent pour prospérer un biotope plus ouvert qu'une forêt climacique. Or, non seulement la chasse de ces cervidés fournissait un aliment carné protéinique important dans l'équilibre alimentaire des Autochtones, ainsi qu'un prestige pour les chasseurs, mais les peaux étaient indispensables pour la confection de vêtements. Ces parcelles en jachères pouvaient également être constamment soumises à des brûlis pour maintenir le milieu partiellement ou totalement ouvert. Elles pouvaient également être préservées des feux anthropiques pour permettre la constitution de stocks de jeunes arbres, dont les troncs, après quelques dizaines d'années de croissance, ne dépasseraient pas les trois à dix pouces de diamètre. L'archéologie a démontré que ces matériaux étaient nécessaires à la construction des maisons longues et des palissades défensives de certains villages importants [34].

Reproduction d'un village iroquoien, site Droulers-Tsiionhiakwatha, Haut-Saint-Laurent.
(photo : Daniel Fortin)

Les besoins en matériaux ligneux

Heidenreich a estimé la quantité de bois nécessaire pour un grand village huron d'environ 6 acres de superficie, accueillant 36 maisons longues et entouré d'une seule palissade. Cette dernière demandait 3 600 pieux de 12,5 cm de diamètre et de 5 à 10 m de longueur, tandis que le recouvrement des parois extérieures de chaque maison longue requérait 4 500 pieds carrés (418 m²) d'écorce d'orme ou de cèdre (les essences les plus appréciées), soit un total de 162 000 pieds carrés (15 050 m²) pour les 36 résidences de ce grand village[35]. L'anthrpologue Pierre Bibeau mentionne que la construction de la palissade du village huron de Cahiagué aurait nécessité 24 000 troncs d'arbres, dont la majorité présentait un diamètre de 7,5 à 12,5 cm, et une certaine quantité de pieux de 15 à 25 cm de diamètre, selon l'hypothèse des archéologues, cette construction servait à installer une galerie d'observation et de défense active[36].

Si une forêt mâture pouvait fournir, par annélation des troncs, les plaques d'écorce nécessaires au revêtement des maisons longues, la plupart des autres matériaux, compte tenu de la grosseur des troncs recherchée, ne pouvait provenir majoritairement que de forêts plus jeunes ou en régénération, d'arbres plus ou moins isolés et/ou sélectionnés dans un espace plus ouvert.

Pour la construction de palissades ou pour les poteaux de soutènement, bien qu'*a priori* les troncs de cèdre blanc d'Amérique (*Thuja occidentalis*) auraient été privilégiés, peu de données montrent que tel fut

Les palissades protégeant les villages demandent une grande quantité de poteaux.
(photo : Daniel Fortin)

le cas. Si, dans des sites iroquoiens de l'État de New York[37], des restes de cèdre ont été retrouvés dans un trou de piquet, les Jésuites mentionnent que le village de Saint-Ignace II, en Huronie, était « ... entouré d'une palissade de pins de quinze à seize pieds de hauteur[38] ».

Les maisons longues sont recouvertes d'écorces de grandes dimensions.
(photo : Daniel Fortin)

Selon Heidenreich, le bouleau blanc (*Betula papyrifera*), l'orme (*Ulmus americana* et *Ulmus rubra*), le cèdre blanc d'Amérique (*Thuja occidentalis*), le pin (*Pinus strobus* et *Pinus resinosa*) et le chêne (*Quercus alba* et *Quercus rubra*) étaient les essences les plus recherchées par les Hurons. Il est toutefois impossible de spécifier avec certitude si elles étaient récoltées à proximité des zones d'habitation et si les localisations de ces dernières étaient délibérément choisies en raison de la présence des essences recherchées.

L'auteur d'*Huronia: A history and Geographic of the Huron Indians 1600-1650* évalue les besoins en parcelles en régénération à environ 46 acres répartis dans un rayon de 800 mètres d'un village d'un millier d'habitants, soit à une trentaine de minutes du site[39]. Il est toutefois impossible de valider cette évaluation sur la base de connaissances en écologie végétale. Comme Heidenreich le mentionne :

> *Les reliques de la forêt originelle en Huronie sont rares et ne nous disent presque rien de la composition de la forêt. La région a été tellement coupée que, par exemple, aucun des grands tilleuls* [Tilia americana] *ou de vastes étendues de landes de pin ne sont restés* [40].

Enfin, il est également difficile d'évaluer la quantité de bois requise pour la cuisson des aliments et surtout pour le chauffage de ces maisons longues, dont la conception exclut toute forme d'isolation contre le froid. Les observateurs de l'époque rapportaient que des feux continuels brûlaient dans les différents foyers des habitations iroquoiennes et huronnes. Le père Gabriel Sagard a remarqué que les Hurons consommaient beaucoup de bois pour la cuisson et le chauffage, ce qui compliquait avec le temps la recherche de combustible :

> *Il y a certaines contrées où ils changent leurs villes et villages de dix, quinze ou trente ans, plus ou moins. Ils le font seulement lorsqu'ils se trouvent trop éloignés des forêts; car il faut qu'ils portent le bois sur leur dos, attaché et lié avec un collier qui prend sur le front. Mais en hiver, ils sont accoutumés de faire certaines traînées qu'ils appellent arocha, faites de longues planchettes de bois de cèdre blanc, sur lesquelles ils mettent leur charge, et ayant des raquettes attachées sous leur pieds, ils traînent leur fardeau par-dessus / les neiges sans aucune difficulté* [41].

> *Ils emplissent de bois sec, pour brûler en hiver, tout le dessous de ces établies qu'ils appellent garihagueu et rindichaguet. Mais pour les gros troncs ou usons appelés aneincuny, qui servent à entretenir le feu, élevés un peu en haut par un des bouts, ils en font des piles devant leurs cabanes ou les serrent au-dedans des proches qu'ils appellent aque* [42].

Ils choisissent du bois bien sec pour éviter la production excessive de fumée incommodante, tout en sélectionnant des pièces aisément transportables :

> *Ils ne se servent que de très bon bois, aimant mieux l'aller chercher bien loin que d'en prendre de vert ou qui fasse fumée. S'ils ne rencontrent point d'arbres bien secs, ils en abattent qui ont les branches sèches, mettent les branches par éclats et les coupent d'une égale longueur comme les cotrets de Paris. Ils ne servent point de fagotage non plus que du tronc des plus gros arbres qu'ils abattent, car ils les laissent là pourrir sur la terre, parce qu'ils n'ont point de scie pour les scier, ni l'industrie de les mettre en pièces avant qu'ils ne soient secs et pourris[43].*

Il souligne néanmoins la présence « de belles forêts peuplées de gros chênes, bouleaux, érables, cèdres, sapins, ifs et autres sortes de bois, beaucoup plus beaux sans comparaison qu'aux autres provinces du Canada que nous ayons vues[44] ».

Le père Sagard insiste sur la présence de milieux ouverts : « Le pays est plein de belles collines, de campagnes et de très belles et grandes prairies qui portent quantité de bon foin qui ne sert qu'à mettre le feu par plaisir quand il est sec[45]. »

Les brûlis contrôlés comme outils technologiques de la création de niches

Pour la vallée du Saint-Laurent et la région des Grands Lacs, nous ne disposons que de fort peu d'observations sur l'utilisation de brûlis contrôlés pour la création de parcelles ouvertes ou le maintien de celles-ci. Le père Gabriel Sagard, qui n'a habité et visité qu'une faible partie de la Huronie, et cela pendant quelques mois seulement, ne mentionne qu'une seule fois l'utilisation du feu dans un champ, tout en laissant entendre dans ses écrits que cette pratique est courante[46]. Le feu est également utilisé pour préparer les parcelles à planter :

> *Ils coupent les arbres à la hauteur de deux ou trois pieds de terre, puis émondent toutes les branches, qu'ils font brûler aux pieds de ces arbres pour les faire mourir; ensuite, ils ôtent les racines[47].*

> *Quand ils veulent rendre un terroir labourable, ils brûlent les arbres, et cela fort aisément, car ce ne sont que des pins chargés de résine[48]. Le bois brûlé, ils remuent un peu la terre et plantent leur maïs grain par grain, comme ceux de la Floride[49].*

Pehr Kalm, lors de son voyage vers la Nouvelle-France, en 1749, se trouvant dans la région de fort Saint-Frédéric au sud du lac Champlain, écrit sur les forêts de pins :

> *On dit qu'ils s'en trouvent d'assez vastes dans ce pays-ci, mais qu'elles étaient encore beaucoup plus étendues dans les temps anciens; la cause de cette diminution serait les nombreux incendies de forêt qui se produisent chaque année, par le fait, en particulier, des indigènes; ceux-ci au moment de leurs randonnées de chasse, allument en effet de grands feux qui se communiquent au galop à la forêt lorsque la sécheresse est forte. Voilà ce qui a ruiné et ruine chaque année de si nombreuses forêts de pins[50].*

Cet outil semble avoir été également utilisé par les premiers colons et avoir causé des ravages dans les territoires concédés, comme le rapporte l'auteur du livre *Essai sur l'industrie au Canada sous le régime français* :

> *Disons qu'à cette époque les habitants défrichaient au moyen de « brûlaisons » et vouaient au feu de beaux chênes et des pins propres aux mâtures dont on aurait pu pendant nombre d'années tirer un revenu considérable[51].*

Bien que nombre des premiers chroniqueurs et observateurs en contact avec les Autochtones de l'est de l'Amérique du Nord n'aient pas directement reconnu le fait que ceux-ci utilisaient des brûlis contrôlés pour réaliser une partie de leur niche, il existe de nombreux récits historiques recueillis et passés en revue sur cette façon de faire[52]. Il convient de s'attarder sur une des rares monographies[53] ayant trait directement à la pratique de brûlis contrôlés effectuée par des populations de langue algonkienne (Cree and Slavey), dans le nord de l'Alberta, soit celle écrite par l'anthropologue Henry T. Lewis au milieu des années 1970. Ce dernier a effectué plus de 50 entrevues : 37 individus ont été rencontrés, sous la forme d'une série d'entretiens prolongés, entre juin et octobre 1975, et 20 personnes supplémentaires ont été interrogées au cours des étés 1976 et 1977. Seuls les plus âgés, ceux qui avaient 80 ans et plus lors de l'enquête, avaient une connaissance directe des activités de brûlis contrôlés.

> *Contrairement aux Indiens du sud, ceux du nord de l'Alberta ont pu poursuivre les modèles traditionnels de chasse, de pêche et de piégeage de subsistance longtemps après le contact et l'établissement des Blancs* [54].

Au début du XXe siècle, les modes de vie traditionnels, qui incluaient le brûlage dirigé en tant que partie intégrante de la technologie de subsistance, étaient en déclin. Cela a été associé à des efforts plus importants et plus efficaces d'exclusion et de suppression des incendies par les organismes de protection de l'environnement.

Dans sa monographie, Lewis rappelle que jusqu'au milieu des années 1940, la chasse, ainsi que la pêche et, dans une moindre mesure, la cueillette étaient les stratégies adaptatives dominantes des Premiers Nations habitant la forêt boréale. Malgré une économie centrée sur le piégeage, les relations des Autochtones avec leur milieu n'étaient pas fondamentalement modifiées. Le but de cette enquête pour l'anthropologue n'est pas typologique, mais relationnel : Lewis cherchait à comprendre, grâce aux témoignages des derniers témoins et pratiquants de la technologie du brûlage dirigé, la relation humain-environnement pour la réalisation de leur niche.

Quelques témoignages significatifs recueillis par l'anthropologue Henry T. Lewis sur les buts et les contraintes de cette technologie montrent bien que celle-ci était bien réfléchie :

> *Les feux devaient être contrôlés. Vous ne pouviez pas allumer un feu n'importe où, n'importe quand. Le feu peut faire beaucoup de mal ou beaucoup de bien. Vous devez savoir comment le contrôler [...] Il y a longtemps que mon père et mes oncles brûlaient chaque printemps. Mais on nous a dit d'arrêter. Les membres de la GRC ont arrêté certaines personnes [...] Le pays a changé par rapport à ce qu'il était autrefois — les broussailles et les arbres où il y avait*

beaucoup de prairies et pas autant d'animaux (76 ans, informateur Cree du nord de l'Alberta, été 1975) [55].

[…] Au printemps, quand il y a encore de la neige dans la brousse, c'est la seule fois où la plupart des gens peuvent brûler les endroits ouverts. C'est alors que les gens pensent qu'il est préférable de commencer la combustion. Il y a beaucoup d'endroits où ils ne brûlent pas; ils ne brûlent pas partout. Mais il y a beaucoup d'endroits que les gens savent brûler. Avec le temps, beaucoup d'animaux y vont; certains, comme le castor, environ quatre à cinq ans après. Surtout l'ours parce que les nouveaux arbustes de baies poussent dans les endroits brûlés. Les ours ne vivent pas seulement sur les feuilles et autres plantes; ils vivent aussi sur des baies. Ils mangent toutes sortes de baies à n'importe quelle saison (Slavey, 69 ans, région de Meander River) [56].

J'avais l'habitude de brûler les prairies et les fourrés. Les prairies ont une nouvelle herbe qui cherche à sortir. Vous voyez, vous brûlez les prairies et après cette bonne herbe; (Si) vous ne brûlez pas, l'herbe vient à mourir. Mais si vous le brûlez proprement et tout se passe bien […] vous brûlez au début du printemps (alors que) les buissons ont encore beaucoup de neige sur eux. Le feu ne va se répandre […] sous les arbres; brûler de l'herbe, mais les arbres sont toujours corrects. Là où nous avons gardé des chevaux, où ils aiment paître, c'était bon pour eux (Cree-Metis, 84 ans, région de Bevearlodge) [57].

Il y a aussi ce témoignage d'un résident non autochtone :

J'avais onze ans (en 1912) quand je suis venu d'Angleterre avec ma sœur, mon frère et ma mère. Mon père était déjà un pionnier de l'agriculture […] À cette époque, on pouvait voir le lac (à un mille de distance) et l'île, avait juste quelques arbres, et beaucoup de cerfs à chasser, mais pas maintenant […] Je me souviens d'avoir eu peur ce premier printemps quand les Indiens ont allumé des feux dans toutes les prairies. Il y avait des feux partout. C'est ainsi

> *qu'ils ont gardé ce pays ouvert, vous savez. Maintenant,*
> *sauf dans les endroits où nous sommes en train de cultiver,*
> *les arbres et les broussailles ont envahi la plus grande partie*
> *des prairies. Mon père a dit que nous aurions eu une période*
> *difficile d'installation si le pays n'avait pas déjà été ouvert*
> *(White, 73 ans, Lesser Slave Lake Area)* [58].

Il importe donc de souligner que la construction de niches chez les Autochtones n'est pas simplement une source de changement environnemental, elle est aussi un moteur de sélection qui tend à la production de nouveaux comportements culturels. Henry T. Lewis, à travers ses recherches, a conclu qu'il y avait au moins 70 raisons différentes pour que les Autochtones utilisent la technologie du brûlis contrôlé sur leur biotope. Pour sa part, l'ethnologue Williams regroupe celles-ci en onze raisons majeures qui sont dérivées de plus de 300 études [59] :

1. **Chasse** – La combustion de vastes zones ou de petites parcelles favorisait la présence de gibier dans des espaces ouverts ou moins boisés (cerf, wapiti, bison, poule des prairies, canards, etc.); le feu pouvait également effrayer le gibier et le conduire dans des endroits où la collecte est plus facile.

2. **Gestion des cultures** – Le feu facilitait la collecte de certains végétaux, ouvrait des milieux boisés, empêchait les zones défrichées de redevenir des zones boisées ou des arbustaies, favorisait la cueillette des glands tombés au sol.

3. **Collecte des insectes ou de leur production** (miel, cire, etc.)

4. **Lutte antiparasitaire** – Les brûlis étaient parfois utilisés pour réduire les insectes (mouches noires et moustiques), les rongeurs et les serpents.

5. **Croissance et augmentation des rendements** – Les brûlis contrôlés des herbes desséchées favorisaient la repousse d'une herbe tendre et influaient directement sur la qualité et l'abondance des pâturages; ceux sur les arbustes accroissent le rendement des petits fruits.

6. **Protection** – Un brûlis préventif autour des zones d'habitations permanentes ou temporaires protégeait les établissements contre les

feux naturels ou intentionnellement provoqués; dans une zone déjà ouverte où certaines ressources étaient recueillies, un feu contrôlé empêchait les arbustes et les arbres d'envahir cet espace.

7. **Guerre et signalisation** – L'utilisation du feu pouvait empêcher un ennemi de se cacher, servait à créer une barrière temporaire pour échapper à un ennemi ou permettait de signaler ou d'alerter d'autres individus de la présence d'ennemis.

8. **Extorsion** – Certaines tribus utilisaient également le feu dans une politique de terre brûlée afin de priver les colons et les commerçants de fourrures d'un accès facile au gros gibier et ainsi d'être intermédiaires dans la fourniture de pemmican et de viandes séchées.

9. **Déblaiement des zones de déplacement** – Les feux servaient à débroussailler les sentiers et permettaient une meilleure visibilité durant les déplacements.

10. **Abattage des arbres** – Une façon de tuer les gros arbres était d'entourer la base de branches ou d'herbes sèches et de mettre le feu; l'écorce de l'arbre étant brûlée, l'arbre mourrait.

11. **Ouverture des zones riveraines** – Le feu servait à débroussailler les zones riveraines des lacs, des rivières et des marais; cela facilitait l'accès, renouvelait les plantes herbacées et les pousses des arbustes (rendant plus aisées l'installation et la subsistance des oiseaux nicheurs, du rat musqué et de l'orignal)[60].

À la fin de ce chapitre, il est intéressant de souligner une remarque de l'anthropologue Henry T. Lewis :

> *Il y a quelques années, un collègue anthropologue m'a demandé si les informateurs indiens pensaient et comprenaient les conséquences environnementales de leur brûlure. Était-ce quelque chose qu'ils « venaient de faire » ou pensaient-ils réellement aux implications plus larges de leurs actions ? Venant d'un anthropologue, une telle question est quelque peu dérangeante, non parce que les anthropologues ne comprennent pas l'impact très variable du feu sur les environnements, mais parce que l'on suppose*

*que les chasseurs-cueilleurs [foragers] ne comprendraient
pas les relations de cause à effet*[61].

À cela nous pourrions tout simplement laisser un bénéficiaire de cette technologie répondre :

> *Recommencer à brûler au printemps serait bénéfique pour
> les gens, car cela aiderait beaucoup; comme c'était il y a
> longtemps. Il serait plus facile pour les gens de piéger et de
> chasser autour de la brûlure, le long de leurs lignes de
> piégeage. C'est difficile pour les gens de brûler maintenant.
> La façon dont les choses sont maintenant, il serait difficile
> à brûler. Il vaudrait mieux brûler à nouveau, car cela
> rendrait les choses différentes pour nos gens (Slavey, 66 ans,
> région de Meander River)*[62].

Conclusion

Près de 400 siècles séparent les observations de l'anthropologue Henry T. Lewis sur l'utilisation des brûlis contrôlés par des Autochtones du nord de l'Alberta des actions sur le paysage des Iroquoiens du Saint-Laurent et des Hurons-Wendats de la péninsule de Bruce, en Ontario. Comme nous le soulignerons un peu plus loin dans cette étude, les marais à carex du territoire qui deviendra la réserve nationale de faune du Lac-Saint-François ont été soumis à des feux périodiques, plus ou moins contrôlés, fort probablement par les Autochtones de la réserve d'Akwesasne à proximité pour maintenir la capacité de charge en oiseaux aquatiques, même si ce fait n'a malheureusement pas fait l'objet d'une étude approfondie jusqu'à ce jour. À la lumière de notre paradigme concernant la construction de niche des Autochtones du nord de l'Amérique du Nord, il semble improbable que ceux-ci n'aient pas eu une certaine empreinte, sinon une empreinte certaine sur les paysages qu'ils fréquentaient de manière régulière, à proximité des grands campements ou des villages, et une certaine empreinte sur les zones plus étendues de captage des ressources que les différents groupes ont revendiquées.

5. La transformation du paysage boisé pour les cultures autochtones

Notes

1. Jacques BRISSON, 2006, « Un rare vestige du passé au cœur d'un territoire agricole : le Boisé-des-Muir » in *Cap-aux-Diamants* (86), p. 33-35 : [en ligne] id.erudit.org/iderudit/7001ac

2. Conrad E. HEIDENREICH, 1971, *Huronia: A History and Geographic of the Huron Indians 1600-1650*, McClelland and Stewart, Toronto, 337 pages.

3. Jean de BRÉBEUF, 1635-1637, *Écrits en Huronie*, texte moderne établi et annoté par Gilles Thérien, coll. « Bibliothèque Québécoise », Éditions Hurtubise et Leméac, Éditeur, 2000, Montréal, 359 pages, p. 72.

4. Jean de BRÉBEUF, [1635-1637], 2000, *ibid.*, p. 41.

5. Jennifer BIRCH et Ronald F. WILIAMSON, 2015, « Navigating ancestral landscapes in the Northern Iroquoian world » in *Journal of Anthropological Archaeology*, 39, (pages 139-150), p. 142.

6. Le *catchment area*.

7. C. VITA-FINZI et E. S. HIGGS, 1970, « Prehistoric Economy in the Mount Carmel Area of Palestine: Site Catchment Analysis » in *Papers of the Prehistoric Society*, 36, p. 1-47.

8. William A. STARNA, George R. HAMELL et William L. BUTTS, 1984, « Northern Iroquoian Horticulture and Insect Infestations: A Cause for Village Removal » in *Ethnohistory*, 31 (3), p. 197-207.

9. Claude CHAPDELAINE (direction), 2018, *Le site McDonald, le plus vieux village iroquoien de Sainte-Anicet*, Collection « Paléo-Québec, n° 37 », Recherches amérindiennes au Québec Éditeur, Montréal, 191 pages.

10. Pollock Rip Shoals, pointe sud de Monomoy Pond (Massachusetts).

11. Samuel de CHAMPLAIN, 1613, *Les Voyages du Sieur de Champlain, saintongeais*, Paris, Jean Bergeron. Réédition annotée et modernisée par Éric Thierry, sous le titre *Les Fondations de l'Acadie et de Québec, 1604-1611*, Québec, Les éditions du Septentrion, Sillery (Québec), 2008, 293 pages, p. 128.

12. Conrad E. HEIDENREICH, *op. cit.*, p. 63.

13. Louise DECHÊNE, 1988, *Habitants et marchands de Montréal au XVIIe siècle*, « Boréal compact », Éditions Boréal, Montréal, 532 pages, p. 303-304.

14. Samuel de CHAMPLAIN, 1870, *Œuvres de Champlain*, éd. Laverdière, Charles-Honoré, Québec, Géo-E. Desbarats, 6 vol., réimpression en fac-similé [1973], Éditions du Jour, 3 vol., Montréal, (1478 pages), tome 1 : 214.

15. William E. DOOLITTLE, 2004, « Permanent vs. shifting cultivation in the Eastern Woodlands of North America prior the European contact » in *Agriculture and Human Values*, 21, p. 181-189.

16. THWAITES, 1898; cité par William, E. DOOLITTLE, 2004, *op. cit.*, p. 184.

17. William A. STARNA, George R. HAMELL et William L. BUTTS, 1984, *op. cit.*, p. 200.

18. WINTHROP [1636]; cité dans : William E. DOOLITTLE, 2004, *op. cit.*, p. 184.

19. Gabriel SAGARD, 1624, *Le grand voyage au pays des Hurons*, texte établi par Réal Ouellet, introduction par Réal Ouellet et Jack Warwick, coll. « Bibliothèque Québécoise », 1990, Montréal, 384 pages, p. 175-176.

20. Gabriel SAGARD, 1624, *Le grand voyage au pays des Hurons*, *op. cit.*, p. 176.

21. Jane MT. PLEASANT, 2006, « The Science behind the Three Sisters Mound System. An Agronomic Assessment of an Indigenous Agricultural System in the Northeast » in *Histories of Maize*, Academic Press, New York, p. 529-537.

22. Chaochun ZHANG, Johannes A. POSTMA, Larry M. YORK et Jonathan P. LYNCH, 2014, « Root foraging elicits niche complementary-dependent yield advantage in the ancient "three sisters" (maize/bean/squash) polyculture » in *Annals of Botany*, 114, p. 1719-2014.

23. Comme il sera vu au prochain chapitre (section 6), ce sont les femmes qui cultivent la terre chez les Iroquoiens; il n'est donc pas approprié d'utiliser le terme masculin.

5. La transformation du paysage boisé pour les cultures autochtones

24. TSUBO et WALKER, 2002; rapporté par ZHANG, POSTMA, YORK et LYNCH, 2014, *op. cit.*, p. 1719.

25. Probablement beaucoup plus stable que celui des colons français ou anglais qui pratiquaient une agriculture fondée principalement sur la monoculture de céréales, surtout le blé (*Triticum* spp.), fournissant le pain quotidien, base de leur alimentation, dont l'assolement biennal ou triennal des champs n'associait pas, du moins sur une base régulière et extensive, une légumineuse, le haricot (*Phaseolus sativum*) ou le pois (*Pisum sativum*) dans leur rotation de culture.

26. Jane MT. PLEASANT, 2006, *op. cit.*, p. 536.

27. Conrad E. HEIDENREICH, 1971, *op. cit.*, p. 189.

28. Voir les articles de Jane MT. PLEASANT, 2006, *op. cit.* et ZHANG, POSTMA, YORK et LYNCH, 2014, *op. cit.*

29. Un boisseau pèse environ 56 livres ou 25,4 kilos.

30. Conrad E. HEIDENREICH, 1971, *op. cit.*, p. 195.

31. Un hectare équivaut à une superficie de 10 000 mètres carrés.

32. FENTON; cité dans Bruce G. TRIGGER, 1969, *The Huron: Farmers of the North*, Collection : Case Study in Cultural Anthropology, Holt, Rinehart and Winston, xii + 132 pages, p. 28.

33. Conrad E. HEIDENREICH, 1971, *op. cit.*, p. 198.

34. Pierre BIBEAU, 1980, « Les palissades des sites iroquoiens » in *Recherches amérindiennes au Québec*, X (3), Montréal, p. 189-197.

35. Conrad E. HEIDENREICH, 1971, *op. cit.*, p. 153.

36. EMERSON et RUSSELL (1965 : 5); cités par Pierre BIBEAU, 1980, *ibid.*

37. RITCHIE, 1973; cité par BIBEAU, 1980, *ibid.*, p. 191.

38. THWAITES, 34; cité par BIBEAU, 1980, *op. cit.*, p. 191.

39. Conrad E. HEIDENREICH, 1971, *op. cit.*, p. 153.

40. *Ibid.*, p. 62.

41. Gabriel SAGARD, [1624] 1990, *op. cit.*, p. 161.

42. *Ibid.*, p. 162.

43. *Ibid.*, p. 162.

44. *Ibid.*, p. 159-160.

45. *Ibid.*, p. 159.

46. Voir la citation p. 48.

47. Gabriel SAGARD, [1624] 1990, *op. cit.*, p. 175.

48. « Ce ne sont que chênes et ormes », dans les *Voyages* de 1632 (Champlain, 1632, 1re partie, p. 194).

49. Samuel de CHAMPLAIN, 1613, *Les Voyages du Sieur de Champlain, saintongeais*, Paris, Jean Bergeron. Réédition annotée et modernisée par Éric Thierry, sous le titre *Les Fondations de l'Acadie et de Québec, 1604-1611*, Québec, Les éditions du Septentrion, Sillery (Québec), 2008, 293 pages, p. 80.

50. KALM, 1749, fo 602-603; in J. ROUSSEAU et G. BÉTHUNE, avec la coll. de P. Morisset, 1977, *Voyage de Pehr Kalm au Canada en 1749*, Éditions Pierre Tisseyre, Montréal, (674 pages), p. 85.

51. Joseph-Noël FAUTEUX, 1927, « Exploitation des forêts », *Essai sur l'industrie au Canada sous le régime français*, Vol. 1, L.S-A. Proulx, Imprimeur, (pages 170-219), p. 203.

52. Sur ce sujet, voir entre autres : Hu MAXWELL, 1910, « Use and Abuse of Forests by the Virginian Indians » in *The William and Mary Quartely*, 19 (2), p. 73-103; Omer C. STEWART, 1956, « Fire as the First Great Force Employed by Man » in *Man's Role in Changing the Face of the Earth*, vol. 1, edited by W. L. Thomas, University of Chicago Press, Chicago, p. 115-133; Omer C. STEWART, 2002, *Forgotten Fires, Native Americans and the Transient Wilderness*, edited and introductions by Henry T. Lewis and M. Kat Anderson, University of Oklahoma Press, Norman (Oklahoma), 364 pages; Pyne,

5. La transformation du paysage boisé pour les cultures autochtones

Stephen J., 1982, *Fire in America: A Cultural History of Wildland and Rural Fire*, Princeton University Press, Princeton (New Jersey), 653 pages; Emily W. B. RUSSELL, 1983, « Indian-Set Fires in the Forests of the Northeastern United States » in *Ecology*, 64 (1), p. 78-88; Gordon G. WHITNEY, 1994, *From Coastal Wilderness to Fruited Plain; A history of environmental change in temperate North America from 1500 to the present*, Cambridge University Press, New York, 451 pages.

53. Henry T. LEWIS, 1982, *A Time for Burning*, Occasional Publication, Number 17, Boreal Institute for Northern Studies, University of Alberta, Edmonton, 62 pages.

54. Henry T. LEWIS, 1982, *op. cit.*, p. 18.

55. *Ibid.*, p. 1.

56. Henry T. LEWIS, 1982, *op. cit.*, p. 25.

57. *Ibid.*, p. 28.

58 . *Ibid.*, p. 31.

59. Gerald W. WILLIAMS, 2002, « Aboriginal Use of Fire; Are There any "Natural" Plant Communities ? » in *Wilderness & Political Ecology; Aboriginal Influences and the Original State of Nature*, Charles E. Kay & Randy T. Simmons (eds), The University of Utah Press, Salt Lake City, (pages 179-214), p. 209-210.

60. Gerald W. WILLIAMS, 2002, *op. cit.*, p. 210-211.

61. Henry T. LEWIS, 1982, *op. cit.*, p. 46.

62 *Ibid.*, p. 46.

CHAPITRE 6

Les Iroquoiens du Saint-Laurent : leur territoire, leur mode de vie et leur population

Introduction

Notre étude porte sur la construction de niche d'un organisme établi dans la vallée laurentienne il y a plus de 450 ans. Cet organisme est un *Homo sapiens* d'un groupe culturel spécifique, soit les Iroquoiens du Saint-Laurent. Avant de poursuivre notre recherche sur son empreinte sur le paysage correspondant à sa zone de captage des ressources (*catchment area*) qui couvre une vaste région entre le débouché du lac Ontario, à l'ouest, et le golfe du Saint-Laurent, à l'est, il importe de tracer un bref portrait de cette population en faisant ressortir ses caractéristiques en tant qu'organisme dans son environnement.

Un portrait des Iroquoiens du Saint-Laurent au moment du contact

Lors de son premier voyage officiel dans le golfe du Saint-Laurent, en 1534, l'explorateur malouin Jacques Cartier rencontre un petit groupe d'environ 200 Iroquoiens du Saint-Laurent dans la région de Gaspé. Ceux-ci se sont établis temporairement au bout de la péninsule gaspésienne pour profiter des ressources halieutiques sur les berges de la baie de Gaspé[1]. Ils viennent de parcourir des centaines de kilomètres en longeant la côte, probablement le sud du fleuve Saint-Laurent, en provenance de leur établissement permanent, le village de Stadaconé situé dans la région de l'actuelle ville de Québec. Ils seront identifiés comme des *Iroquoiens du Saint-Laurent*. Au moment de quitter la baie pour poursuivre son voyage d'exploration, le navigateur persuade ou contraint le chef Donnacona de lui permettre d'amener ses fils, Taignoagny et Domagaya, avec lui en France pour leur enseigner le français et leur soutirer des renseignements sur ce pays [2]. Les deux captifs apprendront les rudiments de cette langue totalement étrangère et reviendront le 13 septembre 1535 dans leur village d'origine.

Représentation d'un village iroquoien (photo : Daniel Fortin)

Les récits des deux fils de Donnacona ont stimulé l'imagination de l'explorateur qui espère se couvrir d'honneur en découvrant de l'or et un passage vers les fabuleuses richesses de l'Inde. Le 19 septembre, malgré les réticences de ses hôtes, Cartier appareille avec la pinasse l'*Émérillon* pour une remontée du Saint-Laurent [3]; il entre alors dans le vaste territoire des Iroquoiens du Saint-Laurent. Selon l'anthropologue Roland Tremblay : « On peut ainsi […] affirmer aujourd'hui que des Iroquoiens [du Saint-Laurent] vivaient déjà dans l'enclave au moins 600 ans avant l'arrivée des Européens[4]. » Selon les preuves archéologiques les plus récentes, la colonisation iroquoienne de la vallée du Saint-Laurent s'est poursuivie de manière continue pendant 2 000 ans, ne se terminant que vers l'an 1580 de notre ère[5]. Cette date a été retenue, car le neveu de Jacques Cartier, Jacques Noël, n'a signalé aucune personne de langue iroquoienne vivant sur les rives du fleuve Saint-Laurent lors de sa venue, en 1585[6]. D'autre part, Samuel de Champlain n'a mentionné aucun village iroquoien le long de la rivière du Saint-Laurent lors de son premier voyage en ces terres, en 1603. L'archéologue Christian Gates St-Pierre indique que cette idée est en accord avec l'hypothèse acceptée par un large nombre de chercheurs[7], d'une origine et d'un développement *in situ* de toutes les populations iroquoiennes du nord, bien que les opinions varient quant à la date précise de cette émergence. Au début du XVIe siècle, c'est-à-dire au moment des contacts avec les Européens, les Iroquoiens du Saint-Laurent occupaient un territoire qui s'étendait du déversoir de lac Ontario jusqu'au cap Tourmente, au nord-est de l'actuelle ville de Québec, ainsi que le nord du lac Champlain. Neuf sous-groupes ou provinces dont nous ignorons les liens exacts, mais qui se différencient par les styles de poterie, s'y trouvaient[8].

L'archéologue Claude Chapdelaine souscrit à l'hypothèse selon laquelle :

> *Les Iroquoiens rencontrés par Cartier appartiennent à différentes nations, nous sommes également convaincu que si on prend n'importe lequel des groupes iroquoiens qui occupaient la vallée du Saint-Laurent et qu'on le compare à tous les groupes de l'Iroquoisie, y compris les autres groupes du Saint-Laurent qu'à tout autre groupe iroquoien, il ressemblera davantage à ceux de la vallée du Saint-Laurent qu'à tout autre groupe iroquoien. En d'autres termes, les Iroquoiens du Saint-Laurent ont développé, dans un milieu écologique relativement homogène, un système adaptatif fort semblable à ceux des autres groupes iroquoiens, mais ils se distinguent suffisamment des autres nations iroquoiennes pour nous permettre d'affirmer que lorsqu'on est un Iroquoien du Saint-Laurent quelque part, on est toujours pareil aux Iroquoiens du Saint-Laurent d'ailleurs[9].*

L'anthropologue Gates Saint-Pierre [10] interprète ce regroupement comme le reflet d'une organisation sociopolitique plus complexe reliée à une augmentation des populations, et une réponse à l'occupation d'un très long territoire. Il suppose que chacune des communautés formait une entité culturelle unique et pourrait avoir formé une confédération de tribus, similaires à celles composées par les Hurons-Wendats et les Iroquoiens des lacs Ontario et Érié.

L'archéologue souligne un fait intéressant révélé par les fouilles :

> [...] *un type particulier de pointe de projectile en os, la pointe conique biseautée, est apparemment unique aux Iroquoiens du Saint-Laurent* [11]. *Il précise que ces pointes peuvent être parfois trouvées sur des sites correspondant à une occupation tardive associée aux Hurons-Wendats, qui selon son hypothèse, auraient été probablement apportées soit par des captifs Iroquoiens du Saint-Laurent, soit des réfugiés, soit encore, peut-être, à la suite de mariages mixtes ou d'une coalescence interculturelle* [12] [13].

L'archéologue Claude Chapdelaine divise toute l'Iroquoisie laurentienne, c'est-à-dire le territoire occupé par les neuf sous-groupes ou provinces, en trois régions distinctes [14]. Les *Relations* de Cartier mentionnent la province de Stadaconé (Québec) et celle d'Hochelaga (Montréal), alors que la troisième regrouperait tous les sites iroquoiens situés au sud-ouest du lac Saint-François en Ontario et dans l'État de New York. Pendergast a identifié trois secteurs : le premier occupe le territoire entre Summerstown et Cornwall (Ontario), le deuxième avoisinerait la région de Prescott (Ontario), et le troisième, les comtés de Jefferson et St. Lawrence (nord-est de l'État de New York) [15] (voir figure 2).

Ce découpage, bien que favorisant une approche opératoire généraliste, n'est peut-être pas conforme à la réalité de l'ensemble, ou même d'une partie de la période d'occupation des diverses communautés présentes pendant au moins 600 ans.

Les fortes réticences exprimées par le chef Donnacona et son fils Domagaya au voyage de Cartier vers Hochelaga semblent cependant indiquer que les relations entre les deux groupes (ou sous-groupes) n'étaient pas aussi fusionnelles, et que la « province » du Canada (Stadaconé) voulait conserver, du moins en 1535, à son propre bénéfice les relations commerciales (les biens acquis avec la traite) avec ces Européens.

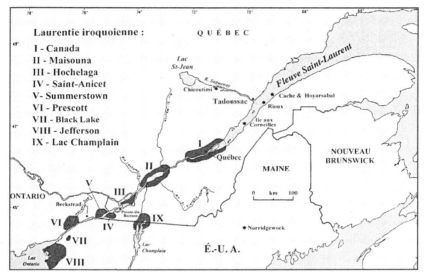

Figure 2 : Carte des groupements iroquoiens du Saint-Laurent (tirée de Chapdelaine, 2016, page 95)

Les Iroquoiens du Saint-Laurent, au moment des contacts avec les Européens, faisaient partie linguistiquement des locuteurs de l'iroquoien du nord qui comprenaient également les cinq nations de la ligue iroquoienne des Haudenosaunee, ou « gens de la maison longue », c'est-à-dire, d'ouest en est : les Tsonnontouans (Sénécas), les Goyogouins (Cayugas), les Onontagués (Onondagas), les Onneiouts (Oneidas) et les Agniers (Mohawks), établis entre la région des Finger Lakes et celle de la vallée de la rivière Hudson, dans le nord de l'État de New York, un peu en retrait de la rive du lac Ontario.

Un peu plus à l'ouest des Tsonnontouans (Sénécas), près de la rivière Niagara, se trouvaient les Wenros, un groupe allié aux Neutres, qui se joindront aux Hurons-Wendats en 1638. La confédération des Attiwandarons (Neutres), composée de cinq nations (les Attiragenregas, les Ahondihronons, les Antouaronons, les Onguiaronons et les

Kakouagogas), occupait la péninsule du Niagara qui sépare le lac Ontario du lac Érié. Le groupe des Ériés, moins bien connu, était présent sur la rive sud-est du lac Érié, dans l'État de New York.

Le groupe des Hurons-Wendats, formé des Attignawantans, des Attignaenongnehacs, des Arendaronons, des Tahontaenrats et des Ataronchronons, était historiquement établi sur l'ensemble du territoire au nord du lac Ontario, avant de délaisser cette contrée pour s'installer plus au nord, près de la baie Georgienne du lac Huron.

Les Khionontateronons ou Tionontatés, mieux connus sous le nom de *Pétuns*, étaient installés à l'ouest des Hurons-Wendats sur la rive sud de la baie Georgienne; ce groupe s'apparente aux Hurons-Wendats. Enfin, le groupe des Andastes, qui formait peut-être une confédération de quatre nations, était présent dans la vallée de la rivière Susquehanna, entre l'État de New York et celui de la Pennsylvanie (voir figure 3).

Tous ces groupes iroquoiens étaient entourés d'autres nations de langues algonquines, les Népissingues, les Algonquins, les Attikameks, les Innus (Montagnais), les Mi'kmaqs, les Malécites, les Abénakis de l'Est, les Abénakis de l'Ouest et les Mohicans, pour ne nommer que les principaux.

Tous les groupes, tribus ou nations énumérés précédemment ne sont probablement pas des blocs identitaires aussi bien définis comme nous le concevons actuellement. Les archéologues Warrick et Lesage indiquent que :

> *l'identité et l'ethnicité sont très difficiles, voire impossibles, à déterminer à partir de vestiges archéologiques. L'origine ethnique, la classe politique, la classe sociale, la religion, la généalogie, la race, le sexe et l'histoire peuvent constituer la base de l'identité d'une personne ou d'un groupe, mais il peut exister qu'un minimum de signifiants matériels de cette identité[16].*

D'autre part, nous savons que dans la nord-est, en réaction à la dépopulation extrême provoquée par différentes maladies européennes et par l'intensification des guerres entre les différentes nations de langue iroquoienne, dans le but de permettre de reconstituer leurs effectifs, les

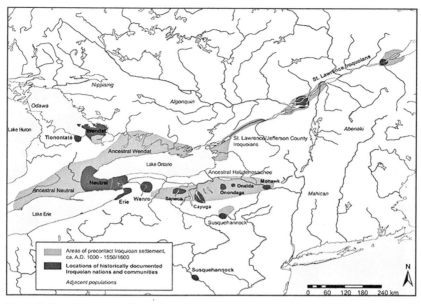

Figure 3 : Carte des groupes iroquoiens (tirée de Birch and Williamson, 2015, page 141)

différentes tribus Haudenosaunee ont intégré de nombreux captifs parmi elles. En fait, il est juste de dire que les nations iroquoiennes modernes sont une fusion de plusieurs groupes autochtones différents et sont sujettes à des redéfinitions continuelles et à une continuité changeante de l'identité nationale et ethnique [17]. Ce processus d'intégration des Iroquoiens du Saint-Laurent, autant que celui de dislocation, demeure peu ou pas connu. Pourquoi les groupes d'Iroquoiens du Saint-Laurent ont-ils disparu de la vallée du Saint-Laurent ? Différentes hypothèses ont été avancées : le changement climatique, une grande famine, des guerres pour s'assurer de la primauté des échanges avec les Européens, ainsi qu'une forte dépopulation causée par des épidémies de maladies européennes lors des premiers contacts avec des explorateurs, des commerçants, des pêcheurs et/ou chasseurs. Pour les archéologues Warrick et Lesage, les Iroquoiens du Saint-Laurent ont rejoint les communautés huronnes-wendates des régions de Toronto et de la vallée de la rivière Trent, en Ontario, en tant qu'alliés, ainsi que des communautés algonquiennes de la vallée de la rivière des Outaouais [18].

Le mode de vie des Iroquoiens du Saint-Laurent

Vers l'an 500 de notre ère, les Iroquoiens du Saint-Laurent (de la tradition Melocheville) qui habitaient la région de Montréal semblent dépendre pour leur subsistance de la chasse, de la pêche et de la cueillette. Les archéologues Christian Gates St-Pierre et Robert G. Thompson signalent la présence dans des fragments de poterie de l'époque du Sylvicole moyen ancien (soit 400 à 200 ans avant notre ère) de phytolithes [19] de maïs [20]. Cela suggérerait que les habitants cultivaient à une faible échelle ce cultigène, probablement aux alentours de leur campement saisonnier estival, ou bien participaient à des échanges avec des communautés plus au sud de leur territoire, notamment celles du centre de l'État de New York [21].

La maison longue est le milieu de vie du clan et regroupe plusieurs familles et les réserves alimentaires, ici des épis de maïs. (photo : Daniel Fortin)

L'ethnologue Roland Tremblay mentionne[22] que ces Autochtones, qui étaient plutôt nomades, ou du moins saisonnièrement sédentaires, ont opté pour un mode de vie plus fixe avec l'adoption de cultigènes, notamment le maïs (*Zea mays*), le haricot (*Phaseolus vulgaris*) et la courge (*Cucurbita* sp.). Cette révolution horticole se serait produite entre 1000 et 1300 de notre ère dans la vallée du Saint-Laurent[23]. Cette transition de la chasse-pêche-cueillette vers une subsistance plus dépendante des cultigènes (les trois sœurs), n'est ni immédiate, ni consensuelle, ni irréversible, et surtout pas subite. Aucune ethnographie ni aucun rapport de fouilles archéologiques n'attestent une subsistance exclusivement centrée sur les cultigènes. Pour les Iroquoiens du Saint-Laurent, notamment ceux de la province de Stadaconé, la latitude peut avoir joué un rôle important dans le passage vers une subsistance dépendante des cultigènes. De fait, ce groupe semble n'avoir jamais été totalement inféodé au maïs, au haricot et à la courge avant de disparaître. La chasse aux mammifères marins et la pêche ont été pratiquées par un grand nombre d'individus de cette communauté, comme en fait foi la rencontre entre Cartier et des Stadaconiens dans la baie de Gaspé, en juillet 1534.

Jean Fonteneau, mieux connu sous le nom d'*Alfonse de Saintonge*, qui accompagnait le sieur de Roberval lors de sa tentative d'installation d'une colonie dans la région de Cap-Rouge en 1542, a laissé quelques notes *Cosmographie*, un livret publié en 1544 :

> *En cette terre se cueille force mil* [maïs], *duquel ils se nourrissent avec le poisson qu'ils prennent en la rive et en la mer; car se sont grands pêcheurs de toutes sortes de poissons, comme anguilles, loup-marins, saumons, marsouins, grands quasi comme baleines, et d'autres plus petits. Et y a dans le sable, le long des rivières, des coquilles faites comme perles et comme palourdes qui se mangent à La Rochelle, qui sont bonnes et sont fort grandes*[24].

Nous pensons qu'il parle plus spécifiquement des Stadaconiens.

La chasse et la pêche, tout comme le commerce, la guerre et la diplomatie, qui restent malgré tout des activités de prestige, sont l'apanage des hommes. La culture du maïs, des haricots et des courges, l'entretien des champs et la cueillette des petits fruits sont les tâches des femmes. Bien que la contribution horticole des femmes soit évaluée entre 50 et 70 % des subsistances des Iroquoiens en général, les activités de prestige des hommes marquent encore profondément la communauté. Même si on parle d'un apport substantiel des cultigènes et de la cueillette de petits fruits et/ou du ramassage des glands et des noix[25], la place de la chasse demeure importante, non seulement pour la viande, un aliment très apprécié par toute la communauté, mais également pour la fourniture de peaux, indispensables à la confection de vêtements. Les jeunes garçons sont initiés et encouragés très tôt à développer leur habileté en chassant les écureuils et autres petits rongeurs, ainsi que les oiseaux qui grappillent dans les cultures.

Les archéologues croient que l'adoption de plus en plus prépondérante d'une subsistance principalement apportée par le maïs, les haricots et les courges amène une fraction accrue d'individus, notamment les femmes, à se sédentariser pour une plus longue période de l'année à proximité des champs. Les campements saisonniers laissent place à de petits ou grands villages, à l'ouverture de parcelles pour permettre la culture des cultigènes, et les zones de transition entre les bois et les champs sont les milieux idéaux pour les arbustes à petits fruits. L'ethnohistorien Roland Tremblay souligne que les parcelles de culture peuvent être aménagées assez loin des villages, il précise « à plus de deux kilomètres parfois[26] ». Ces champs « couvrent de vastes surfaces, alors que d'autres sont simplement de petites parcelles séparées de bosquets et de zones non cultivables ».

Ce chercheur ne dit pas textuellement que les Iroquoiens du Saint-Laurent créent une niche, mais ses écrits semblent l'indiquer :

> *En somme, et comme le montrent des documents du 17ᵉ siècle, le territoire iroquoien est un paysage domestiqué : des clairières de superficies variables, cultivées ou en friche, se succèdent dans la forêt décidue mixte, et d'innombrables sentiers les relient entre elles comme aux villages et aux campements voisins. Dans le cas précis des Iroquoiens du Saint-Laurent, un passage de Cartier qui décrit le fleuve entre le Canada et Hochelaga nous donne un indice du*

paysage : « toutes ces terres sont couvertes et pleines de bois de plusieurs sortes et force vignes, excepté aux alentours des peuples lesquels ont déserté pour faire leur demeure et leurs labours[27] ».

Pour mener à bien ce dur travail, les Iroquoiens ont pour seuls outils des haches de pierre (les Amérindiens ne connaissaient par le métal jusqu'à l'arrivée des Européens). Ils s'en servent pour abattre les petits arbres et pour écorcer les grands, ce qui a pour effet de tuer ceux-ci rapidement, car le tissu végétal de croissance se trouve ainsi éliminé. Ils allument ensuite des feux de broussailles autour des troncs et brûlent le reste du sous-bois. La culture se fera parmi de grands arbres morts et des souches brûlées, un paysage bien différent des vastes champs sans obstacle que nous connaissons aujourd'hui[28].

Certains champs pourraient peut-être présenter un faciès de champs arborés ou forêt-parc, comme on en voit dans le pays des Sérères au Sénégal, où la culture des arachides ou du mil côtoie le kadd (*Acacia albida*)[29].

La population

L'empreinte sur le paysage, par la création d'une niche, devrait être directement corrélée à la taille de la population qui l'habite, la fréquente et/ou l'exploite. On peut s'attendre à ce que plus la densité d'individus sur une surface donnée est importante, plus l'empreinte sur le paysage devrait également l'être. C'est du moins ce que le forestier Gordon M. Day avance dans un article[30].

Nous avons déjà mentionné que nous ne connaissions pas toute l'étendue du territoire utilisé de la vallée du Saint-Laurent dans lequel des Iroquoiens, formant une identité culturelle définie, circulaient, habitaient et exploitaient l'écosystème depuis au moins 1 000 ans. L'axe est-ouest est assez bien délimité, mais la profondeur nord-sud de ce territoire est encore sujette à des interrogations, car tous les sites d'occupation n'ont pas été trouvés et/ou fouillés.

Nous savons encore moins la densité d'occupation de ce territoire. Définir, pour une date donnée ou précise, l'effectif réel de la population d'Iroquoiens du Saint-Laurent vivant dans cet espace est présentement impossible; on doute que ce soit un jour permis de l'établir. En ne connaissant pas l'ensemble des aires d'habitation permanentes ou saisonnières, les liens entre elles et la chronologie exacte dans l'espace-temps de ces sites, il s'avère difficile d'évaluer, pour une période donnée, la population totale de l'Iroquoisie laurentienne. Malgré tout, les anthropologues ont estimé que cette population oscillait entre 8 000 et 10 000 individus au début du XVIe siècle[31].

Autour d'eux, les Algonquins comptaient environ 10 000 âmes, selon le père Biard[32]. La confédération des Hurons-Wendats aurait

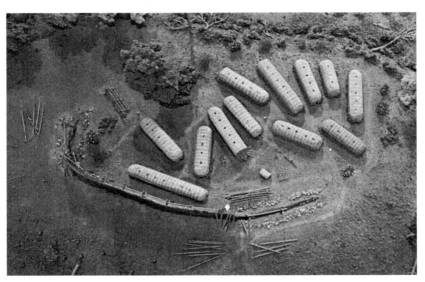

La maquette d'un village iroquoien, site Droulers-Tsiionhiakwatha, Haut-Saint-Laurent.
(photo : Daniel Fortin)

compté 30 000 individus, et les Neutres du sud-est de l'Ontario, avant les épidémies de la décennie 1630-1640, environ 35 000 personnes, selon l'évaluation de Champlain[33]. Bref, autour des lacs Érié et Ontario, dans la péninsule ontarienne et le long du fleuve Saint-Laurent, on dénombrerait au moins 110 000 individus[34] vers le début du XVIIe siècle que l'on présente comme étant la période des contacts avec les

Européens. Cette population a dû laisser une empreinte sur le paysage, mais pourrait-elle avoir été plus importante ?

Dans un des chapitres de son livre *Vectors of Death, the Archaeology of European Contact*, l'archéologue Ann F. Ramenofsky propose un tableau comparatif des évaluations européennes [35] de deux chercheurs, l'anthropologue Albert Louis Kroeber (*Cultural and Natural Areas of Native North America*, 1939) et l'ethnohistorien Henry F. Dobyns (*Their Number Become Thinned*, 1983). Pour l'aire géographique « Nord/Grands Lacs », Kroeber estime la population à 37 000 individus (pour une densité relative de 7,2 individus/km²) et pour celle « Nord-est », il l'évalue à 426 400 personnes (densité relative de 7 individus/km²), alors que Dobyns mentionne pour l'aire géographique « Nord/Grands Lacs » 907 893 individus (densité relative de 116-120 individus/km²), et pour celle « Nord-est », 4 008 000 personnes (densité relative de 253-572 individus/km²). Cette comparaison souligne une très grande différence entre les estimations de ces deux chercheurs. Il semble particulièrement difficile d'établir une méthodologie qui donnerait une évaluation plus précise de la population avant les premiers contacts. Présentement, l'insuffisance de renseignements ne permet pas aux démographes et aux paléodémographes de déterminer avec précision les chiffres de la population autochtone nord-américaine au XVIe siècle.

Pour la plupart, les chercheurs sont d'accord pour mentionner que lors des contacts européens documentés par des écrits, soit le début du XVIIe siècle, la population du nord-est de l'Amérique du Nord ne comptait sûrement pas 4 millions d'individus. Pour Dobyns, qui a proposé cette estimation, ce chiffre évaluait plutôt la population au début du XVIe siècle, soit environ 100 ans auparavant, car pour lui la démographie autochtone de cette région avait connu une baisse draconienne entre le début du XVIe siècle et celui du XVIIe siècle.

Avant les contacts avec les Européens, les Premières Nations vivaient à l'abri d'un grand nombre de bactéries et de virus qui affectaient les continents européen, africain et asiatique. Depuis au moins 12 000 ans, les Autochtones habitant dans les Amériques n'avaient pas eu d'échanges avec les autres *Homo sapiens* et leurs animaux, ils avaient donc perdu la capacité immunologique de se défendre contre de nombreux pathogènes qui affectaient les populations du vieux continent. La liste des maladies est longue (et probablement non encore exhaustive); elle comprend la variole, la rougeole, l'influenza, la diphtérie, les oreillons, la varicelle, le typhus, la scarlatine, la coqueluche, la dysenterie bacillaire, la rubéole, l'anthrax, la scarlatine, la peste et le choléra. Il faudrait également ajouter à cette énumération les méningites à bactéries et à virus, la poliomyélite, les encéphalites à arbovirus, les fièvres récurrentes à spirochète du genre *Borrelia*, la pneumonie virale, la fièvre typhoïde, la varicelle et la leptospirose; toutes ces infections peuvent causer une mortalité importante [36].

Bien que l'anthropologue et ethnohistorien Bruce G. Trigger n'adhère nullement à l'évaluation de Dobyns, il n'écarte pas dans ses écrits que la population iroquoienne du Saint-Laurent (notamment les Hochelagiens) puisse avoir subi une forte décroissance, comme il le souligne dans son ouvrage *Les Indiens, la fourrure et les blancs* :

> *Bien que d'autres encore durent mourir* [...] *durant les épidémies de maladies européennes qui se répandirent dans la vallée du Saint-Laurent à plusieurs reprises durant le XVIe siècle* [37].

Un peu plus loin, il écrit :

> *On supposait autrefois que les maladies des années 1630 avaient été les premières grandes épidémies à atteindre l'intérieur de l'Amérique du Nord-Est, puisque que les chroniques de l'époque nous montrent les Indiens réagissant à une situation qui leur paraît sans précédent. Mais il est admis aujourd'hui qu'on ne peut restreindre au seul XVIIe siècle les problèmes provoqués par les épidémies* [38].

Nous soulignerons également que dès 1616, le père Biard a noté que les Micmacs vivant dans les provinces maritimes :

> [...] *s'étonnent et se plaignent souvent de ce que dès que les Français hantent et ont commerce avec eux, ils se meurent fort, et se dépeuplent. Car ils affirment qu'avant cette hantise, et fréquentation, toutes leurs terres étaient fort populeuses, et*

historient par ordre côte à côte, qu'à mesure qu'ils ont commencé à trafiquer avec nous, ils ont été plus ravagés de maladies[39].

Serait-il possible qu'une épidémie soit à l'origine de la disparition d'un village autochtone en Nouvelle-Angleterre entre 1560 et 1604? Alfonse de Saintonge avait mentionné dans sa *Cosmographie*, dont le dernier feuillet est daté de 1544, qu'à la rivière Penobscot :

Au dedans de cette rivière, à quinze lieues [il] y a une ville qui s'appelle Norombègue et [il] y a en elle de bonnes gens et y a forces pelleteries de toutes bêtes. Les gens de la ville sont vêtus de pelleteries portant [des] manteaux de martre[40].

De cette région, Champlain écrira en 1604 :

Et je dirai que depuis l'entrée jusqu'où nous allâmes, ce qui représente environ 25 lieux, nous ne vîmes aucune ville ni village, ni apparence d'y avoir eu, mais bien une ou deux cabanes de Sauvages, où il n'y avait personne[41].

Les maladies européennes : éthologie et manifestations

Comme le souligne avec justesse l'archéologue-paléoanthropologue Robert Larocque, la présence ou l'absence d'épidémies au sein d'une population donnée nécessite une étude approfondie « des rapports qu'ont entretenus les agents pathogènes avec leurs hôtes, le milieu physique et social, les modes de vie et les événements historiques[42] ». Nous ajouterons qu'il importe que cette étude s'inscrive à la fois de manière diachronique et synchronique. Outre les questions fondamentales, comme quels rôles ces rapports ont-ils joués dans le déclenchement et le déroulement des épidémies, à quel moment ces rapports auraient-ils réuni les conditions pour le déclenchement d'une épidémie, comment les agents pathogènes peuvent-ils se propager et s'entretenir d'eux-mêmes, il s'ajoute pour les chercheurs la question de l'identification des maladies elles-mêmes.

Or, cette identification comporte tout un lot de difficultés, car les « marques » de la plupart des maladies responsables des épidémies laissent, somme toute, peu de traces dans les restes archéologiques des ossements humains. D'autre part, une épidémie de grande ampleur risque-t-elle de passer inaperçue aux bioarchéologues si la morbidité est telle que la population atteinte est trop souffrante pour enterrer ses morts ? Les corps laissés à l'abandon pourriront sur place ou seront la proie des charognards, dont les chiens domestiques. Les ossements seront plus rapidement dégradés ou dispersés; les rendant définitivement inaccessibles aux chercheurs. D'ailleurs, en puisant dans les *Relations des Jésuites* on trouve cette observation : « [...] ils meurent en tel nombre [dans les] pays plus hauts, que les chiens mangent les corps morts qu'on ne peut enterrer[43]. » Cela est probablement la raison pour laquelle on ne trouve pas de grands ossuaires.

La difficulté d'identifier les agents infectieux est également valide pour les quelques sources ethno-historiques disponibles. Celles-ci sont peu documentées au XVIe siècle et au début du XVIIe siècle, hormis celle de la variole en Méso-Amérique et en Amérique du Sud à partir de 1520[44], celle de la Nouvelle-Angleterre en 1616-1619 et celle de la population huronne-wendate en Ontario entre 1634 et 1640. Les médecins et les épidémiologistes actuels peinent quelquefois à identifier avec certitude les maladies; on peut donc s'attendre à ce que des chroniqueurs d'une autre époque aient de la difficulté à poser un diagnostic précis d'autant plus que les symptômes d'un agent pathogène peuvent avoir évolué dans le temps et dans l'espace social et culturel de la population infectée et, même, d'un individu à l'autre.

La plupart des chercheurs ont surtout regardé trois infections causant, dans une population « vierge » qui ne possédait pas une immunité acquise, un haut taux de mortalité dans un espace-temps très court, soit le trio meurtrier constitué de la variole, de la rougeole et de l'influenza. Ils ont souvent cherché à établir le nombre de jours de contagion où un humain porteur « déclaré » peut être responsable de la dispersion des agents pathogènes auprès de populations « vierges ». Cette approche est peut-être trop restrictive en regard de la dispersion des maladies responsables des premières épidémies.

Compte tenu de la liste des maladies causant des épidémies mortelles pouvant affecter les populations autochtones, on aurait tort de les exclure dans un tableau d'ensemble. Celui-ci doit prendre en considération tous les symptômes décrits dans les chroniques, la présence

Gravure illustrant une épidémie.
(Iconographie de Théodore de Brie tirée de *Americae Tertia Pars 1*, « The little King Pipo Jep Wasu returns home sick », 1562 : 371)

d'épidémies en Europe d'où sont originaires les membres des équipages des vaisseaux en contact avec les Autochtones, ainsi que tous les agents pathogènes que peuvent abriter le ou les vaisseaux comme milieu de vie de ceux-ci et de leurs hôtes alternatifs ou finaux.

Le milieu de vie des membres d'équipage et des passagers de ces navires qui voyagent pendant plusieurs semaines sur l'océan Atlantique et le long des côtes de l'est de l'Amérique du Nord est difficile et stressant. Parmi les facteurs à considérer, nous citerons : la promiscuité, l'absence d'hygiène, l'insalubrité générale des vaisseaux, la présence de souris et de rats noirs, la rareté d'aliments frais, les viandes salées dessalées à l'eau de mer, une eau de moins en moins potable pendant le voyage, conservée dans des barriques de bois jamais stérilisées et démontées puis remisées en fond de cale et probablement souillée par les déjections et les urines de certains passagers ou membres d'équipage et, plus certainement, par les rats et les souris. En outre, de nombreux navires transportent volontairement des animaux domestiques pour les besoins alimentaires des occupants : poules, oies, lapins, cochons, chèvres, moutons et même bovidés. Ils sont regroupés sur le pont supérieur ou à l'entrepont. Ils peuvent devenir des réservoirs d'agents pathogènes infectieux.

Microbes exogènes et microbes endogènes : des infections atténuées à l'origine des premières épidémies ?

Nous avons souligné que les historiens ont cherché à établir la viabilité pathologique des agents infectieux sur les humains lors de leurs voyages entre l'Europe et l'Amérique, en prenant en compte principalement la période de contagion des microbes et la durée moyenne des voyages avant les contacts avec des populations autochtones. Nous savons qu'il y eut des traversées d'environ 20 jours et d'autres de plus de 80 jours entre les côtes de l'Europe et Terre-Neuve [45]. Des chercheurs ont proposé une moyenne de 50 jours pour ces voyages; celle-ci devient la base des hypothèses pour établir la période maximale de contagion d'un équipage.

Comme Louis Pasteur l'a bien démontré, il n'y a pas de maladies spontanées (générations spontanées). Les maladies microbiennes ont deux origines, mais peut-être pas si distinctes : elles sont désignées comme exogènes ou endogènes. Il est vrai que la plupart des infections microbiennes peuvent s'expliquer par un contact provoquant la maladie. Les infectiologues ont assez précisément déterminé le délai à compter de l'exposition à un agent pathogène avant que les symptômes se manifestent et la période de contagion durant laquelle le porteur peut transmettre les microbes. Mais le corps humain est également un biome où réside en permanence un grand nombre de bactéries, de champignons et de virus qui sont maintenant considérés comme des microbes endogènes. En période de stress nutritionnel, psychologique, physique ou induit par des substances chimiques (la cortisone par exemple), et en l'absence de microbes exogènes spécifiques, des maladies graves et mêmes mortelles peuvent advenir. Cela a conduit des chercheurs à approfondir les causes de l'étiologie des maladies infectieuses.

Pour mieux comprendre l'origine des premières grandes épidémies en Amérique du Nord et ailleurs dans le monde, serait-il plus indiqué de changer le paradigme du rôle des agents infectieux? Les microbiologistes et les infectiologues utilisent et enseignent les postulats de Koch pour comprendre l'étiologie des épidémies[46] :

1. Un même agent pathogène doit être présent chez chacun des individus atteints de la maladie.

2. On doit pouvoir isoler l'agent pathogène chez l'hôte malade et en obtenir une culture pure.

3. L'agent pathogène extrait de la culture pure doit provoquer la même maladie si on l'injecte à un animal de laboratoire sain et réceptif.

4. On doit pouvoir isoler l'agent pathogène de l'animal inoculé et démontrer qu'il s'agit bien du micro-organisme originel.

Mais il existe des exceptions aux postulats de Koch, certains microbes ont des exigences de croissance qui ne conviennent pas toujours aux substrats utilisés en laboratoire. Ainsi, les souches virulentes de la syphilis (*Treponema pallidum*) et de l'agent responsable de la lèpre (*Mycobacterium leprae*) ne sont pas cultivées sur des milieux artificiels[47]. Les mêmes auteurs signalent également :

> [...] *que certains agents pathogènes provoquent plusieurs états pathologiques*. Mycobacterium tuberculosis, *par exemple, joue un rôle dans des maladies des poumons, de la peau, des os et des organes internes*. Streptococcus pyogenes *est responsable des angines, de la scarlatine, d'infections de la peau (dont l'érysipèle), de l'ostéomyélite (Inflammation de l'os)*[48].

D'autre part, grâce à leurs endospores, certaines bactéries peuvent survivre dans des conditions propices pendant un certain laps de temps, c'est le cas des bactéries de l'anthrax (*Bacillus anthracis*) qui ont survécu jusqu'à 60 ans dans des sols propices. La laine des moutons était un vecteur non négligeable de la transmission d'endospores d'anthrax au même titre que les peaux de moutons et de bovidés. Le virus de la variole peut survivre plusieurs semaines, voire quelques mois sur des couvertures ou des vêtements. Ce sont d'ailleurs les premiers vecteurs virologiques utilisés sciemment par des militaires, notamment le général Amherst contre les Autochtones, pour transmettre la variole à des populations indigènes. Nul doute qu'involontairement, des pièces textiles ont servi à la transmission de cette maladie épidémique auprès de certaines populations. En cela, des chercheurs mettent en cause la présence des Jésuites comme vecteur de la variole auprès de Hurons-Wendats dans les épidémies entre 1634 et 1639.

Il faudrait également considérer le fait que certains porteurs d'agents pathogènes exogènes soient asymptomatiques ou, comme le souligne l'épidémiologiste René Dubos, « plusieurs agents microbiens, dont ceux qui sont habituellement considérés comme pathogènes, peuvent survivre dans les tissus sans manifester leur présence par une maladie[49] ». À cet égard, les travaux d'Harold J. Simon ont ouvert un nouveau paradigme dans la diffusion des agents infectieux[50]. Ce chercheur et d'autres cliniciens épidémiologistes ont démontré que des virus, *Rickettsia*, champignons, bactéries, protozoaires et des vers parasites peuvent survivre dans le corps humain pendant une longue période sans se réactiver. Koch avait déjà démontré que des humains bien portants pouvaient abriter des vibrions de choléra, car ceux-ci étaient présents dans leurs selles. D'une certaine façon, on peut parler de « porteurs sains »; les chercheurs ont remarqué que ce phénomène est beaucoup plus généralisé qu'on ne le croit.

On trouve une terminologie abondante pour qualifier ces cas : « porteur sain », « infection latente », « maladie inapparente », « virus masqués ». Simon (1960) propose le terme « infection atténuée » qui regroupe la terminologie indiquant la présence chez un porteur d'un parasite ne se traduisant pas par une maladie déclarée[51]. Les mécanismes de cette « résistance » d'un porteur à un agent infectieux ne sont pas pleinement connus, mais les cliniciens en font souvent état.

Dans ce bref exposé, nous ne mentionnerons que quelques exemples révélés par un manuel de microbiologie appliquée[52]. Chez les individus porteurs de la *Neisseria meningitidis*, 5 à 15 % ne présentent aucun symptôme, mais peuvent transmettre le germe durant plusieurs mois. On retrouverait des pourcentages identiques pour la méningite à *Haemophilus influenza*, dont le taux de mortalité s'élève à près de 6 %.

La bactérie *Streptococcus pneumoniae*, également responsable de méningites, peut vivre dans la région nasopharyngée d'un individu sans qu'une maladie se manifeste.

Les poliovirus, causant dans moins 1 % des cas une forme paralysante, sont très stables dans l'eau ou dans les aliments contaminés par des fèces contenant le virus et ils peuvent rester infectieux pendant une période assez longue [53].

Outre les cas des « porteurs sains », il faut également tenir compte de réservoirs des agents infectieux présent dans les navires, les membres d'équipage et les passagers d'abord, puis les animaux domestiques et surtout les parasites, dont les poux humains vecteurs du typhus (*Rickettsia prowazekii*), et surtout les rats noirs et les souris qui pullulent dans les cales. Pour les rats, voici les maladies dont ils peuvent être responsables : la leptospirose, la salmonellose, la fièvre d'Haverhill (fièvre par morsure de rat), la tularémie, la méningite, des ténias (dits « vers solitaires »), la jaunisse infectieuse (ou ictère infectieux), la peste bubonique et des hantavirus.

La fièvre typhoïde et paratyphoïde due à une bactérie (*Salmonella enterica enterica Typhi* et *S. enterica enterica Paratyphi* A, B ou C) devrait faire partie des « candidats privilégiés » dans les études des épidémies aux XVIe et XVIIe siècles. La bactérie de type Typhi (le type Paratyphi est exceptionnel chez les animaux) n'est présente que chez les humains et elle se propage par les excréments, l'eau souillée ou les mains souillées. Elle présente une période d'incubation de deux semaines avant que n'adviennent une forte fièvre avoisinant les 40 °C, des nausées, de la constipation ou une diarrhée qui n'apparaît qu'au cours de la deuxième ou troisième semaine, des céphalées, un abattement général (stupeur); on connaît des formes bégnines et sévères. Dans les complications souvent mortelles (10 à 20 % des cas non traités), on note perforation et hémorragie intestinales, myocardite, ostéomyélite, encéphalite et glomérulonéphrite (AVIQ 2016 : 2). Si le malade peut rester contagieux trois à quatre semaines après les premiers symptômes, on recense entre 1 et 3 % de patients guéris qui deviennent porteurs de la maladie pendant plusieurs années, voire toute leur vie. L'agent pathogène s'installe dans leur vésicule biliaire et continue d'excréter des bactéries dans leurs fèces.

Des contacts fréquents et abondants au début du XVIᵉ siècle

Pour que des maladies infectieuses puissent s'implanter dans le nord-est de l'Amérique au XVIᵉ siècle, il faut d'abord des contacts entre des Autochtones et des Européens; plus ces contacts sont fréquents, soit par leur nombre, soit par l'importance des populations se côtoyant sur un territoire donné, plus la probabilité de transmissions augmente. D'autre part, plus ces contacts se prolongent et se reproduisent à différents endroits, plus les risques de dispersion des agents pathogènes augmentent également sur l'ensemble d'un territoire. Un troisième facteur favorisant la dispersion des épidémies à l'intérieur du nord-est de l'Amérique est le déplacement d'un certain nombre d'individus porteurs de ces pathogènes à travers ce territoire.

L'ethnologue et archéologue Marcel Moussette et les travaux de l'historien Laurier Turgeon démontrent, dans un premier temps, la forte présence des Européens dans le pourtour du golfe du Saint-Laurent au milieu du XVIᵉ siècle [54]. Selon les actes notariés de l'époque, dès 1544, pas moins de huit navires affrétés dans les ports français sont présents dans le golfe et l'estuaire du Saint-Laurent. Ce nombre ne prend pas en compte la présence des pêcheurs et des baleiniers basques espagnols [55], que l'on estime à 65 à 80 % des équipages basques partant pour le Canada. Plus de 400 navires européens en 1578, comptant minimalement une vingtaine de membres d'équipage, s'adonnent à la pêche à la morue ou à la chasse aux cétacés et aux mammifères marins. Une partie importante des pêcheurs de morue pratiquent une pêche sédentaire (c'est-à-dire dont les prises sont séchées et salées sur des claies ou directement sur la grève près d'un rivage), favorisant ainsi le contact avec des Autochtones. Les travaux de l'historien Laurier Turgeon [56] soulignent que les pêcheurs s'adonnaient régulièrement à la traite des fourrures avec des membres des Premières Nations au milieu du XVIᵉ siècle; c'est également le cas des baleiniers qui recouraient peut-être à de la main-d'œuvre autochtone pour le dépeçage des baleines et la fonte de la graisse ou, du moins, qui créent une espèce de partenariat commercial avec les Iroquoiens du Saint-Laurent [57].

Des fouilles archéologiques de sites algonquiens du XVIᵉ siècle sur la côte est de la Nouvelle-Angleterre, une région que l'on appelait parfois le Norembègue (plus précisément de la baie de Passaquamody, au Nouveau-Brunswick, jusqu'au Rhode Island), renfermaient des artéfacts de matériel de traite européenne. Marcel Moussette indique que cela semblait confirmer la présence de navires européens et d'échanges entre Autochtones et Européens à cette période. De fait, les artéfacts d'origine européenne exhumés auraient pu faire l'objet d'un commerce entre des Autochtones du golfe du Saint-Laurent et les tribus algonquiennes de la Nouvelle-Angleterre.

> [...] *déjà au XVIᵉ siècle, la présence française se fait sentir sur des milliers de kilomètres de côte à partir du nord du Cap Cod jusqu'au Labrador, dans le golfe du Saint-Laurent et, si on y ajoute la présence bien documentée des Basques à l'embouchure du Saguenay, les expéditions de découvertes de Cartier et celles des marchands malouins à partir de 1581, aussi loin que les rapides de Lachine, près de Montréal, et peut-être au-delà, en remontant le fleuve Saint-Laurent. C'est donc dire que cette expansion de l'espace atlantique français à laquelle ont participé les Basques, les Bretons et les Normands, a touché de nombreuses populations autochtones : les Béothuks, de Terre-Neuve et du détroit de Belle-Isle; les Micmacs de la Gaspésie et de l'Acadie; les Malécites de l'Acadie; les Iroquoïens laurentiens du Canda; et les Armouchiquois et autres nations de la Norembègue. Ceci vaut pour les nations avec lesquelles ces Européens sont venus en contact direct. Mais, dans plusieurs cas, ces nations dans une position pour obtenir directement des pêcheurs ou commerçants français des marchandises contre des fourrures ont servi d'intermédiaires pour acheminer, échanger, commercer, ces nouveautés avec d'autres nations vivant plus à l'intérieur des terres* [58].*

Bien que les informations soient moins nombreuses et moins étayées, il y eut de fréquents contacts entre les Autochtones et les Européens le long de la côte atlantique de l'Amérique du Nord. D'ailleurs, lorsque Cartier navigue, en juillet 1534, à la pointe ouest de la Gaspésie, il rencontre un groupe de Micmacs qui veulent échanger des peaux avec son équipage [59]. Au milieu du XVIᵉ siècle, dans la vallée du Saint-Laurent, deux établissements temporaires sont bien répertoriés; ceux-ci favorisent des contacts prolongés avec des Autochtones. En 1535, Jacques Cartier voyage avec cent douze hommes d'équipage et deux Stadaconiens (Domagaya et Taignoagny) qu'il ramène; tous sont répartis en trois navires. Un fort est construit à l'embouchure de la rivière Saint-Charles, il abritera une partie de l'équipage durant l'hiver 1535-1536. Les hivernants furent atteints par une avitaminose connue sous le nom de *scorbut* et plusieurs en décédèrent. Dans ses *Relations*, Jacques Cartier indique que les Stadaconiens, des Iroquoiens du Saint-Laurent, sont également frappés par une maladie qui emporte une cinquantaine d'Autochtones, soit environ 10 % de la population estimée, mais aucune indication ne nous permet de conjecturer sur cette maladie.

La deuxième présence importante d'Européens, qui totalisera près de vingt mois de contact avec des Autochtones, se produit d'abord en 1541-1542, lorsque Cartier accompagné d'environ 300 arrivants s'installe à Cap-Rouge pour y fonder une colonie permanente, il est suivi par Roberval, en 1542-1543, avec 200 autres arrivants. Parmi ce groupe, les sources historiques nous indiquent une dizaine de femmes et plusieurs enfants. De plus, les colonisateurs ont emmené avec eux des animaux domestiques. Le rapport d'un espion espagnol (Biggar, 1930) signale que les navires de l'expédition de Roberval-Cartier comptent à leur bord une vingtaine de vaches, quatre taureaux, cent brebis et moutons, cent chèvres, dix pourceaux et vingt chevaux. On peut également supposer que des poules, des oies et des lapins étaient également du voyage.

Par trois fois, 1535, 1541 et 1542, Cartier et Roberval remonteront le fleuve Saint-Laurent pour visiter Hochelaga dans l'île de Montréal. Si nous n'avons que peu d'informations sur les passages de 1541 et 1542, *Les Relations* du deuxième voyage de Cartier (1535) signalent un accueil enthousiaste et des contacts physiques fréquents entre les Autochtones et les visiteurs pendant les deux jours de cette rencontre.

Les informations soulevées dans cette partie de notre argumentaire tendent à considérer que certaines conditions nécessaires à la transmission d'agents infectieux, parmi les Iroquoiens du Saint-Laurent au XVIe siècle, étaient présentes.

Conclusion

Lorsque Champlain rencontre pour la première fois des Iroquoiens du Saint-Laurent en 1534, il ne connaît pas encore les territoires que ceux-ci occupent dans la vallée du Saint-Laurent. Les récits de deux captifs qu'il ramène en France le renseigneront sur la présence d'autres populations et d'un « grand village », Hochelaga. En fait, ces Autochtones occupent un vaste territoire entre le cap Tourmente et le lac Ontario, sans que l'on sache avec précision la population totale de ce groupe au moment de ce contact.

Il n'y a pas toujours de réponses simples à des problèmes complexes. On peut même dire qu'il n'y a pas toujours de réponses à certaines problématiques. Il ressort de l'analyse menée dans le présent chapitre, qu'il est difficile d'établir pour le XVIe siècle une évaluation de la population vivant dans l'île de Montréal et le territoire du Haut-Saint-Laurent. Avec les outils d'analyse à notre disposition (ethnohistoire, bioarchéologie, microbiologie et épidémiologie), il est impossible de statuer sur le fait que ces populations aient subi de grandes épidémies au XVIe siècle qui expliqueraient leur disparition de la vallée du Saint-Laurent et du pourtour du lac Ontario. À la lumière de cet exposé, il ressort néanmoins que les conditions étaient réunies pour l'émergence de certaines épidémies dès le début du XVIe siècle.

Notes

1. Jean TANGUY, 1984, « Le premier voyage d'exploration – 1535 » in, Fernand BRAUDEL (sous la direction), *Le monde de Jacques Cartier, l'aventure au XVIe siècle*, Libre-Expression, Montréal/Berger-Levrault, Paris, p. 235-256 et Jacques CARTIER, 1986, *Relations*, édition critique par Michel Bideaux, Les Presses de l'Université de Montréal, Montréal, 500 pages.

2. Jean TANGUY, 1984, *op. cit.*, p. 251.

3. Bruce G. TRIGGER, 1984, « Le deuxième voyage d'exploration (1535-1536) » in Fernand BRAUDEL (sous la direction), *Le monde de Jacques Cartier, l'aventure au XVIe siècle*, Libre-Expression, Montréal/Berger-Levrault, Paris, (pages 257-272), p. 265.

4. Roland TREMBLAY, 2006, *Les Iroquoiens du Saint-Laurent, peuple de maïs*, Pointe-à Callière, musée d'archéologie et d'histoire de Montréal / Éditions de l'Homme, Montréal, (139 pages), p. 17.

5. Gary WARRICK et Louis LESAGE, 2016, « The Huron-Wendat and the St. Lawrence Iroquoians: New Findings of a Close Relationship » in *Ontario Archaeology*, 26, (pages 134-144), p. 135.

6. Roland TREMBLAY, 2006, *op. cit.*, p. 125.

7. Christian GATES ST-PIERRE, 2016, « Iroquoians in the St. Lawrence River Valley before European Contact » in *Ontario Archeology*, 96, (pages 47-64), p. 47, notamment, Byers, 1959; Chapdelaine, 1980, 1989, 1995a; Clermont, 1996; Clermont et Chapdelaine, 1982; Crawford et Smith, 1996; Gates St-Pierre, 2001 a, 2004, 2006; Griffin, 1944; Hart, 2001; Hart et Brumbach, 2005; Lenig, 2000; Macneish, 1952, 1976; Martin, 2008; Pendergast, 1975; Smith, 1997; Smith et Crawford, 1995; Starna et Funk, 1994; Tuck, 1977 et Wright, 1984, 2004.

8. Christian GATES ST-PIERRE, 2016, *op. cit.*, p. 54; et Claude CHAPDELAINE, 2016, « Pour une archéologie sociale sur les sites de Droulers/Tsiionhiakwatha et Mailhot-Curran » dans C. CHAPDELAINE, A. BURKE et K. GERNIGON (dir.), *L'archéologie des maisonnées – pour une approche comparative transatlantique*, Actes du colloque international, 24 et 25 octobre 2014, Université de Montréal, *Palethnologie* 8, p. 85.

9. Claude CHAPDELAINE, 1998, « L'espace économique des Iroquoiens de la région de Québec : un modèle pour l'emplacement des villages semi-permanents dans les basses terres du Cap Tourmente » in Roland TREMBLAY, *L'éveilleur et l'ambassadeur, Essais archéologiques et ethno-historiques en hommage à Charles A. Martijn*, Collection « Paléo-Québec, n° 27 », Recherches amérindiennes au Québec, Montréal, (pages 81-90), p. 34.

10. Christian GATES ST-PIERRE, 2016, *op. cit.*, p. 54.

11. Christian GATES ST-PIERRE, 2016, *op. cit.*, p. 16.

12. La « coalescence interculturelle » est une fusion de technique ou de style par emprunt ou voisinage entre deux cultures.

13. *Ibid.*, p. 57.

14. Claude CHAPDELAINE, 1998, *op. cit.*, p. 38.

15. PENDERGAST, 1975; cité par Claude CHAPDELAINE, 1998, *op. cit.*, p. 38.

16. Gary WARRICK et Louis LESAGE, 2016, « The Huron-Wendat and the St. Lawrence Iroquoians: New Findings of a Close Relationship » in *Ontario Archaeology*, 26, (pages 134-144), p. 138.

17. FERRIS, 2014; cité par WARWICK et LESAGE, 2016, *op. cit.*

18. WARWICK et LESAGE, 2016, *op. cit.*, p. 136.

19. Les phytolithes sont des microfossiles micrométriques de cellules végétales.

20. Christian GATES ST-PIERRE et Robert G. THOMPSON, 2015, « Phytolith evidence for the early presence of maize in southern Québec » in *American Antiquity*, 80 (2), p. 408-415.

21. Christian GATES ST-PIERRE, 2016, *op. cit.*, p. 51.

22. Roland TREMBLAY, 2006, *op. cit.*, p. 18.

23. Clermont et Chapdelaine, 1983; Chapdelaine et Barré, 1983; Clermont, Chapdelaine et Ribes, 1986; cités par CHAPDELAINE, 1989.

24. Alfonse de SAINTONGE (Jean Fonteneau dit), 1544 [1904], *Cosmographie avec l'espère et régime du soleil et du nord*, publiée et annotée par Georges Musset, Ernest Leroux éditeur, Paris, 600 pages, p. 494.

25. NOBLE, 1985; cité par Claude CHAPDELAINE, 1998, « L'espace économique des Iroquoiens de la région de Québec : un modèle pour l'emplacement des villages semi-permanents dans les basses terres du Cap Tourmente » in Tremblay, Roland, *L'éveilleur et l'ambassadeur, Essais archéologiques et ethno-historiques en hommage à Charles A. Martijn*, Collection « Paléo-Québec, n° 27 », Recherches amérindiennes au Québec, Montréal, (pages 81-90), p. 22.

26. Roland TREMBLAY, 2006, *op. cit.*, p. 53.

27. CARTIER, cité par TREMBLAY, *op. cit.*, p. 53.

28. TREMBLAY, *op. cit.*, p. 53.

29. Daniel FORTIN, 1989, « Les zones de végétation au Sénégal », *Quatre-temps*, 13 (3), Montréal, p. 11-25.

30. Gordon M. DAY, 1953, « The Indian as an Ecological Factor in the Northeastern » in *Ecology*, 34 (2), Ecological Society of America and the Duke University Press, Lancaster, Pennsylvanie, p. 329-346.

31. Roland TREMBLAY, 2006, *op. cit.*, p. 10 et Warwick et Lesage, 2016, *op. cit.*, p. 137.

32. BIARD 1616 : 73; cité par Brad LOEWEN et Claude CHAPDELAINE, 2016, *Contact in the 16th Century, Network among Fishers, Foragers and Farmers*, Mercury Series, Archeology Papers 176, Canadian Museum of History and University of Ottawa Press, 296 pages, p. 2.

33. CHAMPLAIN, 1973, I : 313; in Samuel de CHAMPLAIN, 1870, *Œuvres de Champlain*, éd. Laverdière, Charles-Honoré, Québec, Géo-E. Desbarats, 6 vol., réimpression en fac-similé [1973], Éditions du Jour, 3 vol., Montréal, 1478 pages.

34. LOEWEN et CHAPDELAINE, 2016, *op. cit.*, p. 3.

35. Ann F. RAMENOFSKY, Alicia K. WILBUR et Anne C. STONE, oct. 2003, « Native American Disease History: Past, Present and Future Directions » in *World Archaeology*, 35 (2), Archaeology of Epidemic and Infectious Disease, p. 241-257 : [en ligne] www.jstor.org/stable/3560225

36. Gerad J. TORTORA, Berdell R. FUNKE et Christine L. CASE, 2003, *Introduction à la microbiologie*, trad. de *Microbiology: An Introduction* (2001), ERPI, Saint-Laurent (Québec), 945 pages.

37. Bruce G. TRIGGER, 1992, *Les Indiens, la fourrure et les Blancs*, traduction de *Natives and Newcomers*, Boréal, Montréal, 543 pages, p. 206.

38. Bruce G. TRIGGER, 1992, *op. cit.*, p. 328-329.

39. Père BIARD, 1616; in *Relations des Jésuites*, tome 3, *op. cit.*, p. 104.

40. Alfonse de SAINTONGE (Jean Fonteneau dit), 1544 [1904], *op. cit.*

41. CHAMPLAIN, 1604; in Samuel de CHAMPLAIN, 1613, *Les Voyages du Sieur de Champlain, saintongeais*, Paris, Jean Bergeron. Réédition annotée et modernisée par Éric Thierry, sous le titre *Les Fondations de l'Acadie et de Québec, 1604-1611*, Québec, Les éditions du Septentrion, Sillery (Québec), 2008, 293 pages, p. 80.

42. Robert LAROCQUE, 2004, « Les agents pathogènes, des envahisseurs clandestins » in *Champlain, la naissance de l'Amérique française*, sous la direction de Raymonde Litalien et Denis Vaugeois, Éditions du Nouveau Monde et Les éditions du Septentrion, Sillery (Québec), (pages 266-275), p. 266.

43. *Relations des Jésuites*, 16, *op. cit.*, p. 216.

44. Ces aires culturelles auraient perdu pas moins de 80 à 90 % de leur population, entre 1492 et 1600, à cause de différentes pandémies d'origine européenne, facilitant directement la conquête des colonisateurs sur ces territoires (Dobyns, 1983; Ramenofsky, 1987; Kohn, 1995; Mann, 2007).

45. Bernard ALLAIRE, 2013, *La rumeur dorée, Roberval et l'Amérique*, Les éditions La Presse, Montréal, 159 pages, p. 76.

46. TORTORA et al., 2003, *op. cit.*, p. 446.

47. *Ibid.*, p. 447.

48. *Ibid.*, p. 447.

49. René DUBOS, 1973, *L'homme et l'adaptation au milieu*, traduction de Man Adapting (1965), Payot, Paris, 472 pages, p. 172.

50. Harold J. SIMON, 1960, *Attenuated Infection*, J.B. Lippincott Co., Philadelphie/Montréal, 349 pages.

51. Également cité par René DUBOS, 1973, *op. cit.*, p. 174.

52. TORTORA et al., 2003, *op. cit.*

53. *Ibid.*, p. 673.

54. Sur ce sujet voir : Marcel MOUSSETTE, 2005, « Un univers sous tension : Les nations amérindiennes du Nord-Est de l'Amérique du Nord au XVIe siècle » in *Les Cahiers des Dix*, 59, p. 149-177 : [en ligne] ide.erudit.org/iderudit/045757ar; Laurier TURGEON, 1986, « Pour redécouvrir notre 16e siècle : les pêches à Terre-Neuve d'après les archives notariales de Bordeaux » in *Revue d'histoire de l'Amérique française*, 394, p. 523-549 : [en ligne] id.erudit.org/iderudit/304400ar; Laurier TURGEON, oct. 1998, « French Fishers, Fur Traders, and Amerindians during the Sixteenth Century: History and Archeology » in *The William and Mary Quaterly*, 55 (4), p. 585-610 : [en ligne] www.jstor.org/stable/2674446; et Laurier TURGEON, 2019, *Une histoire de la Nouvelle-France, Français et Amérindiens au XVIe siècle*, « coll. Histoire », Belin Éditeur, Paris, 286 pages.

55. Brad LOEWEN, 2016, « Intertwined Enigmas: Basques and Saint Lawrence Iroquoians in the Sixteenth Century » *Contact in the 16th Century, Network among Fishers, Foragers and Farmers*, Mercury Series, Archeology Papers 176, Canadian Museum of History and University of Ottawa Press, (pages 57-75), p. 62.

56. Laurier TURGEON, 2004, « Les Français en Nouvelle-Angleterre avant Champlain » in *Champlain, la naissance de l'Amérique française*, sous la direction de Raymonde Litalien et Denis Vaugeois, Éditions du Nouveau Monde et Les éditions du Septentrion, Sillery (Québec), p. 98-112; et Laurier TURGEON, 2019, *op. cit.*

57. Brad LOEWEN, 2016, *op. cit.*, p. 61.

58. Marcel MOUSSETTE, 2005, *op. cit.*, p. 155.

59. Jacques CARTIER, [1534], *Relations*, édition critique par Michel Bideaux, Les Presses de l'Université de Montréal, Montréal, 1986, 500 pages, p. 110-111.

CHAPITRE 7

Les données historiques suggérant la niche réalisée des Iroquoiens du Saint-Laurent dans la vallée laurentienne

Introduction

Comme nous l'avons souligné dans les chapitres 3, 4 et 5, les données historiques, ethnologiques et paléoécologiques, notamment celles du lac Crawford en Ontario, semblent indiquer qu'un grand nombre de peuples de l'est de l'Amérique du Nord ont utilisé certaines techniques, notamment les brûlis contrôlés, pour améliorer la capacité de charge de leur zone de captage des ressources en modifiant sciemment les paysages de leur territoire. En l'absence de certaines données paléoécologiques, il nous faut donc nous rabattre sur les écrits historiques suggérant la niche réalisée des Iroquoiens du Saint-Laurent.

Or, les historiens ont peu sollicité les descriptions des premiers explorateurs et les dessins de Champlain pour caractériser les paysages de la vallée laurentienne. Il convient cependant de mentionner l'article de l'anthropologue Brad Loewen (2009) sur « Le paysage boisé et les modes d'occupation de l'île de Montréal[1] ». Notre recherche s'intéresse à un territoire plus large tout en désirant également caractériser des paysages suggérant une influence anthropique.

Dans ce chapitre, à la suite de la relecture de différents écrits historiques décrivant les paysages occupés ou traversés par les Autochtones de la vallée du Saint-Laurent et des territoires adjacents[2], nous identifierons les passages qui nous suggéreraient ou nous indiqueraient la présence d'un paysage en mosaïques, c'est-à-dire des zones boisées, plus ou moins denses, alternant avec des zones dégagées; des zones dégagées portant des parcelles en culture (maïs, haricot, courge, topinambour, patate en chapelet) ou des arbres fruitiers (notamment les pruniers et les cerisiers) et des petits fruits (framboisiers, framboises noires et/ou mûriers du genre *Rubus*). Nous porterons également une attention particulière aux parcelles où il y a abondance d'arbres à noix ou à coque (*Quercus* spp., *Juglans cinerea*, *Carya* spp., *Fagus grandifolia*), de châtaigniers d'Amérique (*Castanea dentata*) et/ou de noisetiers américains (*Corylus americana*), ainsi que des observations sur des paysages de types « forêts-parcs ». Nous chercherons activement des remarques sur les feux hors sites prémédités et/ou contrôlés.

Enfin, nous nous intéresserons à certaines cartes et plans dessinés par Samuel de Champlain, géographe du roi Henry IV et cartographe. Les dessins de treize ports potentiels de la côte est de l'Atlantique, ceux de la région de Tadoussac, des environs de Québec, de même que celui des environs du Grand Saut Saint-Louis dans l'île de Montréal, pourraient-ils nous renseigner sur le faciès des paysages de ces régions? Outre ces plans et dessins, nous commenterons brièvement la carte manuscrite datée de 1607 représentant une petite portion de la côte Atlantique.

Les écrits historiques de la vallée du Saint-Laurent

Jacques Cartier

Comme nous l'avons déjà souligné, la niche réalisée par les Iroquoiens du Saint-Laurent et l'empreinte de celle-ci sur les paysages de la vallée laurentienne jusqu'au nord-est du lac Ontario ne peut être observée, ou plutôt reproduite présentement, qu'à travers les écrits et les illustrations des individus qui les ont traversés lorsque ce groupe autochtone y vivait ou, au mieux, quelques années après leur disparition de ce territoire.

En 1535, l'explorateur Jacques Cartier n'a pas décrit de façon exhaustive le paysage environnant l'établissement de Stadaconé, du moins dans les textes des *Relations* […] qui nous sont parvenus (ce qui aurait été fort utile pour valider le plan de la région de Québec par Champlain). Mais ses écrits concernant la remontée du fleuve vers le village autochtone d'Hochelaga nous sont connus. Ainsi, un peu avant d'arriver au lac Saint-Pierre, il décrit la rive nord du Saint-Laurent :

> *Le lendemain dix-neuvième jour du dit mois de septembre comme dit est, nous appareillâmes et fîmes voile avec le galion et les deux barques pour aller avec la marée amont le dit fleuve où trouvâmes à voir des deux côtés de celui-ci les plus belles et meilleures terres qu'il soit possible de voir, aussi unies que l'eau, pleines de beaux arbres du monde et tant de vignes chargées de raisins le long dudit fleuve qu'il semble mieux qu'elles aient été plantés de main d'homme que autrement; mais pour ce qu'elles ne sont cultivées ni taillées ne sont lesdits raisins si doux ni si gros comme les nôtres. Pareillement nous trouvâmes grand nombre de maisons sur la rive dudit fleuve, lesquelles sont habitées de gens qui font grande pêcherie de tous bons poissons selon les saisons[3].*

Cette notation signale qu'entre Stadaconé et Hochelaga, la vallée du Saint-Laurent est habitée par des Autochtones que l'on associe aux Iroquoiens du Saint-Laurent, et la terre n'est pas constituée de forêts denses et impénétrables puisque, du moins sur les rives, il y a de nombreuses vignes, probablement de la vigne du rivage (*Vitis riparia*), qui poussent en abondance, et Cartier signale de belles terres unies qui se prêteraient bien à la culture.

> *Depuis lesdits jours du dix-neuvième au vingt-huitième dudit mois, nous avons été navigants à amont du dit fleuve, sans perdre heure ni jour, durant lequel temps avons vu et trouvé aussi beaucoup de pays et de terres unies que l'on saurait désirer, pleines des plus beaux arbres du monde, à savoir : chênes, ormes, noyers, cèdres, pruches, frênes, bouleaux [boulles], saules, osiers, et force vignes, qui est le meilleur, lesquelles avaient si grande abondance de raisins, que les Compagnons en venaient tous chargés à bord[4].*

Toutes les essences énumérées sont caractéristiques de la forêt décidue de la vallée du Saint-Laurent. Les noyers sont des noyers cendrés (*Juglans cinerea*), mais les cèdres [*seddres*] ne seraient pas le cèdre blanc d'Amérique (*Thuja occidentalis*), car ce taxon est inconnu en France à cette époque[5]. Le genre *Cedrus* n'étant pas présent en Amérique du Nord, il est possible, compte tenu de la disposition des faisceaux des aiguilles, que Cartier confonde le véritable cèdre (*Cedrus*) avec le mélèze laricin (*Larix laricina*).

Alors qu'il se prépare à accéder à l'établissement d'Hochelaga, il note :

> *Et nous étant en chemin, le trouvâmes aussi battu qu'il soit possible de voir, en la plus belle terre et meilleure plaine; des chênes aussi beaux qu'il y en ait en forêt de France, sous lesquels était toute la terre couverte de glands. Et nous, ayant fait environ une lieue[6] et demie, trouvâmes sur le chemin l'un des principaux seigneurs de ladite ville d'Hochelaga [...][7].*

> *[...] marchâmes plus outre, et environ demie lieue delà commençâmes à trouver les terres labourées, et belles grandes campagnes pleines de blé de leurs terres, qui est comme mil du Brésil, aussi gros ou plus que les pois, duquel ils vivent, ainsi que nous faisons de froment. Et parmi ces campagnes, est située et assise ladite ville de Hochelaga, près, et joignante une montagne qui est à proximité de celle-ci, bien labourée et fort fertile [...][8].*

Cartier est en périphérie du grand village d'Hochelaga, lorsque lui et ses hommes traversent d'abord une parcelle ouverte assez étendue, mais non cultivée, sur laquelle, cela n'est pas clair, croissaient de nombreux beaux chênes dont les glands tombés formaient un tapis sur le sol. Cet espace serait situé à environ deux lieues du village d'Hochelaga (selon la valeur de la lieue, entre 4,5 à 8 km du village). Quatre espèces de chênes, dépendant du type de sol, pouvaient être présentes sur ce sentier, le chêne rouge (*Quercus rubra*), le chêne blanc (*Quercus alba*), le chêne à gros fruits (*Quercus macrocarpa*) et, bien que moins probablement parce croissant plutôt sur les rives des cours d'eau,

Cartier signale la présence d'un tapis de glands de chêne sur le sentier menant vers Hochelaga. (photo : Wikimedia Commons)

le chêne bicolore (*Quercus bicolor*). Rappelons que les glands des chênes, sous la forme de farine, servaient comme aliment, surtout en temps de disette, pour les différents groupes autochtones. L'écorce était également utilisée pour recouvrir les maisons longues. La superficie des terres cultivées semble avoir impressionné le navigateur malouin.

Voilà à peu près la totalité des informations sur le paysage de l'île de Montréal qu'il est possible de ressortir de ces écrits. Par contre, la description de l'établissement d'Hochelaga donne un portrait assez juste du lieu, certainement plus exact que l'illustration de la « ville d'Hochelaga » de l'ouvrage de G. B. Ramusio : *Terzo volume delle navigationi e viaggi…* 1556.

> *Il y a dedans ladite ville environ cinquante maisons longues, d'environ cinquante pas chacune et douze ou quinze pas de larges, et toutes faites de bois couvertes et garnies de grandes écorces et pelures desdits bois aussi larges que des tables et bien cousues artificiellement selon leur mode et par dedans celles-ci il y a plusieurs âtres et chambres. Et au milieu de ces maisons, il y a une grande*

> *salle à ras de terre où ils font leur feu et vivent en communauté, puis se retirent en leurs dites chambres les hommes avec leurs femmes et enfants[9].*
>
> *Après que nous fûmes sortis de ladite ville [nous] fûmes conduits par plusieurs hommes et femmes sur la montagne ci-devant dite qui est par nous nommée Mont Royal distant dudit lieu d'un quart de lieue. Et étant sur ladite montagne nous eûmes vue et connaissance de plus de trente lieues autour de celle-ci; il y a vers le nord une rangée de montagnes qui s'étendent d'est en ouest, et autant vers le sud[10]. Entre ces montagnes est la terre labourable la plus belle qu'il soit possible de voir, unie et plate. Et par le milieu des dites terres, voyions ledit fleuve outre [ou peut-être au-delà] où étaient demeurées nos barques[11], où il y a un saut d'eau[12], les plus impétueux qu'il soit possible de voir lequel ne nous fut possible de passer [...][13].*

Sur le mont Royal, où il a une vue sur une centaine de kilomètres, tant vers le nord que vers le sud, Cartier ne souligne pas que le territoire qui s'offre à lui est couvert d'une forêt, il spécifie que l'espace entre les Laurentides et les Adirondacks est une « une terre labourable la plus belle qu'il soit possible de voir, unie et plate ». Si ce vaste territoire était en partie couvert d'une strate arborée continue ou discontinue, il l'aurait probablement souligné. Ne pourrions-nous pas supposer que l'environnement sur cette plaine du Saint-Laurent est, à cette époque, dégagé ? Bien qu'il utilise les mots « une terre labourable » comme une projection « d'un possible », il faut, du moins c'est notre hypothèse, que celle-ci ne soit pas entièrement couverte d'une forêt dense pour que ce travail soit immédiatement envisageable.

Lorsqu'en septembre 1541, Cartier entreprend de s'installer en bordure de la rivière du Cap Rouge, il décrit le territoire ainsi :

> *De part et d'autre dudit fleuve[14] se trouvent de très bonnes et belles terres, couvertes d'arbres qui comptent parmi les plus beaux et les plus majestueux du monde; il y en a plusieurs espèces qui dépassent les autres de plus de dix brasses[15], ainsi qu'une essence qu'ils appellent Hanneda*

dans ce pays, qui fait plus de trois brasses de circonférence et qui possède une qualité supérieure à celle de tous les autres arbres du monde et sur laquelle je reviendrai plus loin. Il y a en outre une grande quantité de chênes, les plus beaux que j'ai vus de ma vie et qui étaient chargés à craquer de glands. On trouve aussi des érables, des cèdres, des bouleaux et autres arbres, tous plus beaux que ceux qui poussent en France, et tout près de ce bois, vers le sud, le sol est entièrement recouvert de vignes, que nous trouvâmes chargées de raisins aussi noirs que des mûres, mais moins beaux qu'en France parce que les vignes ne sont pas cultivées et poussent à l'état sauvage. Il y a également de nombreuses aubépines, qui ont des feuilles de la taille des feuilles de chêne et des fruits qui ressemblent à des nèfles. En bref, c'est là une terre aussi propre au labourage et à la culture[16].

[...] On peut aussi voir de grandes étendues de terre cultivable, belle, plane et descendant en pente douce vers le sud, aussi facile à cultiver qu'il est possible, et recouvertes par de très nombreux et très beaux chênes et autres arbres de grande beauté, ne poussant guère plus épais qu'en nos forêts de France. Là nous mîmes vingt hommes au travail, lesquels en une seule journée, labourèrent environ un arpent et demi.

[...] Et à l'ouest du dit fleuve il y a, comme je l'ai dit, de nombreux beaux arbres; jusqu'à la rivière s'étend une belle prairie recouverte d'une herbe aussi belle et bonne que celle que j'ai pu voir en France; entre cette prairie et le bois, on trouve une grande quantité de vignes au-delà desquelles le sol se couvre de chanvre sauvage, lequel semble aussi bon et résistant que possible[17].

Dans la phrase « très beaux chênes et autres arbres de grande beauté, ne poussant guère plus épais qu'en nos forêts de France », Cartier semble indiquer que cette partie du territoire est constituée d'une forêt ressemblant à une forêt aménagée de type forêt-parc, comme dans certains domaines forestiers dévolus à la collecte de bois, notamment pour la construction navale, soit comme les forêts aménagées pour la chasse à courre en France. À cette époque, les forêts du territoire français subissaient une forte pression de déboisement pour les besoins multiples de la population, des marchands et de la royauté. On pourrait faire valoir que Cartier avait intérêt à présenter le territoire comme aussi intéressant que celui de France, mais dans cette phrase, il ne semble pas insister sur l'exploitation de certaines essences forestières pour les besoins économiques de la patrie qui le commandite, mais plutôt sur le faciès même des peuplements arborés.

Dans la phrase « entre cette prairie et le bois, on trouve une grande quantité de vignes au-delà desquelles le sol se couvre de chanvre sauvage, lequel semble aussi bon et résistant que possible », Cartier souligne la présence d'une forte concentration de vignes qui ne peut être ici que la vigne du rivage (*Vitis riparia*) ou la vigne vierge (*Parthenocissus quinquefolia*). Le terme « chanvre sauvage » ne désigne pas le chanvre textile (*Cannabis sativa*), une plante non indigène de l'Amérique du Nord, mais plutôt une plante textile indigène qui pourrait être une de ces espèces : l'apocyn à feuilles d'Androsème (*Apocynum androsaemifolium*), l'apocyn chanvrin (*Apocynum cannabinum*), l'ortie élevée (*Urtica dioica* ssp. *gracilis*), l'ortie du Canada (*Laportea canadensis*) ou peut-être l'ortie de savane (*Boehmeria cylindrica*). Bien que les vignes puissent croître dans un habitat non pleinement ensoleillé, elles se développent plus vigoureusement dans une situation ensoleillée. L'apocyn à feuilles d'Androsème est une espèce des milieux ouverts et ensoleillés, tout comme généralement l'ortie élevée. L'ortie du Canada pousse quant à elle dans les sous-bois des érablières et dans les clairières de celles-ci dans un substrat préférablement humide [18], alors que l'ortie des savanes croît dans les bois humides en situation légèrement ombragée ou mi-ombragée. En l'absence d'une identification précise de la plante désignée sous le nom de *chanvre sauvage*, il est difficile de valider un milieu de croissance spécifique qui nous aurait indiqué un faciès ouvert ou fermé du paysage observé par Cartier.

Jean Alfonse

Jean Fonteneau, dit Alfonse de Saintonge ou Jean Alfonse, a accompagné Roberval en qualité de pilote en 1542 et 1543, puis il revient en 1544 naviguer sur le fleuve Saint-Laurent dans le but de trouver le passage du Nord-Ouest. Il a publié, fin 1544 ou début 1545, un manuscrit qui ne paraîtra en français qu'en 1904 sous le titre de *La Cosmographie avec l'espère et régime du soleil et du nord* qui décrit le paysage à quelques endroits.

> *Et du bout de l'île d'Orléans jusqu'au lieudit Canada[19], il y a une lieue, et dudit Canada jusqu'au fort qu'a fait faire le seigneur de Roberval, il y a trois lieues. Ladite rivière[20] est bien belle, large et profonde, comme je dis. Toutes ces terres sont belles terres, et il y a toutes sortes d'arbres, comme il y a en France; et sont terres froides […] Et la terre qui est par le dessus n'est que le fumier des feuilles des arbres; et il n'y en a aucun lieu terre ferme et franche[21].*

> *Et Hochelaga est à quarante-six degrés et demi de ladite hauteur. Hochelaga est terre beaucoup meilleure que celle de Canada, et les habitants de celle-ci sont plus raisonnables. […] En cette terre se cueille force mil, de laquelle, ils se nourrissent […][22].*

Ces deux autres extraits, « mais la terre est tant couverte d'arbres[23] » et « Il y a d'aussi belles forêts comme est au monde possible de voir[24] », indiquent, sans aucun doute, que la vallée laurentienne accueille de vastes forêts. Cela dit, le fait de rapporter que le territoire possède de belles et grandes forêts ne permet pas de savoir si celles-ci sont des forêts primaires, secondaires ou en voie de régénération.

> *Et il y a en toutes ces terres une grande quantité d'arbres de plusieurs sortes, comme chênes, frênes, cèdres, cyprès, ormes, érables, hêtres, arbres de vie, qui portent médecine; ils ont la gomme blanche comme neige; pins privés[25], desquels on fait des mâts de navires, trembles, bouleaux, lesquels ressemblent à des cerisiers. Et des cèdres fort gros. Aussi forces noix et noisettes, et il a été trouvé prunes rouges de manière de ces prunes que nous appelons coubrejau[26]. Aussi, il y a force poix de la nature de la terre et force groseilles et fraises[27].*

Dans cette énumération de différentes espèces rencontrées par Jean Alfonse, ce dernier mentionne le cèdre, le cyprès et l'arbre de vie. Jacques Rousseau (1937) écrit que ces trois noms populaires seraient en fait le même taxon, soit le *Thuja occidentalis*. Nous pensons autrement[28]. Comme nous l'avons déjà mentionné, le cèdre blanc d'Amérique est une essence inconnue en Europe au moment où Jacques Cartier entreprend l'exploration du Canada. Cette espèce est d'ailleurs décrite dans *The Herbal* [...] (1633) sous le nom *The tree of life*[29]. Mais Jean Alfonse ajoute une caractéristique à l'arbre de vie : « ils ont gomme blanche comme neige »; cette particularité correspondrait mieux au sapin baumier (*Abies balsamea*) ou à l'épinette blanche (*Picea glauca*). En considérant le port de l'arbre, et le fait que le nom populaire *cyprès* s'adresse en Europe au genre *Cupressus*, il est fort possible que Jean Alfonse associe le cyprès au *Thuja occidentalis*, car il y a une certaine parenté entre les aiguilles des différentes espèces de *Cupressus* et le cèdre blanc d'Amérique, mais également avec certains *Juniperus*. Or, sur les rives rocheuses du Saint-Laurent, du moins à l'est de Québec et de Lévis, le genévrier commun (*Juniperus communis*) et le genévrier horizontal (*Juniperus horizontalis*) sont présents et, à certains endroits, communs. Le *cèdre*, nom populaire en Europe pour identifier les taxons du genre *Cedrus*, pourrait être accolé au mélèze laricin (*Larix laricina*), dont les très vieux spécimens peuvent avoir 40 cm de diamètre, ce qui est nettement moins que les vieux cèdres blancs d'Amérique (90 cm de diamètre). L'identification des conifères demeure ardue pour les botanistes intéressés par la description des plantes aux XVIe et XVIIe siècles.

Samuel de Champlain

Samuel de Champlain, en 1603, se joint à l'expédition commanditée par Aymar de Chaste et dirigée par Pierre Dugua, sieur des Mons, sur le fleuve Saint-Laurent, il se voit confier le mandat de « voir ce pays, et ce que les entrepreneurs y feraient[30] ». En 1608, Champlain revient dans la vallée du Saint-Laurent, comme lieutenant de Dugua des Mons, surtout pour préparer l'établissement d'une habitation à Québec; en 1609, il entreprend une remontée du fleuve qui l'amènera jusqu'au lac Champlain; en 1611, il se trouve dans l'île de Montréal, près du Grand Saut Saint-Louis, aujourd'hui connu sous le nom de *rapides de Lachine*.

Le 11 juin 1603, Champlain remonte la rivière Saguenay sur quelques lieues :

> *Toute la terre que j'ai vue, ce ne sont que des montagnes de rochers, la plupart couvertes de bois de sapins, cyprès et bouleaux, terre fort déplaisante, où je n'ai point trouvé une lieue de terre plane tant d'un côté que de l'autre. Il y a quelques montagnes de sable et des îles en ladite rivière, qui sont fort élevées. Enfin, ce sont de vrais déserts inhabitables d'animaux et d'oiseaux*[31].

Mercredi 18 juin 1603, un équipage, avec Champlain à bord, part de Tadoussac et navigue sur le fleuve vers la région de Montréal pour aller au saut Saint-Louis, c'est-à-dire aux rapides de Lachine :

> *Le dimanche, vingt-deuxième jour dudit mois, nous en partîmes* [une anse qui serait située du côté nord un peu plus loin que Baie-Saint-Paul] *pour aller à l'île d'Orléans, où il y a quantité d'îles à la bande sud, lesquelles sont basses et couvertes d'arbres, semblant fort agréable, contenant (selon ce que j'ai pu juger) les unes deux lieues, et une lieue et l'autre une demie.* […] *Et de là, nous vînmes longer l'île d'Orléans, du côté du Sud. Elle est à une lieue de la terre du nord, fort plaisante et unie, contenant huit lieues de long. Le côté de la terre du Sud est une terre basse, quelque deux lieues avant en terre*[32].

En 1608, Champlain apporte quelques précisions sur les mêmes lieux entre les îles de Montmagny et Québec :

> *De là, nous fûmes à l'île d'Orléans, où il y a deux lieues, en laquelle du côté du sud, il y a nombre d'îles, qui sont basses, couvertes d'arbres, et fort agréables, remplies de grandes prairies, et de force gibier, contenant à ce que j'ai pu juger, les unes deux lieues et les autres un peu plus ou moins. Autour de celles-ci, il y a force rochers et basses fort dangereuses à passer, qui sont éloignés de quelque deux lieues de la grande terre du Sud. Toute cette cote, tant du Nord que du Sud, depuis Tadoussac, où il n'y a que des pins, sapins et*

> *bouleaux, et des rochers très mauvais, où on ne saurait aller en la plupart des endroits* [33].

> *Or, nous longeâmes l'île d'Orléans, du côté du sud, distante de la grande terre d'une lieue et demie et du côté nord d'une demi-lieue, contenant de long six lieues et de large une lieue, ou une lieue et demie par endroits. Du côté du nord, elle est fort plaisante pour la quantité de bois et prairies qu'il y a, mais il est fort dangereux d'y passer, à cause de la quantité de pointes et de rochers qui sont entre la grande terre et l'île, où il y a quantité de beaux chênes, et des noyers en quelques endroits, et à l'embouchure des vignes et autres bois comme nous en avons en France. Ce lieu est le commencement de beau et bon pays de la grande rivière, où il y a depuis son entrée 120 lieues* [34].

Champlain indique que sur l'Isle-aux-Grues, les îles de Montmagny et sur la côte entre Cap-Tourmente et Beauport, se trouvent de grandes prairies. Mais il est impossible de dire si celles-ci se trouvent en bordure du fleuve ou un peu plus dans les terres, là où ces prairies ne peuvent être le résultat d'une érosion par les glaces. Il convient également de noter que dans la région du cap Tourmente, un groupe d'Iroquoiens du Saint-Laurent ont vécu et ont établi un village. Il note également la présence de chênes et de noyers.

> *Nous vînmes mouiller l'ancre à Québec, qui est un détroit de ladite rivière de Canada, une montagne assez haute, qui va en s'abaissant des deux côtés. Tout le reste est un pays uni et beau, où il y a de bonnes terres pleines d'arbres, comme des chênes, des cyprès, des bouleaux, des sapins et des trembles, et d'autres arbres fruitiers sauvages, et des vignes, ce qui fait que, selon mon opinion, si elles étaient cultivées, elles seraient bonnes comme les nôtres* [35].

> *Nous vîmes mouiller l'ancre jusqu'à Sainte-Croix, distante de Québec de 15 lieues. C'est une pointe basse, qui va en se haussant des deux côtés. Le pays est beau et uni, et les terres meilleures qu'en un autre lieu que j'eusse vu, avec quantité de bois, mais fort peu de sapins et de cyprès. Il s'y trouve en*

Champlain a probablement observé et goûté les racines-tubercules de cette plante grimpante, la patate en chapelet (*Apios americana*). (photo : Daniel Fortin)

> *quantité des vignes, poires, noisettes, cerises, groseilles rouges et vertes, et certaines petites racines de la grosseur d'une petite noix ressemblant au goût des truffes, qui sont très bonnes rôties et bouillies. Toute cette terre est noire, sans aucun rocher, sinon qu'il y a grande quantité d'ardoise. Elle est fort tendre, et si elle était bien cultivée, elle serait de bon rapport*[36].

Lorsque Champlain indique « certaines petites racines de la grosseur d'une petite noix ressemblant au goût des truffes, qui sont très bonnes rôties et bouillies », parlait-t-il du du topinambour (*Helianthus tuberosus*) ou de la patate en chapelet (*Apios americana*) ? Il est fort possible que l'une ou l'autre de ces plantes (ou même les deux) ait fait l'objet d'une domestication chez certains groupes iroquoiens. En 1608, il spécifiera dans ses écrits que l'on trouve des « noyers, des cerisiers, pruniers, vignes, framboises, fraises, groseilles vertes et rouges, et plusieurs autres petits fruits qui y sont assez bons ». Le seul prunier indigène dans la vallée du Saint-Laurent serait le prunier noir (*Prunus nigra*); les petits fruits, à la peau rouge, rouge orangé ou jaune, ont une chair jaune, juteuse, mais amère. C'est un petit arbre de milieu ouvert. Un autre prunier, le prunier d'Amérique (*Prunus americana*) porte également des petits fruits de 20 à 25 mm de diamètre, dont la pulpe (sur certaines lignées) est sucrée. Il passe pour avoir fait l'objet d'une introduction chez certains groupes autochtones assez loin de son aire de distribution; mais cela reste à prouver.

> *Plus nous allions en avant, et plus le pays est beau. Nous allâmes à quelque cinq lieues et demie mouiller l'ancre à la bande du nord. Le mercredi suivant, nous partîmes de ce dit lieu, qui est un pays plus plat que celui de devant, plein de grande quantité d'arbres, comme à Sainte-Croix*[37].

> *À son entrée* [de la rivière Batiscan], *il y a quelques îles. Elle va fort en avant dans la terre, est la plus creuse de toutes les autres, lesquelles sont fort plaisantes à voir, les terres étant pleines d'arbres qui ressemblent à des noyers et qui en ont la même odeur, mais je n'y ai point vu de fruit, ce qui me met en doute. Les Sauvages m'ont dit qu'il porte son fruit comme les nôtres*[38].

> [...] *côtoyant toujours la bande du nord tout près de la terre, qui est basse et pleine d'arbres tous bons, et en quantité, jusqu'aux Trois-Rivières*[39].

> *Le samedi suivant, nous partîmes des Trois-Rivières et vînmes mouiller l'ancre à un lac, où il y a quatre lieues. Tout ce pays, depuis les Trois-Rivières jusqu'à l'entrée dudit lac, est une terre à fleur d'eau et, du côté du sud, quelque peu plus haute. Ladite terre est très bonne et la plus plaisante que nous eussions encore vue. Les bois y sont assez clairs, ce qui fait que l'on pourrait les traverser aisément*[40].

Champlain et ses acolytes entrent dans le lac Saint-Pierre, le 29 juin 1603, et le lendemain, sa barque se trouve à la sortie des îles de Sorel qui semblent fort nombreuses à ses yeux :

> *Selon ce que j'ai pu voir, les unes sont de deux lieues, d'autres d'une lieue et demie, et quelques-unes moindres, lesquelles sont remplies de quantité de noyers, qui ne sont*

guère différents des nôtres, et je crois que les noix en sont bonnes en leur saison. J'en vis en quantité sous les arbres, qui étaient de deux façons, les unes petites et les autres longues comme d'un pouce, mais elles étaient pourries. Il y a aussi quantité de vignes sur le bord desdites îles, mais quand les eaux sont grandes, la plupart de celles-ci sont couvertes d'eau. Et ce pays est encore meilleur qu'aucun autre que j'eusse vu [41].

Dans sa relation de 1613, lorsqu'il discourt sur son voyage de 1609, son récit est le même :

L'ayant traversé, nous passâmes par un grand nombre d'îles, qui sont de plusieurs grandeurs, où il y a quantité de noyers et de vignes, et de belles prairies avec force gibier et animaux sauvages, qui vont de la grande terre aux dites îles. La pêcherie du poisson y est abondante qu'en aucun autre lieu de la rivière que nous eussions vu [42].

Dans cette région, on ne trouve naturellement qu'une espèce de noyer, le noyer cendré (*Juglans cinerea*) qui porte effectivement un fruit allongé, pointu, de 5 à 8 cm de longueur, dont l'amande est comestible et douce. L'autre « noyer » serait plutôt un caryer, sans qu'il soit possible d'identifier précisément l'espèce, puisque le caryer cordiforme (*Carya cordiformis*) et le caryer ovale ou caryer à noix douces (*Carya ovata*) se retrouvent tous les deux dans la région du lac Saint-Pierre.

Nous allâmes dans la rivière des Iroquois [la rivière Richelieu] *sur quelque cinq ou six lieues et nous ne pûmes passer plus outre avec notre barque, à cause du grand cours d'eau qui descend, et aussi parce que l'on ne peut aller par terre et tirer la barque, en raison de la quantité d'arbres qui sont sur le bord.* [...] *Toutes ces terres sont couvertes d'arbres et ce sont des terres basses comme celles que j'avais lieux. La terre ne cesse d'y être bonne, bien qu'elle soit quelque peu sablonneuse* [43].

En 1609, lorsqu'il remonte la rivière Richelieu, il observe :

> *Toute cette rivière, depuis son entrée jusqu'au premier saut, où il y a 15 lieues ci-dessus nommées, et des moins espèces. Il y a 9 ou 10 belles îles jusqu'au premier saut des Iroquois[44], lesquelles tiennent quelque une lieue, ou une lieue et demie, remplies de quantité de chênes et de noyers[45].*

Après avoir remonté les rapides de Chambly, il poursuit sa route vers le lac Champlain :

> *Le lendemain, nous entrâmes dans le lac, qui est de grande étendue, comme de 80 ou 100 lieues, où je vis quatre belles îles, contenant 10, 12 et 15 lieues de long, qui autrefois ont été habitées par les Sauvages, comme aussi la rivière des Iroquois, mais elles ont été abandonnées depuis qu'ils sont en guerre les uns contre les autres. Aussi y a-t-il plusieurs rivières, qui viennent tomber dedans le lac, environné de nombres de beaux arbres, de mêmes espèces que nous avons en France, avec force vignes plus belles qu'en aucun lieu que j'eusse vu, force châtaigniers, et je n'en avais encore point vus que dessus le bord de ce lac, où il y a grande abondance de poissons de plusieurs espèces[46].*

Champlain aurait rencontré des châtaigniers (*Castanea dentata*) lors de son exploration du lac Champlain. (photo : Daniel Fortin)

Ce n'est pas la première fois que Champlain mentionne la présence de châtaigniers (*Castanea dentata*). Dans ses écrits de 1603, pas très loin de l'embouchure de la rivière Richelieu, mais sur la côte nord du fleuve Saint-Laurent, il mentionne un fruit qui ressemble à celui du châtaignier (voir la prochaine citation), quoiqu'il semble moins sûr de son identification.

Par contre, autour du lac Champlain, il n'en doute point. D'ailleurs, il nomme et représente le fruit dans une section de l'encadré de sa carte de 1612. À la suite de l'introduction de la brûlure du châtaignier (*Cryphonectria parasitica*), ce taxon est pratiquement disparu de l'Amérique du Nord. Il est difficile, sinon impossible, de spécifier si sa présence autour du lac Champlain est due à une aire de répartition naturelle ou à une introduction délibérée d'origine anthropique, pour l'intérêt de ses fruits.

Il poursuit ainsi ses observations sur le paysage de la rive nord entre l'embouchure de la rivière Richelieu et la région de Lanoraie :

> *Partant de la rivière des Iroquois, nous allâmes mouiller l'ancre à trois lieues de là, à la bande du nord. Tout ce pays est une terre basse, remplie de toutes les sortes d'arbres que j'ai évoquées ci-dessus.*

> *Le premier jour de juillet, nous côtoyâmes la bande du Nord, où le bois y est fort clair, plus qu'en aucun lieu que nous eussions encore vu auparavant, et toute bonne terre pour cultiver. Je me mis dans un canot à la bande du sud, où je vis quantité d'îles, lesquelles sont fort fertiles en fruits, comme vignes, noix, noisette, et une manière de fruit qui semble à des châtaignes, cerises, chênes, trembles, peuplier, houblon, frêne, érable, hêtre, cyprès, fort peu de pins et de sapins. Il y a aussi d'autres arbres que je ne connais point, lesquels sont agréables. Il se trouve quantité de fraises, framboises, groseilles rouges, vertes et bleues avec force de petits fruits qui y croissent parmi grande quantité d'herbages*[47].

> *Le mercredi suivant* [2 juillet 1603], *nous partîmes de ce lieu et fîmes quelque cinq ou six lieues. Nous vîmes quantité d'îles* [îles en face de Saint-Sulpice], *la terre y est fort*

*basse, et elles sont couvertes de bois, ainsi que celles de la
rivière des Iroquois. Le jour suivant, nous fîmes quelques
lieues et passâmes aussi par quantité d'autres îles [îles de
Boucherville] qui sont très bonnes et plaisantes, en raison
de la quantité des prairies qu'il y a, tant du côté de la terre
ferme que des autres îles, et tous les bois y sont fort petits, au
regard de ceux que nous avions passés*[48].

Un peu plus tard, il aborde l'île de Montréal, d'où les Iroquoiens du
Saint-Laurent observés par Cartier ont disparu, et marche vers le
Grand Sault Saint-Louis (les rapides de Lachine) :

*Nous allâmes par terre dans les bois, pour en voir la fin, où
il y a une lieue et où l'on ne voit plus de rochers, ni de sauts,
mais l'eau y va si vite qu'il est impossible de faire plus, et
ce courant contient quelques trois ou quatre lieues, de façon
que c'est en vain de s'imaginer que l'on puisse faire passer
des bateaux par lesdits sauts.*

*[...] Tout ce peu de pays du côté dudit saut que nous
traversâmes par terre, est bois fort clair, où l'on peut aller
aisément avec armes, sans beaucoup de peines ; l'air y est plus
doux et tempéré, et de meilleures terres qu'en lieu que j'eusse
vu, où il y a quantité de bois et fruits, comme tous les autres
lieux ci-dessus par les 45 degrés et quelques minutes*[49].

En 1611, lorsque Champlain revient dans la région du « Grand
Sault » (les rapides de Lachine) pour y rencontrer les Autochtones afin
de procéder à la traite des fourrures et de marquer également l'alliance
des Français avec les Autochtones, il décrit aussi le paysage :

*Après avoir visité d'un côté et de l'autre, tant dans les bois
que le long du rivage, pour trouver un lieu propre pour la
situation d'une habitation et y préparer une place pour y
bâtir, je fis quelque huit lieues par terre, côtoyant le Grand
Saut par des bois qui sont assez clairs, et j'allai jusqu'à un
lac*[50], *où notre Sauvage me mena, où je considérai fort
particulièrement le pays. Mais en tout ce que je vis, je ne
trouvai point de lieu plus propre qu'un petit endroit qui est
jusqu'où les barques et chaloupes peuvent monter aisément,*

néanmoins avec un grand vent ou à la crique, à cause du grand courant d'eau, car plus haut que ledit lieu (que nous avons nommé la place Royale) / à une lieue du mont Royal, il y a quantité de petits rochers et de basses, qui sont fort dangereuses. Et proche de ladite place Royale, il y a une petite rivière[51] qui va assez avant dedans les terres tout le long de laquelle il a plus de 60 arpents de terre désertés qui sont comme des prairies, où l'on pourrait semer des grains et y faire des jardinages. Autrefois, des Sauvages y ont labouré, mais ils les ont quittés pour les guerres ordinaires qu'ils y avaient. Il y a aussi une grande quantité d'autres belles prairies, pour nourrir tel nombre de bétail que l'on voudra, et de toutes les sortes de bois que nous avons en nos forêts de par deçà, avec quantité de vignes, noyers, prunes, cerises, fraises, et autres sortes qui sont très bons à manger, entre autres une qui est fort excellente, qui a le goût sucré, tirant à celui des plantains (qui est un fruit des Indes), et qui est aussi blanche que neige, et la feuille ressemblant aux orties, et qui rampe le long des arbres et de la terre, comme le lierre. La pêche du poisson y est fort abondante, et de toutes les espèces que nous avons en France, et de beaucoup d'autres que nous n'avons point, qui sont très bons, comme aussi la chasse des oiseaux, aussi de différentes espèces, et celle des cerfs, daims, chevreuils, caribous, lapins, loups-cerviers, ours, castors, et autres petites bêtes qui y sont en telle quantité que durant que nous fûmes audit saut, nous n'en manquâmes aucunement[52].

La « place Royale » est à l'embouchure de la rivière Saint-Pierre, là où Maisonneuve installera le premier fort et la première habitation dans l'île de Montréal. Sur ce site, Champlain prépare un établissement temporaire en attendant les Autochtones pour la traite de la fourrure.

Or, en attendant les Sauvages, je fis faire deux jardins, l'un dans les prairies et l'autre au bois, que je fis déserter, et le deuxième jour de juin, j'y semai quelques graines qui sortirent toutes en perfection et en peu de temps, ce qui démontre la bonté de la terre.

Il note sur l'emplacement même une zone de prairie de 60 arpents « de terres désertées qui sont comme des prairies », mais surtout ils observent qu'il « y a aussi une grande quantité d'autres belles prairies ». Il est toutefois impossible de préciser si ces prairies sont en bordure du fleuve (celles-ci se maintiennent par l'effet abrasif des glaces au printemps, empêchant les jeunes arbres d'y croître) ou si elles sont disséminées dans sur le territoire adjacent à l'implantation du campement. Encore une fois, il mentionne la présence de certaines essences arborées « de toutes les sortes de bois que nous avons en nos forêts de par deçà, avec quantité de vignes, noyers, prunes, cerises, fraises ». Spécifions que les vignes, les pruniers et les cerisiers sont des plantes de milieux ouverts et non de forêts denses à la canopée fermée.

> *Le septième jour* [juin], *j'allai reconnaître une petite rivière par où vont quelquefois les Sauvages à la guerre, qui va se rendre au saut de la rivière des Iroquois* [53]. *Elle est fort plaisante, y ayant plus de trois lieues de circuit de prairies et force terres qui se peuvent labouré. Elle est à une lieue du Grand Saut et à une lieue et demie de la place Royale* [54].

Cette rivière est la rivière Saint-Lambert que l'on voie sur la carte de la région du *Grand Sault Saint-Louis*, sur la rive sud en face de l'île des Sœurs. Il signale que le long de celle-ci il y de grandes prairies et des terres faciles à labourer. Cette observation, 75 ans après celle de Cartier au sommet du mont Royal, souligne que la rive sud du Saint-Laurent, à la hauteur de la région de Montréal, n'est pas uniquement constituée de forêts. Champlain produira également un plan du « Grand Sault Saint-Louis [55] » qui mérite une analyse et une caractérisation avec ses zones de forêts claires et denses, tant dans la section observée d'une partie de l'île de Montréal à proximité du mont Royal que sur la rive sud en face de l'île Sainte-Hélène (nous y reviendrons un peu plus loin).

Pierre Boucher

Nous pouvons également puiser dans les écrits de Pierre Boucher et dans son *Histoire véritable et naturelle* […] publiée en 1664 pour nous renseigner sur les essences arborées et le faciès du paysage de la grande région de Montréal :

> *Mont-Royal, qui est la dernière de nos habitations françaises est plus avancée dans les terres. Elle est située dans une belle grande île nommée île de Mont-Royal. Les terres y sont fort bonnes. [...] C'est un pays plat; une forêt où les arbres sont gros et hauts extraordinairement : ce qui montre la bonté de la terre. [Les forêts] y sont claires et point embarrassées de petit bois. Ce serait un pays tout propre à courir le cerf dont il y a abondance, s'il y avait en ce pays des habitants qui eussent des chevaux pour cela, [...] la plupart de ces arbres sont des chênes[56].*

> *Il se trouve de deux sortes de chênes; l'un est plus poreux que l'autre. Le poreux est propre pour faire des meubles, et autres travaux de menuiserie et de charpente. L'autre est propre à faire des vaisseaux / pour aller sur l'eau. Ces arbres viennent hauts, gros et droits, surtout vers Mont-Royal[57].*

> *Il y a des noyers de deux sortes, qui apportent des noix : les uns les apportent grosses et dures, mais le bois de l'arbre est fort tendre et l'on ne s'en sert point, sinon à faire des sabots, à quoi il est fort propre. De celui-là, il y en a vers Québec et les Trois-Rivières en quantité, mais peu en montant / plus haut; l'autre sorte de noyers apporte des petites noix rondes, qui ont l'écale tendre comme celles de France, mais le bois de l'arbre est fort dur et rouge en dedans. On commence d'en trouver au Mont-Royal, et il y en a en quantité dans le pays des Iroquois. Les Sauvages même s'en servent des noix à faire de l'huile, laquelle est excellente[58].*

> *Au lac Saint-François, qui est à environ quatorze ou quinze lieues au-dessus du Mont-Royal, il se trouve de belles chênaies qui soit dans le monde, tant pour la beauté des arbres, que pour sa grandeur; elle a plus de vingt lieues de long, et l'on ne sait pas combien elle en a de larges[59].*

Lorsque Boucher indique qu'il y a « une forêt où les arbres sont gros et hauts extraordinairement [...] [Les forêts] y sont claires et point embarrassées de petit bois. Ce serait un pays tout propre à courir le cerf dont il y a abondance, s'il y avait en ce pays des habitants qui eussent des chevaux pour cela », il ne peut que faire référence à une forêt-parc dont le sous-bois est absent. Bien que ce récit ait été publié quelques années après la fondation de Montréal par Maisonneuve, il est probable que ce faciès des forêts soit un reliquat de la présence autochtone et non de celle des premiers colons. La plupart des arbres de ces forêts claires sont des chênes (*Quercus*), ce qui renforce l'observation de Cartier qui, en 1535, relatait la présence d'un tapis de glands lors de son trajet vers Hochelaga. Boucher distingue deux espèces (bien que dans cette aire géographique, on puisse trouver quatre taxons), dont l'une qu'il qualifie de « propre à faire des vaisseaux », remarque qui pourrait indiquer la présence du chêne blanc (*Quercus alba*), dont les glands sont particulièrement recherchés comme aliment.

Pour le noyer « à noix dures et grosses », il s'agit certainement du noyer cendré (*Juglans cinerea*), dont le bois est tendre et léger, d'un grain grossier et d'un brun rougeâtre [60]. Il est fort possible que les Iroquoiens du Saint-Laurent aient sélectionné cette essence pour la récolte des amandes douces et oléagineuses. Le genre *Carya* n'a été séparé de celui des *Juglans* que vers la fin du XIXe siècle. Nous pensons que Boucher, dans sa description d'un noyer « à petites noix rondes », réfère plutôt à un caryer et, probablement, au caryer à noix douces (*Carya ovata*) que l'on nommait autrefois noyer tendre ou noyer blanc d'Amérique. Son amande était récoltée par de nombreux groupes d'Autochtones pour la consommation, elle donnait une huile comestible. Mais l'auteur peut également faire référence au caryer cordiforme (*Carya cordiformis*) ou caryer à noix amères, dont l'amande très amère doit subir un traitement avant sa consommation. Notons que de nombreux caryers à noix douces et des chênes rouges très âgés forment encore aujourd'hui un pourcentage très significatif de la magnifique forêt de la pointe du Buisson à Melocheville (Beauharnois), site reconnu pour une présence autochtone pendant des millénaires. Le bois de ces caryers présente une teinte rougeâtre et est réputé pour sa grande résistance.

Enfin, lorsque Boucher parle des vastes chênaies qui sont sur la rive (nord ou sud, cela n'est pas précisé dans son texte) du lac Saint-François (qui furent probablement exploitées dès la Nouvelle-France pour la construction navale et l'industrie de la tonnellerie), il se trouvait sur des territoires fréquentés et habités par des groupes d'Iroquoiens du Saint-Laurent, et ce, peu importe la situation géographique, nord ou sud.

C'est le comte de Frontenac (Louis de Buade), dans une lettre datée du 13 novembre 1673, qui nous renseigne sur l'abondance des chênes, leur localisation, ainsi que l'espèce :

> *Tous les bords de la rivière, tant du côté du nord que de celui du sud, depuis l'entrée du lac Saint-François, c'est-à-dire à douze lieues de Montréal, jusqu'au fort, à la réserve de huit ou dix lieues depuis le dessus des rapides jusqu'à Otondrata où se fait la pêche de l'anguille, sont admirables bons; ce ne sont que futaies toutes de chênes blancs et clairs comme en France, en sorte qu'on y courrait le cerf*[61].

Au-delà de la vallée laurentienne

En 1613, Champlain part de Québec pour solliciter ses alliés autochtones, les Kinouchipirinis et les Kichesipirinis, des Algonquins, pour qu'ils l'aident à se rendre à « mer du nord » (la baie d'Hudson). Il remonte la rivière des Outaouais jusqu'à l'île aux Allumettes; il observe et commente le paysage :

> *Il y a une île au milieu de ladite rivière* [Green Island dans la rivière Rideau], *qui est, comme tout le terroir d'alentour, remplie de pins et de cèdres blancs*[62].

> *Il est rempli d'une infinité d'îles couvertes de pins et de cèdres* [...][63].

> *Les terres des environs dudit lac* [le lac des Chats] *sont sablonneuses et couvertes de pins, qui ont été presque tous brûlés par les Sauvages. Il y a quelques îles, dans l'une desquelles nous nous reposâmes et vîmes plusieurs beaux cyprès rouges, les premiers que j'eusse vus en ce pays*[64].

Le cyprès rouge mentionné par Champlain est le genévrier de Virginie (*Juniperus virginiana*), un conifère que l'on rencontre dans la vallée de la rivière des Outaouais sur les crêtes rocheuses et dans les sols sablonneux secs. Son aire naturelle de répartition englobe le lac

Champlain, tout le sud du lac Ontario et une partie du nord-est de celui-ci, ainsi qu'une longue bande de terre reliant la région de Belleville-Trenton, jusqu'à la baie Georgienne, au nord du lac Simcoe. Or, ce territoire était également habité et/ou fréquenté par des groupes d'Iroquoiens et d'Algonquiens. Son bois très odorant est réputé pour éloigner les insectes. Ce pourrait-il que la présence de ce taxon ait été favorisée par des Autochtones? Le père Louis Nicolas, dans *Histoire naturelle* […] observe dans sa description du cèdre rouge et blanc (*Juniperus virginiana*) :

> *Sur les plus hautes montagnes de la Virginie* [probablement quelques sommets des Appalaches de l'État de New York], *j'ai vu encore quelques cèdres rouges et blancs. Les Virginiens font quelques ouvrages curieux de cette sorte de cèdre, qui a d'ailleurs toutes les autres qualités du cèdre simplement blanc*[65].

Champlain, en 1613, en parlant des Algonquins de la nation des Kinouchepirinis installés près de Cobden (Ontario) :

> *Ils me montrèrent leurs jardinages et leurs champs, où il y avait du maïs. Leur terroir est sablonneux, et à cause de cela, ils s'adonnent plus à la chasse qu'au labeur, au contraire des Hurons. Quand ils veulent rendre un terroir labourable, ils brûlent les arbres, et cela fort aisément, car ce ne sont que des pins chargés de résine*[66]. *Le bois brûlé, ils remuent un peu la terre et plantent leur maïs grain par grain, comme ceux de la Floride*[67].

> *De là, nous passâmes dans une île* [l'île Morrison], *où leurs cabanes sont assez mal couvertes d'écorces d'arbres, qui est remplie de chênes, de pins et d'ormeaux, et n'est sujette aux inondations des eaux, comme sont les autres îles du lac*[68].

> *Après avoir considéré la pauvreté de cette terre, je leur demandai comment ils s'amusaient à cultiver un si mauvais pays, vu qu'il y en avait de bien meilleurs qu'ils laissaient déserts et abandonnés, comme le saut Saint-Louis. Ils me répondirent qu'ils en étaient contraints pour se mettre en*

> *sûreté et que l'âpreté des lieux leur servait de rempart contre leurs ennemis* [...][69].

Cela expliquerait probablement pourquoi la région de l'île de Montréal n'abrite plus de communautés autochtones de façon permanente. Lorsque Maisonneuve et ses compagnons s'installent sur ce territoire, ils subiront d'incessantes attaques de la part des Iroquoiens. Les observations de Champlain indiquent également que certaines communautés algonquiennes, considérées comme nomades et vivant principalement de la chasse et de la cueillette, « défrichent », labourent et cultivent le sol pour y faire croître des cultigènes dans des terres qui sont à la limite des degrés-jours nécessaires pour faire mûrir des épis de blé d'Inde. Une des hypothèses de l'archéologue Claude Chapdelaine est que les Autochtones des zones plus nordiques font croître le maïs pour récolter les très jeunes épis pour les consommer entiers et bouillis, c'est-à-dire non comme céréale, mais comme légume.

Champlain revient en Nouvelle-France en 1615. Depuis plusieurs années, il avait promis à ses alliés autochtones de guerroyer avec eux contre les Iroquois de la ligue des Cinq Nations. Cette promesse maintes fois repoussée est sur le point d'être réalisée. Le 9 juillet 1615, Champlain part pour la Huronie. Il n'ose pas prendre le plus court chemin (par peur des Iroquoiens), en remontant le fleuve Saint-Laurent jusqu'au lac Ontario, puis en empruntant un tributaire jusqu'au territoire de ses alliés; il remonte la rivière des Outaouais jusqu'à Mattawa, après un portage il traverse le lac Nipissing, et redescend par une rivière qui se jette dans la baie Georgienne (le lac Huron).

Il commente le paysage et surtout l'abondance, de petits fruits :

> *Il est vrai qu'il semble que Dieu a voulu donner à ces terres affreuses et désertes quelque chose en sa saison, pour servir de rafraîchissement à l'homme et aux habitants de ces lieux. Car je vous assure qu'il se trouve, le long des rivières, si grande quantité de bleuets, qui est un petit fruit fort bon à manger, et force framboises, et autres petits fruits, et en telle quantité, que c'est merveille; desquels fruits, ces peuples qui y habitent en font sécher pour leur hiver, comme nous faisons des pruneaux en France, pour le carême*[70].

L'abondance des bleuets (*Vaccinium myrtilloides* et/ou *Vaccinium angustifolium*) et des framboisiers (*Rubus idaeus* et autres espèces du genre *Rubus*) signale des milieux ouverts. Ceux-ci peuvent être des habitats naturellement déboisés par des feux naturels causés par la foudre, ou ils peuvent être des milieux ouverts intentionnellement par des actions humaines après des brûlis provoqués. Il est impossible de trancher sur cette question. Par contre, pour les chasseurs-cueilleurs, ces petits fruits étaient importants dans leur alimentation.

> [En parlant des Népissingues] *Ce sont des gens qui ne cultivent la terre que fort peu. [...] Cesdits peuples étaient bien nombre de sept à huit cents âmes, qui se tiennent ordinairement sur le lac, où il y a un grand nombre d'îles fort plaisantes, et entre autres une qui a plus de six lieues de long, où il y a 3 ou 4 beaux étangs et nombre de belles prairies, avec de très beaux bois qui l'environnent, où il y a abondance de gibiers, qui se retirent dans cesdits petits étangs, où les Sauvages prennent du poisson. Le côté du septentrion dudit lac est fort agréable : il y a de belles prairies pour la nourriture du bétail et plusieurs petites rivières qui se déchargent dans ce lac* [le lac Nipissing] [71].

La mention de « belles prairies » dans cette grande île de plusieurs kilomètres de longueur pourrait être confondue par Champlain avec la présence de tourbières. Mais, à moins que notre observateur n'ait vu que de loin ces espaces dégagés, le sol spongieux d'une tourbière ne peut supporter le poids du bétail. Deux autres explications sont possibles, ces « belles prairies » sont des mosaïques déboisées soit à la suite de feux naturels dans des territoires forestiers, soit en raison de feux anthropiques, comme les populations Cree en créaient autrefois dans le nord de l'Alberta pour augmenter la productivité du biotope.

> [En parlant du paysage autour du lac Attigouantans, c'est-à-dire le lac Huron] *Tout ce pays est encore plus désagréable que le précédent, ce je n'y ai point vu, le long de celui-ci, dix arpents de terre labourable, sinon des rochers, et un pays un peu montagneux. Il est bien vrai que, près du lac des Attigouantans* [lac Huron], *nous trouvâmes des blés d'Inde, mais en petite quantité, où nos Sauvages allèrent prendre*

des citrouilles qui nous semblèrent bonnes, car nos vivres commençaient à nous faillir, par le mauvais ménage desdits Sauvages, qui mangèrent si bien au commencement que, sur la fin, il en restait fort peu, encore que nous ne fissions qu'un repas par jour. Il est vrai comme je dis ci-dessus, que les bleuets et framboises ne nous manquèrent en aucune façon, car autrement nous eussions été en danger d'avoir de la nécessité[72].

Cette description souligne encore une fois l'abondance de ces petits fruits.

Champlain et son groupe longent la baie Georgienne et arrivent au bord de la baie Methodist dans la Huronie, où l'explorateur compare les deux territoires qu'il a observés :

Le pays qui borne ce lac en partie est âpre du côté du nord, et en partie plat, et inhabité de Sauvages, quelque peu couvert de bois et de chênes. Puis après, nous traversâmes une baie qui fait une des extrémités du lac, et nous fîmes quelque sept lieues, jusqu'à ce que nous arrivassions en la contrée des Attigouautans, à un village appelé Otouacha, ce qui fut le premier jour d'août, où nous trouvâmes un grand changement de pays, celui-ci étant fort beau, et la plus grande partie défrichée, accompagné de force collines et de plusieurs ruisseaux, qui rendent ce terroir agréable. J'allai visiter leurs blés d'Inde, qui étaient pour lors fort avancés pour la saison. Ces lieux me semblèrent très plaisants, au regard d'une si mauvaise contrée d'où nous venions de sortir[73].

Je visitai cinq des principaux villages [Champlain a visité les principaux villages des Attigneenongnahacs, des Tahontaenrats et des Arendarhonons, trois nations huronnes], *fermés de palissades de bois, jusqu'à Cahiagué, le principal village du pays, où il y a deux cents cabanes assez grandes, où tous les gens de guerre devaient se rassembler[74].*

Tout ce pays, où j'allai par terre, contient quelque 20 à 30 lieues et est très beau, sous la hauteur de quarante-quatre degrés et demi de latitude, pays fort déboisé, où ils sèment grande quantité de blés d'Inde, qui y vient très beau, comme aussi des citrouilles, de l'herbe au soleil, dont ils font de l'huile de la graine; de laquelle huile, ils se frottent la tête. Le pays est fort traversé de ruisseaux qui se déchargent dedans le lac [lac Huron]. *Il y a force vignes et prunes, qui sont très bonnes, framboises, fraises, petites pommes sauvages, noix et une manière de fruit qui est de la forme et de la couleur de petits citrons, et ils en ont un peu le goût, mais le dedans est très bon et presque semblable à celui des figues. C'est une plante qui les porte, laquelle a la hauteur de deux pieds et demi. Chacune plante n'a que trois à quatre feuilles pour le plus, et de la forme de celle du figuier, et n'apporte que deux pommes à chaque pied. Il y en a quantité en plusieurs endroits, et en est le fruit est très bon et de bon goût. Les chênes, ormeaux et hêtre y sont en quantité, y ayant dedans ce pays force sapinières, ce qui est la retraite ordinaire des perdrix et des lapins* [des lièvres]. *Il y a aussi quantité de cerises petites et amères, et les mêmes espèces de bois que nous avons en nos forêts de France sont en ce pays-là. À la vérité, ce terroir me semble un peu sablonneux, mais il ne laisse pas d'être bon pour cent espèces de froment*[75].

Là où les Hurons-Wendats ont concentré leurs villages et leurs champs, Champlain indique que le pays est « fort déboisé » et que les champs en culture accueillent du maïs (*Zea mays*) et des tournesols (*Helianthus annuus*). Dans ce territoire, il note la présence de vignes, probablement, la vigne des rivages (*Vitis riparia*), de prunes, probablement le prunier noir (*Prunus nigra*), de pommes sauvages, à moins que notre observateur confonde ces fruits avec ceux d'une aubépine (*Crataegus* spp.), le seul pommier sauvage étant le pommier odorant (*Malus coronaria*), dont l'aire de répartition serait beaucoup plus au sud (la péninsule du Niagara). Cet arbre fruitier pourrait peut-être avoir été l'objet d'une « domestication » par les Hurons-Wendats. Malheureusement, la notation « noix » est trop vague pour qu'on puisse se permettre d'identifier les taxons présents. Par contre, la plante qui porte « une manière de fruit qui est de la forme et de la couleur de petits citrons » est le podophylle pelté (*Podophyllum peltatum*). Ce taxon est considéré

Le podpphylle pelté (*Podophyllum peltatum*) porte sous ses feuilles des fruits qui sont « de la forme et de la couleur de petits citrons », selon Champlain. (photo : Daniel Fortin)

comme une plante indicatrice de la présence autochtone. Cette espèce aurait été récoltée aux alentours de la colline du Calvaire à Oka et sur le mont Royal. Malheureusement, si sa présence semble être effectivement d'origine autochtone à Oka, celle sur le mont Royal est plus difficile à valider. Elle peut effectivement découler de l'introduction dans ce lieu par des Iroquoiens du Saint-Laurent y vivant au XVIe siècle, ou être un reliquat de la collection de plantes indigènes canadiennes installée, au milieu du XIXe siècle, par le juge McCord autour de sa résidence, sur les flancs du mont Royal[76]. Ce fait expliquerait la présence de quelques spécimens de noyers noirs (*Juglans nigra*) à et endroit, présence attribuée par un ethnologue[77] à des introductions autochtones. Cette question aurait certainement pu être élucidée si l'âge des spécimens observés avait pu être estimé.

Il est intéressant de recouper les observations de Champlain avec celles d'un engagé des Jésuites, François Gendron, médecin et chirurgien, qui a séjourné en Huronie entre 1643 et 1650. En 1644-1645, il écrit une série de lettres, dont Jean-Baptiste de Rocoles a pris connaissance. Ce dernier les réunit dans un ouvrage, édité en 1660, intitulé *Quelques particularitez du pays des Hurons en la Nouvelle-France, Remarquées par le Sieur Gendron, Docteur en Médecine, qui a demeuré dans ce Pays-là fort longtemps* :

> *Le pays des Hurons est un des plus beaux et agréables que j'ai vu depuis que la curiosité m'a porté à voyager dans ces terres étrangères : car l'on n'y voit point ces faces hideuses de rochers, et montagnes stériles, comme il se voit presque dans toutes les autres contrées canadiennes. Il y a de belles et grandes plaines cultivées et ensemencées de blé d'Inde, dont les épis font presque une coudée de long, de gros pois et fèves, de citrouilles, plates de figures d'étoile de diverses couleurs, de tournesol, dont les habitants tirent une huile fort douce et excellente, pour assaisonner leurs mets, n'ayant l'usage du beurre, l'on y voit aussi des montagnes et de petites collines couvertes d'arbres fruitiers de toutes sortes, fort agréables au goût et à la vue, de grands cèdres, pins, sapins, épinettes, chênes, hêtres, érables, châtaigniers, noyers et autres inconnues en Europe*[78].

Bien qu'il parle de la Huronie en général, sans spécifier un territoire en particulier, François Gendron, qui a passé sept ans dans cette contrée, souligne la présence de « grandes plaines » ainsi que de collines et de montagnes couvertes « d'arbres fruitiers de toutes sortes, fort agréables au goût », sans toutefois détailler les essences qu'il rencontre. Il y recense également des châtaigniers (*Castanea dentata*), dont l'aire de répartition atteint l'ancien territoire de la Huronie, sans savoir exactement si leur implantation est naturelle ou induite par une action humaine, qu'elle soit autochtone ou non.

> *Les prairies y sont à perte de vue, où l'on peut reconnaître les diverses pistes de castors qui sont en partie la richesse de ces peuples*[79].

Gendron semble définir les « prairies » comme des zones déboisées et humides et les « plaines », comme des zones déboisées et sèches. Bien qu'il parle des différentes essences forestières, il ne mentionne pas de vastes zones densément boisées, ni de forêts ouvertes.

Vers la mi-septembre 1615, un large groupe d'Autochtones et Champlain quittent la Huronie vers le territoire des Iroquoiens. Champlain relate dans ses écrits de 1619 :

> [...] *continuant le cours de ladite rivière* [la rivière Trent] [...] *étant certain que tout ce pays est fort beau et plaisant. Le long du rivage, il semble que les arbres aient été plantés par plaisir, en la plupart des endroits. Tous ces pays ont été habités, au temps passé, de Sauvages, qui depuis ont été contraints de l'abandonner pour la crainte de leurs enne-mis*[80]. *Les vignes et les noyers y sont en grande quantité. Les raisins viennent à maturité, mais il reste toujours une aigreur fort âcre, que l'on sent à la gorge en le mangeant en quantité, ce qui provient du défaut d'être cultivés. Ce qui est déboisé en ces lieux est assez agréable*[81].

Encore une fois, une grande quantité de noyers est observée, sans que l'on sache s'il s'agit de noyers cordiformes, de noyers noirs ou d'une espèce de caryer. Il est cependant peu probable que le noyer noir et/ou le caryer lacinié (*Carya laciniosa*), aux noix comestibles, aient été naturellement présents dans ce territoire qui est plus au nord que leur aire de répartition. La notation « Le long du rivage, il semble que les arbres aient été plantés par plaisir, en la plupart des endroits » ne pourrait-elle pas laisser croire que le milieu, loin de présenter une zone en régénération forestière avec un grand nombre de jeunes arbres et arbustes, offre encore une fois un faciès de forêt-parc ?

Lorsque les Autochtones (Hurons-Wendats et Algonquiens) et Champlain traversent le lac Ontario, au début d'octobre 1615, pour se rendre guerroyer sur le territoire des Iroquoiens de la ligue des Cinq Nations, ils arrivent dans la baie Henderson située dans l'État américain de New York. Champlain écrit :

> *Nous fîmes par terre quatre lieues sur une plage de sable, où je remarquai un pays fort agréable et beau, traversé de plusieurs petits ruisseaux et de deux petites rivières qui se déchargent au susdit lac, et force étangs et prairies, où il y avait un nombre infini de gibiers, et force vignes, et beaux bois, grand nombre de châtaigniers, dont le fruit était*

encore en leur écorce. Les châtaignes sont petites, mais d'un bon goût. Le pays est rempli de forêts, sans être déboisé, sur la plus grande partie du territoire[82].

Les villages de ces nations sont tous situés à l'intérieur des terres et non sur la rive du lac Ontario. Ce territoire, Champlain ne le fréquente qu'en catimini, sur quelques jours seulement, donc ni dans son entièreté ni dans ses parties les plus ouvertes (pour ne pas se faire voir par l'ennemi). Malgré tout, il note que le « pays est rempli de forêts, sans être déboisé, sur la plus grande partie du territoire ». Mais il signale que celui-ci est « un pays fort agréable et beau » où il y a « et force vignes, et beaux bois, grand nombre de châtaigniers, dont le fruit était encore en leur écorce ». Il ne parle pas de forêts denses et impénétrables, mais de beaux bois. Ne pourrions-nous pas supposer une forêt mature aux arbres espacés, surtout des châtaigniers (*Castanea dentata*) ?

En 1669, lors d'une expédition dans la région de la nation des Tsonnontouans [Sénécas], dont les villages étaient situés plus à l'ouest, les Sulpiciens de Galinée et Dollier de Casson observent le paysage :

> *La nation des Sonnontouans est la plus nombreuse de tous les Iroquois : elle est composée de 4 villages dont 2 renferment chacun 100 cabanes, et les deux autres environs 30 cabanes, et en tout peut-être 1 000 ou 1 200 hommes capables de porter les armes. Ces deux grands villages sont environ à 6 ou 7 lieues l'un de l'autre et tous deux à 6 ou 7 lieues du bord du lac*[83].

> *Le pays situé entre le lac et le grand village*[84], *le plus éloigné à l'est, vers lequel j'allais, est pour la plus grande partie magnifique, de larges prairies, sur lesquelles l'herbe est aussi haute que moi. Aux endroits où il y a des bois, ce sont des plaines de chênes, si ouvertes qu'on peut facilement les traverser à cheval. Ce pays découvert, nous a-t-on dit, continue vers l'est sur plus de cent lieues. Vers l'ouest et le sud, il s'étend si loin que sa limite est inconnue, en particulier vers le sud, où l'on trouve des prairies sans arbres de plus de cent lieues de longueur et où les Indiens qui y sont allés disent qu'on y cultive de très bons fruits et du maïs indien extrêmement fin*[85] [86].

Ce dernier extrait renforce la corrélation entre les forêts-parcs de chênes et les territoires occupés par des Iroquoiens; ce faciès de forêts-parcs était qualifié de « bois » par les Européens. Malheureusement, la seconde partie de ce paragraphe parlant de vastes « prairies sans arbres » n'est pas appuyée par des observations *de visu*. Malgré toute l'incertitude que les dires des Autochtones peuvent susciter chez les deux voyageurs, le territoire des Sénécas serait, comme celui des Hurons-Wendats, fortement *déforesté* et abondamment cultivé.

Nous pouvons recouper ces descriptions avec celles de la même région faites par un lieutenant du régiment de Bourbon, Louis-Armand de Lom d'Arce, mieux connu sous le patronyme de baron de Lahontan, ou tout simplement Lahontan. Ce dernier combattit les Tsonnontouans (Sénécas) au début de juillet 1687. Ces observations sont publiées en 1703 sous le titre *Nouveaux Voyages en Amérique septentrionale*.

> *Le jour suivant nous nous mîmes en marche pour aller au grand village des Tsonnontaouans, sans autre provision que dix galettes, que chacun était obliger de porter soi-même. Nous n'avion que sept lieues à faire dans un bois de grande futaie sur un terrain fort égal*[87].

> *Nous fûmes occupés durant cinq ou six jours à couper le blé d'Inde avec nos épés dans les champs De là nous passâmes aux deux petits villages de Thegaronbiés et Danoncaritaoui, éloignés de deux ou trois lieues du précédent. Nous y fîmes les mêmes exploits; ensuite nous regagnâmes le bord du lac. [...] Tout le pays que nous vîmes est les plus beau, le plu uni et le plus charmant qui soit au monde. Le bois que nous traversâmes étaient pleins de chênes, de noyers et de châtaigniers sauvages*[88].

Le texte et une illustration de Lahontan (voir la figure 4, à la page suivante) souligne effectivement la présence d'une grande futaie, l'abondance des arbres à noix, et indirectement, par le nombre de jours à détruire les champs de maïs, l'importance de ces derniers sur le territoire des Sénécas, comme le soulignaient Galinée et Dollier de Casson.

7. *Les données historiques suggérant la niche réalisée des Iroquoiens du Saint-Laurent*

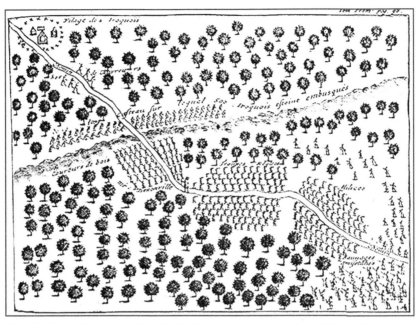

Figure 4 : illustration de Lahontan (tirée de *Nouveaux voyages en Amérique*, 1703, page 98.)

L'iconographie qui accompagne dans ce chapitre la scène de la bataille du début de juillet nous montre une forêt de type parc, dont les arbres matures sont espacés, ne formant nullement à proximité du village iroquoien une forêt complète dense. Des points de vue stratégique et défensif, cela permet de « voir venir » les ennemis potentiels, tout en maintenant près du village des essences utiles et probablement à fruits comestibles, comme semble l'indiquer les observations du baron de Lahontan.

De retour en Huronie, Champlain passe l'hiver 1615 avec les Hurons-Wendats et se permet de voyager à travers le territoire non seulement de la Huronie, mais également chez des nations alliées.

> *Mais auparavant, il est nécessaire de parler de la situation du pays et des contrées, tant pour ce qui regarde les nations que pour les distances de ceux-ci. Quant à l'étendue, tirant de l'Orient à l'Occident, elle contient près de quatre cent cinquante lieues de long, et quelque quatre-vingts ou cent lieues par endroits de largeur du Midi au Septentrion,*

sous la hauteur de quarante et un degrés de latitude, jusqu'à quarante-huit et quarante-neuf degrés. Cette terre est presque une île, que la grande rivière du Saint-Laurent entoure, passant par plusieurs lacs de grande étendue, sur le rivage desquels habitent plusieurs nations, parlant divers langages, qui ont leur demeure arrêtées, tous amateurs du labourage de la terre, lesquels néanmoins ont diverses façons de vivres et de mœurs, et les uns meilleurs que les autres[89].

[...] Le pays est fort plaisant en son printemps[90]. *Il est chargé de grandes et hautes forêts qui sont remplies de pareilles espèces que ceux que nous avons en France. Bien est-il vrai qu'en plusieurs endroits il y a quantité de pays déboisés, où ils sèment des blés d'Inde, aussi que ce pays est abondant en prairies, palus et marécages qui servent pour la nourriture desdits animaux*[91].

Pour ce qui est du midi de ladite rivière [le Saint-Laurent], *il est fort peuplé, et beaucoup plus que du côté du nord, et de diverses nations en guerre les unes contre les autres. Le pays y est fort agréable, beaucoup plus que du côté du septentrion, et l'air plus tempéré, y ayant plusieurs espèces d'arbres et de fruits qu'il n'y a pas au nord dudit fleuve*[92].

En parlant du premier village de la Huronie, lorsqu'il débarque dans la baie Georgienne :

La contrée de la nation des Attigouautans [...]. *Ce pays est beau et plaisant, en grande partie déboisé, ayant la forme et la même situation que la Bretagne, étant presque environné et entouré par la mer Douce, et ils prétendent que ces 18 villages sont peuplés de deux mille hommes de guerre, sans y comprendre le commun, ce qui peut faire en nombre 30 000 âmes*[93][94].

Nous avons cherché dans les observations des premiers explorateurs des descriptions du paysage de la vallée laurentienne et des territoires occupés et habités par d'autres groupes iroquoiens apparentés à notre population de référence. Les références de Cartier, Champlain, Sagard et Boucher (ainsi que des autres personnages cités) doivent être mises en parallèle avec le faciès des forêts françaises du XVIe siècle et du début du XVIIe siècle. À ces époques, la forêt du territoire actuel de la France a déjà beaucoup reculé après son exploitation. On aurait pu s'attendre à ce que nos observateurs aient fortement insisté sur la superficie et la densité des environnements boisés de la vallée laurentienne. Cela ne semble pas exactement le cas. Bien que certains notent le potentiel d'exploitation du bois présent sur ce territoire, Champlain, qui a maintes fois parcouru cette vallée et le sud de l'Ontario, rapporte plus souvent, dans ses écrits, les parcelles ouvertes, qu'elles soient partiellement déboisées ou dégagées. Cela pourrait indiquer que celles-ci étaient effectivement importantes et généralisées ou, dans sa volonté d'occuper le territoire et d'inciter des colons à s'établir sur des terres, qu'il fallait faire la promotion des paysages ouverts pour les attirer.

La caractérisation des paysages à partir des écrits : un bilan

Les trois auteurs les plus souvent cités dans les paragraphes précédents font-ils œuvre de propagande dans la description du paysage qu'ils observent ? Faut-il y souscrire d'une façon absolue ? C'est-à-dire, peut-on accorder à ces textes une valeur de vérité ? Il est difficile de répondre à ces questions d'une façon certaine. Malgré le fait que Cartier, Champlain et Boucher aient une intention derrière leurs discours, celle de s'approprier et d'exploiter un territoire au bénéfice de la Couronne française, nous croyons qu'il est possible de trouver dans leurs textes une valeur de connaissance qui pourrait expliquer la transformation du paysage par la construction de la niche des Iroquoiens du Saint-Laurent. Dans les extraits des *Relations* […] de Cartier, celui-ci mentionne la présence de « terres unies » et « des plus beaux arbres du monde ». Il note, dans l'île de Montréal, du moins à proximité du sentier qui mène à Hochelaga, la présence « de belle terre et meilleure plaine » et de « chênes aussi beaux qu'il y en ait en forêt de France », ainsi que l'abondance sur le sol de glands de chêne. En 1603, Champlain souligne le faciès du milieu sur la rive nord à proximité de l'île de Montréal en ces termes : « le bois y est fort clair ». Cette remarque, qui ne doit pas être généralisée à l'ensemble de la vallée du Saint-Laurent, est également reprise lorsqu'il chemine sur le territoire entre la base du mont Royal et le « Grand Sault Saint-Louis » : « Tout ce peu de pays du côté dudit saut que nous traversâmes par terre, est bois fort clair, où l'on peut aller aisément avec armes, sans beaucoup de peines », elle est illustrée par son plan de cette portion de « pays » en 1611.

Pour sa part, Boucher est plus explicite; il mentionne que vers le milieu du XVIIe siècle, la région entourant l'île de Montréal et/ou l'île elle-même « est un pays plat; une forêt où les arbres sont gros et hauts extraordinairement : ce qui montre la bonté de la terre. [Les forêts] y sont claires et point embarrassées de petit bois; [...] « la plupart de ces arbres sont des chênes ».

Faut-il voir dans la caractérisation du paysage par les termes « bois fort clair » la présence d'une forêt-parc qui semble également un faciès présent sur les côtes de la Nouvelle-Angleterre, du moins près de la rivière Chouacouët, comme la description de Champlain, lors de son voyage en 1605, le laisse croire : « Les forêts dans les terres sont fort claires, mais pourtant remplies de chênes, hêtres, frênes et ormes[95] », ou celle de William Wood, sur la côte du Massachusetts, dans l'extrait qui suit ?

> *Alors qu'il est généralement admis que les forêts sont si épaisses qu'il n'y a pas plus de terrain dégagé que par le travail de l'homme, il en va tout autrement, dans beaucoup d'endroits, plusieurs acres sont dégagés afin de pouvoir chasser dans la plupart des endroits du pays s'il s'aventure sans risquer de se perdre[96].*

En parlant de la région adjacente aux rapides de Lachine, Boucher (1664) détaille la composition arborée de cette forêt. Outre la présence des essences mentionnées et discutées précédemment, il prend la peine d'ajouter à la toute fin de son ouvrage : « Au lac Saint-François [...] il se trouve de belles chênaies qui soit dans le monde, [...] [cette chênaie] a plus de vingt lieues de long, et l'on ne sait pas combien elle en a de large[97]. » S'il le fait dans un souci d'inciter à l'exploitation de cette forêt, son observation nous incite à nous interroger sur la présence de ces vastes chênaies. D'ailleurs, le comte de Frontenac est un peu plus explicite dans sa lettre envoyée au ministre Colbert lorsqu'il signale que « tous les bords de la rivière [le fleuve Saint-Laurent], tant du côté du nord que de celui du sud, depuis l'entrée du lac Saint-François, [...] sont admirablement bons; ce ne sont que futaies toutes de chênes blancs et clairs comme en France [...][98] ». Nous seulement les chênes blancs y sont en abondance, mais le faciès de cette forêt est une forêt-parc.

La présence de cette concentration de chênes correspond à la proximité de plusieurs établissements d'Iroquoiens du Saint-Laurent, tant les groupes de Saint-Anicet sur la rive sud que le groupe Summerstown sur la rive nord, comme nous l'avons antérieurement souligné.

Nous pourrions objecter, avec raison, que les preuves avancées par les descriptions des premiers observateurs européens restent sujettes à interprétation. Les tenants du paradigme de la construction de niche par les Iroquoiens, notamment ceux des populations de la vallée laurentienne, pourraient y voir une certaine validation de leur hypothèse. Nous voudrions par la présente faire ressortir à travers certains plans et des cartes dessinés par Champlain la caractérisation des paysages qu'il a observés.

Des cartes et des plans dessinés par Champlain : quels enseignements ?

Samuel de Champlain s'est beaucoup intéressé au territoire, comme géographe du roi Henri IV d'abord, puis comme cartographe jusqu'à sa mort, en 1635. Heidenreich et Dahl signalent que « quand Champlain arrive au Canada, il possède les connaissances nécessaires à l'étude de sites précis tels que les ports potentiels et les sites de construction[99] ». En 1604, lors de son séjour en Acadie et de ses voyages d'exploration le long du littoral atlantique, il réalise le levé de treize sites de ports potentiels à partir de LaHave, en Nouvelle-Écosse, jusqu'à Nantucket Sound, au sud sur la côte de la Nouvelle-Angleterre. Il dresse des cartes de ces ports, ainsi que trois « plans illustrés » des lieux de résidence de la colonie naissante (Île Sainte-Croix et l'habitation de Port-Royal). À son retour en France, il rédige un rapport qui comprend une carte de ce littoral atlantique, c'est probablement la carte manuscrite datée de 1607 qui se trouve aujourd'hui à la Library of Congress, à Washington, D.C.

Lors de ses séjours dans la vallée laurentienne, entre 1608 et 1611, il dessine trois cartes que nous commenterons, celle des environs de Tadoussac, celle des environs de Québec, et enfin, celle des environs du Grand Saut Saint-Louis. Bien que Champlain ait dessiné quelques autres cartes, nous utiliserons également celle intitulée *Carte de la Nouvelle-France, augmentée depuis la dernière, servant à la navigation faicte en son vray méridien, par le Sr de Champlain en 1632.*

Ces cartes ont été relativement peu sollicitées par les chercheurs pour caractériser et valider la construction de niches chez les Autochtones du nord-est de l'Amérique du Nord. Dans un premier temps, nous devons mentionner l'article de l'archéologue Brad Loewen qui tente d'appréhender l'empreinte culturelle autochtone sur la forêt montréalaise en ayant recours au concept de paysage culturel forestier développé par des auteurs anglais [100].

Pour distinguer et conceptualiser les processus naturels et culturels qui auraient façonné le paysage boisé, il importe pour ces auteurs et pour Loewen de prendre en compte l'observation immédiate et de tenter de retracer ce paysage à travers le temps. Outre des textes historiques, ce dernier propose l'utilisation de la carte du « Grand Sault St Louis » :

> *La perception du sud-est de l'île comme un paysage culturellement modifié est confirmée par un plan de couvert végétal : des prairies d'anciennes cultures abandonnées, des savanes ou des forêts de feuillus clairsemées et, enfin des forêts denses de bois francs [101].*

Le second emprunt qui nous est connu se trouve dans un article d'un archéologue américain [102], Stephen A. Mrozowski qui a fouillé un site, en fait, un champ autochtone, sous une dune sablonneuse d'une petite langue de terre à Cape Cod (Massachusetts) connue sous le nom de *Sandy's Point*. Lors de ces fouilles, les archéologues ont dégagé une série de trous de poteaux ancrés entre 20 et 28 cm de profondeur suggérant probablement les bases de deux *wetuomash*, ou wigwams, c'est-à-dire des abris temporaires. L'un d'entre eux était adjacent au champ et était associé à des artéfacts européens. La deuxième structure, représentée par un arc de poteaux, était située au-dessous des débris du champ. Mrozowski rapproche la relation spatiale de cette structure et

Figure 5 : détail de la carte du « Port St Louis » (tirée de Champlain, *Les Voyages*, 1613)

du champ, autrefois cultivé, à une gravure de Samuel de Champlain, *Port S{^t} Louis* (Plymouth Harbor), qui provient d'observations de ce géographe sur les côtes de la Nouvelle-Angleterre entre 1604 et 1606 (voir la figure 5). Bien que ce dernier tente une interprétation sur la signification de la présence d'une série de marques horizontales à proximité d'un wigwam et d'un champ de maïs en culture, il ne cherche pas à valider l'ensemble de la représentation cartographique de ce paysage ni la validité des différents éléments de cette gravure. Par contre, le chercheur conclut, au sujet de certains artéfacts, que :

le récit de Champlain du début du dix-septième siècle [de la région] de Nauset qui est accompagné des gravures sur bois susmentionnées reflètent si étroitement les preuves physiques récupérées à Sandy Point Site[103] [104].

Dans un chapitre consacré à l'analyse des cartes anciennes, le pédagogue Jocelyn Létourneau rapporte les interrogations de l'historien Yves Tessier concernant l'utilisation de celles-ci en affirmant que « le problème de la carte ancienne tourne autour de cette pierre d'achoppement que constitue la crédibilité du document [105] ». Dans le cas des différents plans et cartes produits par Samuel de Champlain, ceux-ci décrivent-ils une situation réelle ou sont-ils une projection de l'auteur ? En fait, pour les besoins de notre argumentaire, et compte tenu des fouilles de l'archéologue Mrozowski, nous avançons que celles-ci proposent une valeur de vérité égale à leur valeur de connaissance.

Nous croyons qu'il faut distinguer le choix des cartes de levé des ports, celles-ci traitant d'une infime partie du territoire observé par

Champlain lui-même, des deux grandes cartes qui sont une projection plus étendue du nord-est de l'Amérique du Nord. Par le fait même, les cartes des ports pourraient présenter une valeur de vérité plus grande que les autres cartes dessinées par Champlain. Peu importe le pseudodegré de vérité des cartes, celles-ci portent, selon nous, une valeur de connaissance propre à permettre une validation de notre hypothèse.

Heidenreich et Dahl ont cherché à savoir si les connaissances de Champlain avaient pu influencer l'exactitude de ses cartes. Par exemple, ils ont évalué la marge d'erreur des estimations des latitudes. Ces auteurs considèrent que les cartes de Champlain « sont les premiers spécimens relativement précis du littoral de l'Atlantique au nord du Cap Cod, soit quelque 4 300 kilomètres de territoire côtier [106] ». Au fil de ses expéditions, de ses emprunts aux cartes anglaises et à la lumière des informations transmises par les Autochtones et les coureurs des bois, il raffine ses cartes du territoire de la Nouvelle-France. Sur le plan topographique, ses cartes sont assez précises, du moins, celles des ports du nord-est de l'Atlantique et de la vallée laurentienne entre le lac Ontario et l'embouchure du Saint-Laurent. Mais que disent-elles sur le paysage ?

Chouacouët

Prenons d'abord la gravure de la rivière Chouacouët [107], un territoire que Champlain observera une première fois avec le sieur de Mons en 1605, puis une seconde fois avec le sieur de Poutrincourt, en septembre 1606, puis transcrivons les portions du texte concernant ce territoire, les observations sur l'agriculture, le paysage et la composition arborée de celui-ci, en 1605 :

> *Ces Sauvages se rasent le poil de dessus le crâne assez haut et portent le reste fort long, qu'ils peignent et tortillent par derrière en plusieurs façons fort proprement, avec des plumes qu'ils attachent sur leur tête. Ils se peignent le visage de noir et rouge comme les autres Sauvages que nous avons vus. Ce sont des gens dispos, bien formés de leur corps. Leurs armes sont piques, massues, arcs et flèches, au bout desquelles certains mettent la queue d'un poisson appelé signoc [108],*

7. Les données historiques suggérant la niche réalisée des Iroquoiens du Saint-Laurent

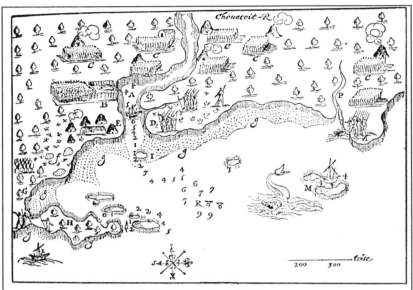

Figure 6 : carte « Chouacoit-R » (Champlain, *Les Voyages*, 1613, page 70.)

d'autres y accommodent des os, et d'autres en ont toutes de bois. Ils labourent et cultivent la terre, ce que nous n'avions encore vu. Au lieu de charrues, ils ont un instrument de bois fort dur, fait en la façon d'une bêche. Cette rivière s'appelle des habitants du pays Chouacouët[109][110].

Le lendemain, le sieur de Mons alla à terre pour voir leur labourage sur le bord de la rivière, et moi avec lui, et nous vîmes leurs blés, qui sont blés d'Inde, qu'ils font en jardinages, semant trois ou quatre grains en un lieu. Après, ils assemblent tout autour, avec des écailles du susdit signoc, quantité de terre. Puis, à trois pieds de là, ils en sèment encore autant, et ainsi consécutivement. Parmi ce blé, à chaque touffe, ils plantent 3 ou 4 fèves du Brésil qui viennent en diverses couleurs. Étant grandes, elles s'entrelacent autour dudit blé qui lève de la hauteur de 5 à 6 pieds et tiennent le champ for net de mauvaises herbes. Nous y vîmes force citrouilles, courges et pétun, qu'ils cultivent aussi. / Le blé d'Inde que nous y vîmes pour lors était de deux pieds de haut. Il y en avait aussi de trois. Pour les fèves, elles commençaient à entrer en fleur, comme faisaient les courges et citrouilles. Ils sèment le blé en mai et les recueillent en septembre.

Nous y vîmes grande quantité de noix, qui sont petites et ont plusieurs quartiers. Il n'y en avait point encore aux arbres, mais nous en trouvâmes assez dessous qui étaient de l'année précédente. Nous vîmes aussi force vignes, auxquelles il y avait de forts beaux grains, dont nous fîmes de très bon verjus, ce que nous n'avions point encore vu qu'en l'île de Bacchus, distante de cette rivière de près de deux lieues. Leur demeure arrêtée, le labourage et les beaux arbres nous firent juger que l'air y est plus tempéré et meilleur que celui où nous hivernâmes et que ceux des autres lieux de la côte […][111].

[Près de Chouacouët] *Les forêts dans les terres sont fort claires, mais pourtant remplies de chênes, hêtres, frênes et ormes. Dans les lieux aquatiques, il y a quantité de saules. Les Sauvages se tiennent toujours en ce lieu et ont une grande cabane entourée de palissades faites d'assez gros arbres rangés les uns contre les autres, où ils se retirent lorsque leurs ennemis leur viennent faire la guerre. Ils couvrent leurs cabanes d'écorces de chêne. Ce lieu est for plaisant et aussi agréable que lieu que l'on puisse voir. La rivière est fort abondante en poissons, environnée de prairies*[112].

Bien que de nombreux champs de maïs soient dessinés sur ce plan de la rivière Chouacouët, cette abondance n'est pas mentionnée dans le texte de Champlain. L'échelle de ce plan ne permet évidemment pas de proposer une illustration des techniques utilisées dans ces champs. Nous reconnaissons les plants de maïs, mais pas les citrouilles, les fèves et le tabac (pétun). Par contre, l'échelle permet de caractériser le paysage, mais pas les taxons mentionnés par le texte. Champlain spécifie « les forêts dans les terres sont fort claires » et illustre cette observation en dessinant une forêt-parc où les arbres solitaires sont espacés. Il ne mentionne pas la présence sur ce territoire de portions densément boisées, ce qui se traduit par l'absence à peu près totale, sauf sur une infime partie du territoire, d'un quadrat d'arbres très rapprochés. Bien qu'il ne parle pas de prairies dans la description du territoire, nous croyons qu'il illustre ce milieu par un symbole représentant un champ en friche.

Figure 7 : détail de la carte « Chouacoit-R »

Figure 8 : détail de la carte « Chouacoit-R »

Figure 9 : détail de la carte « Chouacoit-R »

Champlain montre les champs en culture (C) et des habitations, ou du moins des structures, dont une semble entourée d'une palissade de troncs d'arbres (B). Alors qu'à proximité des champs, des cabanes sont visibles, elles pourraient être des habitations temporaires, ou encore des structures permettant le séchage des épis de maïs et du tabac. Chaque structure semble correspondre à un champ individuel ou familial.

La forêt claire est représentée par des arbres solitaires très espacés dans le territoire.

La légende de cette carte nous indique que H correspond à une « grande pointe de terre toute défrichée, hormis quelques arbres fruitiers et vignes sauvages ». Bien que non mentionné, le quadrat d'arbres en haut à gauche

Figure 10 : détail de la carte « Chouacoit-R »

correspondrait à une parcelle densément boisée.

Selon la légende de Champlain, ce lieu comprendrait des habitations temporaires. En bordure gauche du site du village, le symbole utilisé pourrait caractériser un champ en friche ou une prairie.

Les taxons énumérés (« Les forêts dans les terres sont fort claires, mais pourtant remplies de chênes, hêtres, frênes et ormes. Dans les lieux aquatiques, il y a quantité de saules ») ne sont pas caractérisés, ni identifiables sur cette carte, ni d'ailleurs sur aucune des autres cartes.

Le Beau Port

Le deuxième plan que nous présenterons dans la caractérisation du paysage observé par Champlain sur la côte de la Nouvelle-Angleterre

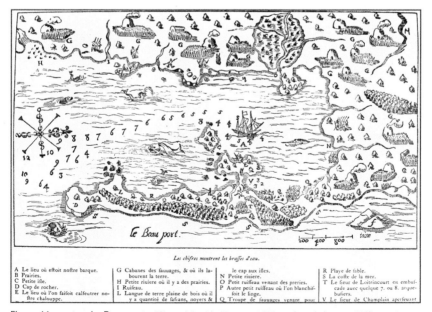

Figure 11 : carte « Le Beau port » (Champlain, *Les Voyages*, 1613, en face de la page 118)

est celui intitulé *Le Beau port* (Gloucester, Massachusetts). Dans ses écrits, le géographe souligne qu'en 1606, il a visité les lieux :

> [...] *Le sieur de Poutrincourt y mit pied-à-terre avec huit ou dix de nos compagnons. Nous vîmes de fort beaux raisins qui étaient à maturité, des pois du Brésil, des courges, des citrouilles, et des racines qui sont bonnes, tirant sur le goût de cardes, que les Sauvages cultivent. Ils nous en firent quelques présents en échange d'autres petites bagatelles qu'on leur donna. Ils avaient déjà fait leur moisson. Nous vîmes 200 Sauvages en ce lieu, qui est assez agréable, et il y a quantité de noyers, cyprès, sassafras, chênes, frênes et hêtres, qui sont très beaux*[113].

> *Il y aussi de belles prairies pour y nourrir nombre de bétail. Ce port est très beau et bon où il y a de l'eau assez pour les vaisseaux, et où on se peut mettre à l'abri derrière des îles. Il est par la hauteur de 43 degrés de latitude, et nous l'avons nommé Beauport*[114] [115].

Figure 12 : détail de la carte « Le Beau port »

La légende indique une prairie qui semble correspondre à une prairie humide plutôt qu'à une prairie sèche.

Figure 13 : détail de la carte « Le Beau port »

Cette péninsule en bordure de la côte de la mer (S) est occupée par une forêt plutôt dense (« pleine de bois, où il y a quantité de safrans, de noyers & vignes ». La caractérisation d'une forêt dense s'exprime par une densification des arbres.

Dans la légende de son plan, l'appellation « safrans » est intrigante, car ce mot désigne généralement soit les étamines du *Crocus sativa* ou celles d'une espèce de *Carthamus*, deux taxons non présents en Amérique du Nord. Dans le texte de ses *Voyages* […], il écrit : « et il y a quantité de noyers, cyprès, sassafras, chênes, frênes et hêtres, qui sont très beaux »; serait-ce une erreur de transcription de son éditeur qui aurait inscrit « safrans » au lieu de « sassafras » [116] ?

La carte manuscrite de Champlain de 1607

Champlain ne signale que très rarement dans ses écrits la présence de forêts denses, mais il y a une observation très claire à ce sujet lorsqu'il décrit le territoire adjacent à l'île Sainte-Croix où Poutrincourt décide d'établir la colonie en 1605 :

> *Tout le pays est rempli de forêts très épaisses, ainsi que j'ai dit ci-dessus, hormis une pointe qui est à une lieue et demie de la rivière, où il y a quelques chênes, qui y sont fort clairs et quantité de lambruches, que l'on pourrait déserter aisément et mettre en labourage, néanmoins maigres et sablonneuses [117].*

La carte qu'il dessine en 1607 (qui est de fait la seule carte manuscrite connue de la main de Champlain, figure 14) pour illustrer les récits de ses voyages reprend cette alternance entre les territoires du nord-est de la côte atlantique partiellement boisés et ceux densément boisés. Est-ce l'expression de la réalité observée par le géographe ou une convention « d'écriture » pour éviter le travail fastidieux de couvrir la carte de « forêts denses » ? Il nous semble évident que Champlain, qui n'a manifestement pas beaucoup exploré l'intérieur des terres des territoires qu'il cartographie (voir la carte ci-dessus), fait une projection. La valeur de vérité de cet artéfact ne permet pas de considérer le résultat comme présentant la réalité de l'ensemble du territoire illustré. Par contre, elle possède intrinsèquement une valeur de connaissance intéressante, car elle projette et anticipe à partir de certaines portions des contrées observées et dessinées (les différentes cartes de levé des ports)

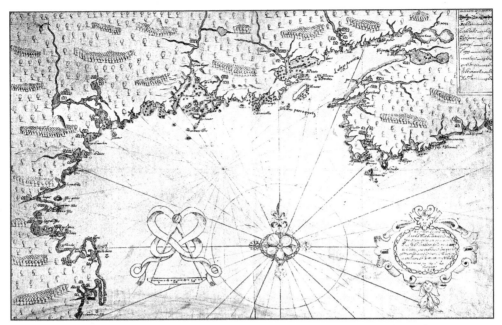

Figure 14 : carte « Descriptions des costs, ports. rades, illes de la nouvelle France faict selon son vray méridien... », Champlain, 1607 (Library of Congress, Washington DC.)

un territoire beaucoup moins densément boisé, offrant à la fois, par la présence de nombreuses essences arborées utiles, le maintien et la reproduction des populations autochtones nomades et/ou sédentaires et permettant une augmentation de charge des biotopes, tant animale que végétale, qu'ils occupaient comme nous l'avons signaler dans notre introduction.

Ce qui est intéressant pour notre validation des plans de Champlain, c'est que le territoire est caractérisé par la présence sur la carte manuscrite du géographe des mêmes symboles que nous retrouvons également dans les cartes de levé des ports publiées dans les différentes éditions des *Voyages* [...] du sieur de Champlain, les graveurs n'ayant pas altéré les symboles de la caractérisation des éléments du paysage. Donc, nous pouvons conclure que les gravures des plans sont conformes à la projection du géographe.

Plans de Tadoussac, de la région de Québec et de l'emplacement du Grand Saut St Louis dans l'île de Montréal

Tadoussac

Champlain a très souvent fréquenté le havre de Tadoussac, car c'était son port d'entrée en Nouvelle-France, mais ses écrits sur cette région sont relativement succincts :

> Ledit port de Tadoussac est petit, où il ne pourrait entrer que dix ou douze vaisseaux, mais il y a de l'eau assez à l'est, à l'abri de ladite rivière de Saguenay, le long d'une petite montagne qui est presque coupée de la mer. Le reste, ce sont des montagnes fort élevées, où il y a peu de terre, sinon des rochers et des sables remplis de bois de pins, cyprès, sapins, bouleaux, et quelques sortes d'arbres de peu de valeur[118]. Il y a un petit étang proche dudit port, renfermé de montagnes couvertes de bois. À l'entrée dudit port, il y a deux pointes : l'une, du côté de l'ouest, contenant une lieue en mer, qui s'appelle la pointe de Saint-Mathieu[119].

Donc, en 1603, de l'autre côté du Saguenay, un campement estival compte de nombreux Autochtones. Ce secteur correspond aux territoires de Baie-Sainte-Catherine et de Saint-Firmin en bordure du fleuve, mais ceux-ci ne sont pas couverts par le plan de Champlain.

> Ils étaient au nombre de mille personnes, tant hommes que femmes et enfants. Ce lieu de la pointe de Saint-Matthieu, où ils étaient premièrement cabanés, est assez plaisant. Ils étaient au bas d'un petit coteau plein d'arbres, de sapins et de cyprès. À ladite pointe, il y a une place unie, qui se découvre de fort loin. Et au-dessus dudit coteau est une terre unie, contenant une lieue de long, une demie de large, couvertes d'arbres. La terre est fort sablonneuse, là où il y a de bons pâturages. Tout le reste, ce ne sont que des montagnes de rochers fort mauvais[120].

7. Les données historiques suggérant la niche réalisée des Iroquoiens du Saint-Laurent

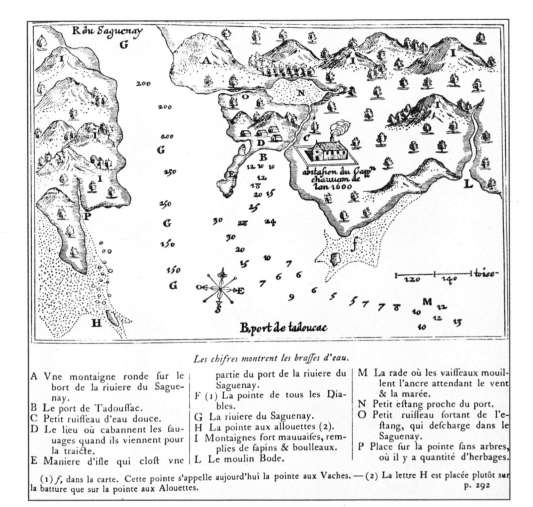

Figure 15 : carte « Bport de Tadoussac » (Champlain, *Les Voyages*, 1613)

Nous déduisons de ces écrits, ainsi que de la caractérisation d'une portion du plan de Tadoussac, que la partie où les Autochtones s'installent pour sociabiliser et commercer, entre eux et/ou avec les Européens, est un l'emplacement « dégagé », c'est-à-dire non constitué de forêts denses. Plusieurs explications pourraient être avancées pour comprendre la présence d'un milieu plus ouvert. Premièrement, le dégagement du terrain permet plus facilement d'installer des abris temporaires et de les regrouper. Deuxièmement, un emplacement dégagé permet d'observer plus aisément l'environnement pour voir venir ses ennemis ou ses amis (incluant les Européens) et, réciproquement, pour se faire voir. Troisièmement, le chauffage des abris et la cuisson impliquent la fourniture d'un combustible, en l'occurrence du bois, que l'on obtient aux alentours des campements. Quatrièmement, la présence de brûlis sur une portion de ce territoire favorise le développement de petits fruits, principalement les bleuets (*Vaccinium*). Enfin, le fait que dans cette région du Québec les feux, qu'ils soient d'origine naturelle ou anthropique, sont plus susceptibles d'être incontrôlables, en raison de la composition plus coniférienne des forêts aurait pu inciter les Autochtones à dégager un périmètre autour des campements pour éviter que des feux incontrôlés ne les détruisent. Nous savons que les Autochtones qui fréquentent ces lieux sont principalement des Innus qui sont des chasseurs-cueilleurs nomades. Ceux-ci se dispersaient sur le territoire de chasse et de pêche en automne et revenaient s'installer à la fin du printemps en bordure du fleuve, pour la pêche au saumon ou pour la chasse aux mammifères marins, de même pour la socialisation du groupe à l'embouchure de quelques grandes rivières. En raison de la traite des fourrures avec les Européens, l'attrait des produits manufacturés contre des fourrures augmentait l'intérêt d'une sédentarisation saisonnière vers les lieux de traite, comme l'embouchure du Saguenay. Leur empreinte sur le paysage de l'endroit (Tadoussac) a dû être aussi importante, mais probablement moins étendue, qu'un groupe sédentaire pratiquant l'agriculture. Considérant le nombre d'Autochtones observés par Champlain, il est indiscutable que ceux-ci aient eu un impact sur le paysage et cela se traduit dans les écrits et dans le plan du géographe.

La région de Québec

Ce plan de la grande région de Québec englobe les territoires de la pointe de Lévis, de celle de l'île d'Orléans (Sainte-Pétronille) et la région à l'est de la ville de Québec, c'est-à-dire Beauport (voir figure 15 ci-dessous). La série de petites collines, à droite sur le plan, est la falaise rocheuse de la côte de Beauport qui se prolonge jusqu'au cap Tourmente en parallèle avec la ligne du fleuve, laissant entre cette bande élevée (le plateau laurentien) et les rives du Saint-Laurent des terres basses et planes qui seront rapidement mises en culture par les premiers colons français.

Malheureusement, Champlain ne décrit pas la région. De sa main, nous n'avons que ce plan pour tenter de comprendre le paysage.

Nous constatons que la plus grande portion de ce territoire n'est pas constituée de forêts denses. Celles-ci ne forment pas, selon la caractérisation de ce plan, une zone continue, du moins sur les rives du fleuve Saint-Laurent. Bien que Champlain ait longtemps vécu dans cette région, il ne parle pas de l'intérieur du territoire. Il serait étonnant qu'à quelques lieues de l'emplacement de l'Habitation, il n'y ait pas eu de forêts peu ou moins perturbées par les actions humaines, dont le faciès correspondrait à une forêt dense. Nous savons par les données historiques et archéologiques que des Iroquoiens du Saint-Laurent occupaient les rives du Saint-Laurent et qu'ils formaient une « province » que l'on a appelée *Stadaconé*, du nom du principal village sédentaire de la région. Cette région a donc été fréquentée pendant plusieurs décennies avant que la population présente lors des visites de Cartier, en 1536 et en 1540, ne disparaisse. Lorsque Champlain installe son habitation en 1608, il semble bien que les Iroquoiens du Saint-Laurent aient été remplacés par des Algonquins. Notre géographe indique clairement sur son plan que les rives du fleuve, nord et sud, sont occupées par des

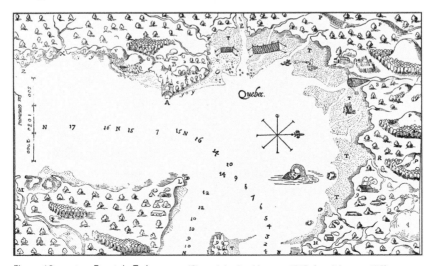

Figure 16 : carte « Bport de Tadoussac » (Champlain, *Les Voyages*, 1613, face à la page 172)

campements d'Autochtones. Les rives du fleuve sont caractérisées par des milieux ouverts ou des forêts claires qui correspondraient à l'empreinte de la niche réalisée par les Iroquoiens du Saint-Laurent avant leur disparition, vers 1580, dans cette partie de la vallée laurentienne.

Si Champlain ne décrit pas la région de Québec, le père Georges Le Baillif, un récollet venu en Nouvelle-France pour constater la progression de l'ordre dans ses entreprises et ses rapports avec la compagnie des Caën, des huguenots, décrit succinctement le paysage des environs dans un argumentaire[121]. À la fois un pamphlet contre les propriétaires et un réquisitoire pour le développement de ce territoire auprès du roi de France, son texte, rédigé à la fin de 1621 ou au début de 1622, mérite d'être rapporté :

> […] *Premier établissement de la Foi, une terre nommée par le commun Canada, mais mieux la Nouvelle France, en un lieu appelé Québec, bâti par la diligence de l'industrie singulière du Sieur de Champlain, fort avant dans le fleuve Saint-Laurent, où ayant séjourné, ils ont appris les richesses de ce quartier et spécialement de ce Fleuve accompagné des plusieurs belles et fertiles îles, peuplé d'une telle abondance de toutes sortes de poissons, qu'elle ne peut se décrire, bordé de côteaux [sic] pleins d'arbres fruitiers comme noyers, châtaigniers, pruniers, cerisiers et vignes à greffer, avec quantité de prairies qui ornent et embellissent les vallons, le reste de la terre garnie et peuplée de toutes sortes de chasse, et plus qu'il n'y en a en France, et avec plus grand profit en ce que non seulement ils dans la Nouvelle-France ne manquent de gibier et bêtes fauves ordinaires en ce pays, mais ont de plus des élans ou orignaux, castors, renards noirs et autres animaux, dont la pelleterie donne accès et espérance au bien futur d'un très grand commerce davantage la bonté de cette terre a été de plus en plus reconnue par les voyages que les suppléants y ont faits, qui leur ont porté connaissance de plus de trois cents mille âmes de différents du labourage, et faciles d'attirer à la connaissance de Dieu […]*[122].

Dans ce paragraphe, le récollet ne parle pas de vastes et impénétrables forêts, mais de « plusieurs belles et fertiles îles », en faisant probablement référence à l'île aux Coudres, aux îles de Montmagny et, surtout, à l'île d'Orléans : « bordé de côteaux [*sic*] pleins d'arbres fruitiers comme noyers, châtaigniers, pruniers, cerisiers et vignes à greffer, avec quantité de prairies qui ornent et embellissent les vallons ». Sous les noms de « noyers, châtaigniers », il est difficile d'identifier avec précision s'il parle des genres *Juglans* et *Castanea*. Les noyers en question sont probablement des noyers cendrés (*Juglans cinerea*), un arbre qui pousse dans la région de Québec et, de façon plus improbable, du noyer noir (*Juglans nigra*), dont l'aire de répartition est nettement plus au sud, dans l'Ontario actuel. Le châtaignier (*Castanea dentata*), dont le feuillage, le port et les fruits ressemblent à l'espèce européenne (*Castanea sativa*) et qui a été observé dans la région du lac Champlain à proximité de territoires iroquoiens, serait plus vraisemblablement dans la région de Québec un caryer (*Carya cordiformis* ou, plus improbable, le *Carya ovata*). Connus sous le nom de marrons, les graines des châtaigniers sont différentes et nettement plus grosses que celles des caryers. Si des châtaigniers poussaient effectivement dans la région de Québec, d'autres observateurs l'auraient signalé. Les « pruniers » sont probablement des pruniers noirs (*Prunus nigra*) et seraient des reliquats d'une introduction par les Autochtones, alors que les « cerisiers » désigneraient indistinctement les trois espèces indigènes : le cerisier de Virginie (*Prunus viginiana*), le cerisier de Pennsylvanie (*Prunus pensylvanica*) et le cerisier tardif (*Prunus serotina*), dont les fruits sont comestibles. La présence de « vignes à greffer », certainement la vigne des rivages (*Vitis riparia*), est maintes fois rapportée par les observateurs. Cela dénote son abondance dans les paysages de la vallée laurentienne. Outre le fait que les fruits soient comestibles, se pourrait-il que les tiges sarmenteuses et flexibles de cette plante ligneuse aient joué un rôle important dans l'assemblage de pièges et de structures ? Et que sa présence et son abondance aient été favorisées ?

L'observation la plus précieuse, en regard de l'iconographie de Champlain de 1603, demeure : « avec quantité de prairies qui ornent et embellissent les vallons ». Celle-ci indique assez clairement que le paysage autour de l'établissement de Québec n'est aucunement un territoire entièrement occupé par des forêts. Selon les dires du père

Le Baillif, celui-ci serait parsemé de prairies. Ne peut-on pas déduire que nous avons affaire à une mosaïque, du moins à proximité du fleuve Saint-Laurent, comme semble le montrer l'illustration de la région?

La région du Grand Saut St Louis de l'île de Montréal

Nous allons maintenant aborder l'iconographie du Grand Saut St Louis. De tous les plans que Champlain a réalisés dans la vallée laurentienne, c'est probablement celui qui est le mieux développé dans ses écrits, bien que ceux-ci soient également très brefs (voir les citations aux pages 164 et 165). La notation la plus significative reste cette observation de 1603 :

> [...] Tout ce peu de pays du côté dudit saut que nous traversâmes par terre, est bois fort clair, où l'on peut aller aisément avec armes, sans beaucoup de peines; l'air y est plus doux et tempéré, et de meilleures terres qu'en lieu que j'eusse vu, où il y a quantité de bois et fruits, comme tous les autres lieux ci-dessus par les 45 degrés et quelques minutes [123].

Encore une fois, Champlain note que le « bois fort clair, où l'on peut aller aisément avec armes, sans beaucoup de peines » semble une référence directe à l'expression utilisée par le navigateur Verrazano qui écrivait dans son rapport sur l'intérieur des terres dans la région de la baie de Narragansett (Nouvelle-Angleterre) : « Nous entrâmes ensuite dans les forêts : les traverser serait aisé aux plus importantes armées [124]. »

La caractérisation du plan de Champlain montre que des forêts nettement plus denses entourent le mont Royal, une partie du territoire en face des rapides de Lachine et quelques parcelles sur la rive sud en face de l'île Sainte-Hélène. Comme nous l'avons déjà mentionné, c'est Pierre Boucher qui donne la meilleure description de ces lieux :

> les terres y sont fort bonnes. [...] C'est un pays plat; une forêt où les arbres sont gros et hauts extraordinairement : ce qui montre la bonté de la terre. [Les forêts] y sont claires et point embarrassées de petit bois [125].

7. *Les données historiques suggérant la niche réalisée des Iroquoiens du Saint-Laurent*

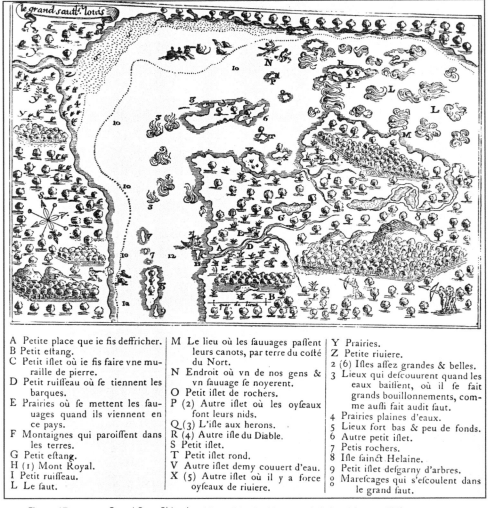

A Petite place que ie fis deffricher.	M Le lieu où les sauuages paſſent leurs canots, par terre du coſté du Nort.	Y Prairies.
B Petit eſtang.		Z Petite riuiere.
C Petit iſlet où ie fis faire vne muraille de pierre.	N Endroit où vn de nos gens & vn ſauuage ſe noyerent.	2 (6) Iſles aſſez grandes & belles.
D Petit ruiſſeau où ſe tiennent les barques.	O Petit iſlet de rochers.	3 Lieux qui deſcouurent quand les eaux baiſſent, où il ſe fait grands bouillonnemens, comme auſſi fait audit ſaut.
E Prairies où ſe mettent les ſauuages quand ils viennent en ce pays.	P (2) Autre iſlet où les oyſeaux font leurs nids.	
	Q (3) L'iſle aux herons.	4 Prairies plaines d'eaux.
F Montaignes qui paroiſſent dans les terres.	R (4) Autre iſle du Diable.	5 Lieux fort bas & peu de fonds.
	S Petit iſlet.	6 Autre petit iſlet.
G Petit eſtang.	T Petit iſlet rond.	7 Petis rochers.
H (1) Mont Royal.	V Autre iſlet demy couuert d'eau.	8 Iſle ſainct Helaine.
I Petit ruiſſeau.	X (5) Autre iſlet où il y a force oyſeaux de riuiere.	9 Petit iſlet deſgarny d'arbres.
L Le ſaut.		0 Mareſcages qui s'eſcoulent dans le grand ſaut.

Figure 17 : carte « Grand Saut St Louis » (Champlain, *Les Voyages*, 1613, face à la page 293)

Il convient de souligner que, même si les Iroquoiens du Saint-Laurent de cette région ont disparu vers ou avant 1580, la contrée est toujours fréquentée par des Autochtones qui viennent y chasser ou peut-être y récolter des noix qui sont sûrement aussi abondantes que lorsque Cartier a visité Hochelaga, en 1535. Boucher signale d'ailleurs que « la plupart de ces arbres sont des chênes [126] ». Il y a une forte proportion de chênes blancs (*Quercus alba*), dont nous rappelons que les glands étaient recherchés comme aliment et qui nécessitent moins de préparation que ceux du chêne rouge (*Quercus rubra*). La présence également de noyers cendrés (*Juglans cinerea*) et, fort probablement, de caryers à noix douces (*Carya ovata*) indiquerait une sélection de certains taxons dans le but d'optimiser et de pérenniser les récoltes de ces fruits. Nous pensons qu'il s'agit encore une fois de l'empreinte sur le paysage de la niche réalisée par les Iroquoiens du Saint-Laurent et entretenue par les descendants de ceux-ci, ou d'autres groupes apparentés qui les auraient accueillis lors de la disparition et de la dispersion des occupants des villages iroquoiens de la vallée laurentienne.

Analyse critique des descriptions paysagères de Champlain

Nous aimerions souligner qu'il y a dans la totalité des cartes de levé de port (ainsi que celle du Grand Saut St Louis) et les deux « grandes » cartes que nous avons sélectionnées qui furent publiées par Champlain, une concordance dans la représentation du paysage, tant sur les côtes du nord-est de l'Atlantique que sur les trois plans de la vallée laurentienne. Nous nous interrogeons sur le référent de Champlain concernant la représentation des éléments caractérisant les paysages observés par rapport à ceux qu'il connaissait sur le territoire français. Au début du xviie siècle, les forêts en France ont particulièrement souffert d'une exploitation quasi continue depuis le début du Moyen Âge. « L'exploitation s'intensifie au XVIe siècle pour répondre non seulement aux besoins en bois de chauffage, mais aussi à ceux des premières industries : mines, forges, verreries, salines, etc [127]. » Il reste moins de 25 % de forêts à cette époque. Comme les paysans coupent fréquemment les arbustes du sous-bois et laissent pâturer les bêtes dans ceux-ci, les forêts ressemblent plus à des forêts-parcs qu'au faciès de forêt dense dite naturelle ou climacique de nos parcs nationaux et réserves écologiques. Vue avec notre référent nord-américain, teinté de notre conception d'une « nature sauvage » à peine perturbée par les Autochtones, on aurait pu s'attendre à ce que Champlain manifeste un enthousiasme à la vue des immenses forêts de l'Amérique du Nord. Cela ne semble pas avoir été le cas. Nous pourrions argumenter que pour Champlain, dont la forêt nord-américaine est d'abord pourvoyeuse de pelleteries, ressources monétaires primordiales pour la poursuite de sa vision coloniale, l'exploitation du bois ou de ses dérivés était secondaire. Plus important pour lui est l'établissement de colons français vivant de l'exploitation de terres unies, planes et déboisées permettant la culture de la céréale dominante à l'époque, le blé, pour la fabrication du « pain quotidien ». Nous pourrions aussi supposer que les paysages découverts durant les expéditions de notre géographe étaient, du moins en partie, similaires à des forêts-parcs observées sur de nombreuses parcelles en France à cette époque. Bien que Champlain manifeste un certain intérêt pour la flore et qu'il connaisse assez bien les essences forestières, nous ne savons pas s'il maîtrisait aussi bien les forêts françaises. Il serait intéressant de poursuivre l'analyse de la caractérisation du paysage dans les cartes et les plans de Champlain en Amérique du Nord en les comparant aux cartes ou aux plans de paysages, notamment forestiers, de la France au début du XVIIe siècle.

Figure 18 : détail de la *Carte de la Nouvelle France, augmentée de puis la dernière servant à la navigation faicte en son vray méridien, par le Sr de Champlain*, 1632.

Enfin, nous aimerions présenter le détail d'une dernière carte de Champlain qui est en fait la première version de la dernière carte de Champlain publiée de son vivant.

Selon Heidenreich et Dahl (2004), cette carte témoigne de la connaissance de Champlain du territoire de la Nouvelle-France avant qu'il en soit chassé par les frères Kirk, en 1629. La section représentée est la région des Grands Lacs et une partie du territoire de la côte est américaine. Il dessine les lacs Ontario et Huron ainsi que le lac Supérieur (bien qu'il ne l'ait pas vu). Étant donné qu'il manque les lacs Érié et Michigan, on pourrait conclure que dans un certain sens, ce document, pour cette région de l'Amérique du Nord, a une faible valeur de vérité. Mais si nous nous attardons à la caractérisation des territoires au sud et au nord des lacs dessinés, nous remarquons que Champlain croyait que ceux-ci étaient fortement occupés par un grand nombre de groupements d'Autochtones sédentaires et qu'ils avaient profondément transformé le paysage pour en faire un paysage anthropique. Nous ne pouvons manifestement pas corroborer cette vision de Champlain, mais nous croyons par contre qu'elle indique que l'empreinte sur le paysage par les Autochtones du nord-est de l'Amérique du Nord était manifeste, bien qu'il soit impossible de définir son étendue, et qu'elle ait été perçue par le géographe.

Conclusion

Dans ce chapitre, nous avons sollicité de nombreux écrits historiques, principalement de Jacques Cartier, Jean Alfonse, Samuel de Champlain et Pierre Boucher, auxquels se sont ajoutés pour certaines précisions ceux de Frontenac, des sulpiciens Galinée et Dollier de Casson, ainsi que du baron de Lahontan, et quelques plans et cartes du géographe Champlain.

Nous cherchions à savoir, à travers ces écrits, ces cartes et ces plans, si la vallée laurentienne et les territoires adjacents accueillaient des paysages en mosaïques (des zones de bois denses alternant avec des zones de « bois clairs » ou complètement ouverts), des forêts-parcs, de vastes champs cultivés, de grandes concentrations d'arbres à noix ou à coque et/ou des arbres fruitiers, ces termes caractérisant, selon nous, des paysages anthropiques. Les iconographies et les cartes sélectionnées pouvaient-elles dessiner ces paysages anthropiques de façon générale ?

L'abondance des descriptions concernant des paysages anthropiques relevés à travers nos recherches, ainsi que l'analyse des plans et des cartes, nous indiquent qu'une partie de la vallée laurentienne et des territoires adjacents présentaient des paysages anthropiques qui découlaient de la construction de niche des Autochtones.

Si ces niches réalisées semblent abondantes et généralisées autour des villages iroquoiens, il nous est impossible de préciser avec exactitude leur étendue dans l'est de l'Amérique du Nord et dans la vallée laurentienne.

Notes

1. Brad LOEWEN, 2009, « Le paysage boisé et les modes d'occupation de l'île de Montréal, du Sylvicole supérieur récent au XIXᵉ siècle » in *Recherches amérindiennes au Québec*, 39 (1-2), p. 5-21 : [en ligne] http ://id.erudit.org/iderudit/044994ar

2. C'est-à-dire les territoires occupés ou contrôlés par des groupes apparentés ou alliés aux Iroquoiens du Saint-Laurent qui présentent une similitude dans le « mode de vie », l'organisation culturelle et l'habitat.

3. Jacques CARTIER, [1535], *Relations*, édition critique par Michel Bideaux, Les Presses de l'Université de Montréal, Montréal, 1986, 500 pages, p. 146.

4. *Ibid.*, p. 147.

5. En effet, le genre *Thuja* est originaire de l'Amérique du Nord et de l'Asie; il ne sera introduit en Europe, peut être par Jacques Cartier lui-même, qu'au milieu du XVIᵉ siècle ou un peu plus tard. Nous retrouvons une description et une illustration du cèdre blanc d'Amérique dans *The Herball or General History of plants* (1633) sous le nom *Arbor vitea ou the tree of life*.

6. Dans cet ouvrage ancien, le cèdre est associé au genre *Oxycedrus* ou cèdre piquant, maintenant connu sous le nom scientifique de *Juniperus oxycedrus*, une espèce méditerranéenne. Les cèdres pourraient également faire référence au genre *Cedrus*, probablement connu dans certains jardins en France, dont deux espèces originaires du Liban et de l'Atlas nord-africain pourraient avoir été introduites à la fin du XVᵉ siècle.

7. La lieue est une mesure de distance qui peut être variable : la lieue commune serait de 3,9 km à 4,9 km; la lieue de poste valait 3,7 km; et une petite lieue, 3,27 km (HACKETT FISHER, 2011 : 749).

8. CARTIER [1535], 1986, *op. cit.*, p. 37.

9. *Ibid.*, *op. cit.*, p. 37.

10. CARTIER [1535], 1986, *op. cit.*, p. 152.

11. Les Laurentides vers le nord et les Adirondacks vers le sud.

12. Les barques ont été laissées au courant Sainte-Marie, près de Longue-Pointe.

13. Les rapides de Lachine.

14. CARTIER [1535], 1986, *op. cit.*, p. 15-156.

15. À la hauteur de la rivière du Cap Rouge.

16. Mesure de profondeur qui correspond approximativement à 6 pieds anglais.

17. CARTIER [1541] 1986, *op. cit.*, p. 196-197.

18. CARTIER [1541] 1986, *op. cit.*, p. 198-199.

19. Camille ROUSSEAU, 1974, *Géographie floristique du Québec/Labrador*, Coll. « Travaux et documents du Centre d'étude nordiques », n° 7, Les Presses de l'université Laval, 798 pages.

20. Probablement le village de Stadaconé.

21. Le fleuve Saint-Laurent.

22. Jean ALFONSE, [1544], in Jacques CARTIER, 1986, *Relations*, édition critique par Michel Bideaux, Les Presses de l'Université de Montréal, Montréal, 500 pages, p. 2019.

23. Jean ALFONSE, in Jacques CARTIER, 1986, *op. cit.*, p. 220.

24. Jean ALFONSE, [1544], *op. cit.*, p. 220.

25. *Ibid.*, p. 221.

26. ROUSSEAU (1937 : 68) indique (en citant l'abbé A. Labrie) : « peut-être l'expression d'Alfonse veut-elle dire pin familier, pin commun, pin semblable à ceux de France ».

27. Peut-être une variété de prunes.

28. Jean ALFONSE, [1544], *op. cit.*, p. 221.

29. J. ROUSSEAU, 1937, « La Botanique Canadienne à l'époque de Jacques Cartier » in *Contributions du Laboratoire de Botaniques de l'Université de Montréal*, 28, Montréal, p. 1-86.

7. *Les données historiques suggérant la niche réalisée des Iroquoiens du Saint-Laurent*

30. John GERALD, 1633, *The Herball or General History of Plants* (revised and enlarged by Thomas Johnson), facsimilé edition, Dover Publication, New York, 1975, 1618 pages.

31. CHAMPLAIN, 1603, cité par Conrad E. HEIDENREICH et Edward H. DAHL, 2004, « La cartographie de Champlain (1603-1632) » in *Champlain, la naissance de l'Amérique française*, sous la direction de Raymonde Litalien et Denis Vaugeois, Éditions du Nouveau Monde et Les éditions du Septentrion, Sillery (Québec), (pages 312-332), p. 312.

32. CHAMPLAIN 1603; in Samuel de CHAMPLAIN, 1599, 1601, *Brief Discours...*, 1603, *Des Sauvages*, réédition annotée et modernisée par Éric THIERRY, sous le titre *Espion en Amérique 1598-1603*, Québec, Les éditions du Septentrion, Sillery (Québec), 2013, 224 pages, p. 148.

33. CHAMPLAIN, 1603, *op. cit.*, p. 151.

34. Samuel de CHAMPLAIN, 1613, *Les Voyages du Sieur de Champlain, saintongeais*, Paris, Jean Bergeron. Réédition annotée et modernisée par Éric Thierry, sous le titre *Les Fondations de l'Acadie et de Québec, 1604-1611*, Québec, Éditions du Septentrion, Sillery (Québec), 2008, 293 pages, p. 166.

35. CHAMPLAIN, 1613, *op. cit.*, p. 167.

36. CHAMPLAIN, 1603, *op. cit.*, p. 151-152.

37. *Ibid.*, p. 153.

38. CHAMPLAIN, 1603, *op. cit.*, p. 154.

39. *Ibid.*, p. 154.

40. *Ibid.*, p. 154.

41. CHAMPLAIN, 1603, *op. cit.*, p. 156.

42. *Ibid.*, p. 157.

43. CHAMPLAIN, 1613, *op. cit.*, p. 192.

44. CHAMPLAIN, 1603, *op. cit.*, p. 156-157.

45. Les rapides de Chambly.

46. CHAMPLAIN, 1613, *op. cit.*, p. 192.

47. *Ibid.*, p. 198.

48. CHAMPLAIN, 1603, *op. cit.*, p. 159.

49. *Ibid.*, p. 160.

50. CHAMPLAIN, 1603, *op. cit.*, p. 162-163.

51. Le lac Saint-Louis ou le lac des Deux Montagnes

52. La rivière Saint-Pierre.

53. CHAMPLAIN, 1613, *op. cit.*, p. 243.

54. On pouvait atteindre le bassin de Chambly en remontant la rivière Saint-Lambert et en suivant celle de Montréal.

55. CHAMPLAIN, 1613, *op. cit.*, p. 244.

56. Samuel de CHAMPLAIN, 1870, *Œuvres de Champlain*, éd. Laverdière, Charles-Honoré, Québec, Géo-E. Desbarats, 6 vol., réimpression en fac-similé [1973], Éditions du Jour, 3 vol., Montréal, 1478 pages, vol. 1, p. 396.

57. Pierre BOUCHER, [1664], *Histoire véritable et naturelle des mœurs et productions du Pays de la Nouvelle-France vulgairement dite le Canada*, Florentin Lambert, Paris, 1964. Fac-similé de la Société historique de Boucherville, Longueuil, 415 pages, p. 23.

58. *Ibid.*, p. 45-46.

59. *Ibid.*, p. 46-47.

60. *Ibid.*, p. 168.

61. John Laird FARRAR, 1995, *Les arbres du Canada*, Fides / Montréal, Service canadien des forêts / Ottawa, 502 pages, p. 198.

62. Comte de FRONTENAC [Louis de Buade], 1673, « Lettre du gouverneur de Frontenac au ministre Colbert » *Rapport de l'Archiviste de la province de Québec, 1926-1927*, p. 41.

63. CHAMPLAIN [1613]; in Samuel de CHAMPLAIN, 1619, *Voyages et découvertes faite en la Nouvelle-France, depuis l'année 1615 jusqu'à l'année 1618*, Paris, Claude Collet. Réédition annotée et modernisée par Éric THIERRY, sous le titre *À la rencontre des Algonquins et des Hurons, 1612-1619*, Québec, Éditions du Septentrion, Sillery (Québec), 2009, 235 pages, p. 76.

64. CHAMPLAIN, [1613], 2009, *op. cit.*, p. 77.

65. *Ibid.*, p. 78.

66. Louis NICOLAS, [vers 1664]; in Daniel FORTIN, 2014, *Histoire naturelle des Indes occidentales du père Louis Nicolas, tome 1 : La botanique*, Les Éditions GID, Québec, 462 pages, p. 417.

67. « Ce ne sont que chênes et ormes », dans les *Voyages* de 1632 (CHAMPLAIN, 1632, 1re partie, p. 194).

68. CHAMPLAIN, [1613], 2009, *op. cit.*, p. 80.

69. *Ibid.*, p. 81.

70. *Ibid.*, p. 82-83.

71. CHAMPLAIN, 1615; in Samuel de CHAMPLAIN, 1619, *Voyages et découvertes faite en la Nouvelle-France, depuis l'année 1615 jusqu'à l'année 1618*, Paris, Claude Collet. Réédition annotée et modernisée par Éric Thierry, sous le titre *À la rencontre des Algonquins et des Hurons, 1612-1619*, Québec, Les éditions du Septentrion, Sillery (Québec), 2009, 235 pages, p. 115-116.

72. CHAMPLAIN, [1615], 1619, *op. cit.*, p. 117.

73. *Ibid.*, p. 118.

74. CHAMPLAIN, [1615], 1619, *op. cit.*, p. 120.

75. *Ibid.*, p. 122-123.

76. *Ibid.*, p. 123.

77. Daniel FORTIN, 2010, *Une histoire des jardins au Québec, tome II; de la Conquête à la crise économique de 1929*, manuscrit publié par l'auteur en deux volumes reliés et déposé à la bibliothèque du jardin botanique de Montréal, 481 pages.

78. William M. WYKOFF, 1978, « Botanique et Iroquois dans la vallée du St-Laurent » *Anthropologie et Sociétés*, 2 (3), p. 157-162.

79. J.-B. DE ROCOLES, 1660, *Quelques particularités du pays des Hurons en la Nouvelle-France, remarquées par le Sieur Gendron, Docteur en Médecine, qui a demeuré dans ce Pays-là fort longtemps*, Troyes et Paris, 26 pages, p. 12.

80. *Ibid.*, p. 13.

81. Quelques décennies plus tôt, deux nations huronnes, les Arendarhonons et les Tahontaenrats, habitaient cette région. (Gervais CARPIN, 1996, « Les Amérindiens en guerre (1500-1650) », *Recherches amérindiennes au Québec*, XXVI, 3-4, p. 99-113)

82. CHAMPLAIN, [1615], 1619, *op. cit.*, p. 126-127.

83. CHAMPLAIN, [1615], 1619, *op. cit.*, p. 128

84. René Bréhan de GALINÉE, 1875, *The journey of Dollier and Galinée [1669-1670]*, document no AJ-049 of *American Journeys Collection*, Wisconsin Historical Society Digital Library and Archives, 2003, (pages 162-209), p. 180.

85. À proximité de la ville de Geneva, dans l'État de New York.

86. Cette partie est manquante dans la version éditée en français en 1875.

87. René Bréhan de GALINÉE, 1875, *op. cit.*, p. 180.

88. Baron de LAHONTAN (Louis-Armand de Lom d'Arce, 1703, *Nouveaux Voyages en Amérique septentrionale*. Réédition avec présentation, chronologie et notes par Jacques Collin, L'Hexagone/Minerve, Montréal, 1983, 346 pages, p. 154.

89. *Ibid.*, p. 156.

90. CHAMPLAIN, [1615], 1619, *op. cit.*, p. 151.

91. « En son printemps » est supprimé dans l'édition de 1632.

92. CHAMPLAIN, [1615], 1619, *op. cit.*, p. 152.

93. *Ibid.*, p. 154.

94. 20 000 selon l'édition 1632.

95. CHAMPLAIN, [1615], 1619, *op. cit.*, p. 154-155.

96. CHAMPLAIN, [1613] 2008, *op. cit.*, p. 94.

97. WOODS, 1634; cité par William CRONON, 1983, *Changes in the Land; Indians, Colonists, and the Ecology of New England*, Hill and Wang, New York, 241 pages, p. 25.

98. Pierre BOUCHER, [1664], *op. cit.*, p. 168.

99. Comte de FRONTENAC [Louis de Buade], [1673] 1926-1927, *op. cit.*, p. 41.

100. Conrad E. HEIDENREICH et Edward H. DAHL, 2004, « La cartographie de Champlain (1603-1632) » in *Champlain, la naissance de l'Amérique française*, sous la direction de Raymonde Litalien et Denis Vaugeois, Éditions du Nouveau Monde et Les éditions du Septentrion, Sillery (Québec), pages 312-332, p. 313.

101. RACKHAM, 1980, 1989; KIRBY et WATKINS, 1998; Vera, 2000; REDECKER, 2002; cités par Brad LOEWEN, 2009, « Le paysage boisé et les modes d'occupation de l'île de Montréal, du Sylvicole supérieur récent au XIXᵉ siècle » *Recherches amérindiennes au Québec*, 39 (1-2), (pages 5-21), p. 6 : [en ligne] http ://id.erudit.org/iderudit/044994ar

102. Brad LOEWEN, 2009, *op. cit.*, p. 10.

103. Stephen A. MROZOWSKI, 1994, « The discovery of a Native American Cornfield on cap Cod » in *Archaeology of Eastern North America*, 22, p. 47-62.

104. La citation originale : « There is also Champlain's account from the early seventeenth century of the Nauset which is accompanied by the aforementioned woodcuts that so closely mirror the physical evidence recovered at Sandy's Point. »

105. Stephen A. MROZOWSKI, 1994, *op. cit.*, p. 59.

106. Jocelyn LÉTOURNEAU, 1989, « Comment analyser et commenter la carte ancienne » *Le coffre à outils du chercheur débutant; guide d'initiation au travail intellectuel*, Oxford University Press, Toronto, (pages 101-114), p. 102.

107. Conrad E. HEIDENREICH et Edward H. DAHL, 2004, *op. cit.*, p. 332.

108. Saco River (Maine), près de Old Orchard Beach.

109. Un limule.

110. Saco River (Maine), près Old Orchard Beach.

111. CHAMPLAIN, 1613, in THIERRY, 2008, *op. cit.*, p. 93.

112. *Ibid.*, p. 94.

113. CHAMPLAIN, 1613, in THIERRY, 2008, *op. cit.*, p. 94.

114. CHAMPLAIN, 1613, in THIERRY, 2008, *op. cit.*, p. 112-123.

115. Gloucester (Massachusetts).

116. CHAMPLAIN, 1613, in THIERRY, 2008, *op. cit.*, p. 124.

117. Observé en 1606, Champlain mentionne le sassafras (*Sassafras officinalis*), une essence qui n'est pas présente dans les forêts européennes, dans ses écrits *Les Voyages* (1613). Cela signifie que ce taxon est probablement connu du géographe pour qu'il puisse l'identifier *in vivo*. Le sassafras est une essence médicinale connue et utilisée en Europe sous le nom populaire de *bois de Cannelle* ou *pavame* (Pomet, 1735) et surtout commercialisée par les Espagnols à partir de forêts de la Floride. L'hypothèse la plus probable est que Champlain aurait observé cette essence pour la première fois lors de son séjour dans les Antilles, peut-être dans un jardin d'acclimatation, ou dans un jardin botanique en Espagne. Chose certaine, pour que l'on retrouve dans les cadres de sa carte de 1612 des gravures de plusieurs végétaux, dont celle du noisetier d'Amérique (*Corylus americana*), une des noix consommées par les Autochtones, là où cette espèce croît, il faut qu'un observateur considère que cette plante mérite d'être représentée. Il pourrait s'agir de Champlain lui-même ou d'un personnage moins

connu qui possède une bonne connaissance des végétaux, comme l'apothicaire Louis Hébert présent à Port-Royal à cette époque. Notons que les écrits de Champlain ne mentionnent pas ce taxon.

118. CHAMPLAIN, 1613, in THIERRY, 2008, *op. cit.*, p. 110.

119. « Quelques manières d'arbres de peu » dans l'édition originale.

120. CHAMPLAIN, 1603, in THIERRY, 2013, *op. cit.*, p. 135.

121. *Ibid.*, p. 140.

122. De fait, le texte de cet argumentaire, que l'on a faussement attribué à un document intitulé *Plainte de la Nouvelle France dicte Canada, A la France sa Germaine*, est paru au chapitre VI (pages 187 à 201) de l'ouvrage du père Chrestien LE CLERCQ, 1691, *Premier établissement de la foy en Nouvelle France, tome I*, 559 pages.

123. LE BAILLIF, vers 1621; in Chrestien LE CLERCQ (père), 1691, *Premier établissement de la foy en Nouvelle France* [...], Paris, Amable Auroy, 2 vol. : [XXIV]-559 pages; 458 pages, p. 190-191.

124. CHAMPLAIN, 1603, in THIERRY, 2013, *op. cit.*, p. 162-163.

125. VERRAZANO, [1524] 1946, *op. cit.*, p. 66.

126. Pierre BOUCHER, [1664], *op. cit.*, p. 23.

127. *Ibid.*, p. 23.

128. Office National des Forêts, France, site Internet.

CHAPITRE 8

Savoirs autochtones, maintien de la capacité de charge des marais et marécages à carex et envahissement par l'aulne rugueux et le roseau commun : le cas de la réserve nationale de faune du Lac-Saint-François

Introduction

Les herbes marécageuses et les roseaux trouvés entre l'eau et la forêt sont les habitats de la sauvagine et du rat musqué. Environ la moitié des personnes interrogées ont souligné l'importance du brûlage printanier pour le maintien et l'amélioration de ces habitats riverains. En l'absence de brûlis réguliers, les racines des roseaux sont devenues emmêlées et sont mortes, réduisant ainsi la nourriture disponible pour le rat musqué. Le brûlage régulé des habitats riverains a contribué à fournir de nouvelles racines, et par la suite de plus grandes populations de rats musqués, qui étaient importantes pour les Indiens à la fois pour la fourrure et la viande. Les rats musqués aiment à l'est les racines de la prairie, comme les roseaux qui poussent autour d'un lac ou d'un étang. Quand vous les brûlez, les racines poussent plus et c'est bon pour les rats musqués. S'il ne brûle pas régulièrement, alors il ne pousse pas — il devient tout étouffé, des choses mortes — et [il n'y] pas tellement de rats musqués (Cris-Métis, 77 ans, région du lac Utikuma, Alberta) [1].

Cet extrait d'une entrevue réalisée par l'anthropologue Henry T. Lewis indique assez bien que l'informateur avait une bonne compréhension à la fois de la chaîne alimentaire et des exigences en matière d'habitat pour optimaliser la présence de la sauvagine, notamment le canard, et des animaux à fourrure, ici le rat musqué. Le chercheur écrit que les marécages étaient brûlés annuellement à une échelle moindre cependant que les prairies plus sèches. Les brûlis étaient effectués dans ce cas précis au printemps uniquement. Lewis souligne qu'il n'y avait pas d'exception à cela selon les différents témoignages recueillis. Ces feux prescrits dans les herbes des marécages et des bassins fluviaux ont été allumés alors que les forêts environnantes étaient encore humides[2]. Ce savoir autochtone concernant la création et le maintien d'une capacité de charge des marais peut-il nous être utile dans la gestion d'habitats similaires mis en protection?

Dans les pages qui suivent et ceci dans le cadre d'une mise en pratique de notre cadre théorique portant sur la création de niche par des humains, notamment par la pratique de brûlis contrôlés, nous allons tenter d'anticiper si ce savoir peut être utile dans la gestion actuelle de certains milieux ayant une importance dans la préservation d'activités liées à la faune et/ou la préservation de celle-ci. Nous nous intéresserons plus particulièrement à la réserve nationale de faune du Lac-Saint-François dans le Haut-Saint-Laurent.

La réserve nationale de faune du Lac-Saint-François (RNFLSF)

En 1973, les chercheurs Allan N. Auclair, André Bouchard et Josephine Pajaczkowski ont publié un article portant sur la composition floristique et les relations entre les espèces du marais de Huntingdon, en bordure du lac Saint-François, à la frontière du Québec, de l'Ontario et des États-Unis. Ce marais est « complexe de végétation naturelle d'environ 25 km² bordé par une forêt de feuillus et des fermes laitières[3] ».

Le faciès de ce territoire, qui au départ est un élargissement du fleuve Saint-Laurent, a été façonné par au moins deux évènements majeurs depuis le siècle dernier. Il y a eu d'abord le drainage des terres, vers 1930-

1931, pour créer de nouvelles terres agricoles; cette action aurait entraîné la perte de plus de 11 000 hectares de marécages[4]. Ensuite, la construction et la mise en eau du barrage de Beauharnois en 1933 (ainsi que les besoins pour la navigation fluviale) ont élevé le niveau d'eau de 36 cm au-dessus du niveau d'eau moyen, tout en conférant une relative stabilisation de l'eau par rapport à la période de 1920-1932[5]. Ces auteurs signalent que la mise en service du barrage, en élevant la nappe phréatique, a favorisé l'extension des marais à la périphérie du lac; le niveau d'eau s'est stabilisé à 46,6 m, alors que les fluctuations annuelles sont devenues nettement plus faibles, de l'ordre de ±20 cm. Pour des raisons de gestion tant hydraulique que pour les besoins de la voie maritime du Saint-Laurent, le niveau d'eau du fleuve à cet endroit est au minimum au printemps puis augmente tout au long de la saison de croissance[6]. L'ajout de 2 000 hectares de milieux humides le long du lac Saint-François est répertorié par Environnement Canada[7].

À partir de 1971, le gouvernement fédéral a acheté un certain nombre de lots dans cette région alors connue sous le nom de *marais de Huntingdon* afin de remembrer une partie de ce territoire pour la création de la réserve nationale de faune du Lac-Saint-François (RNFLSF), le 27 avril 1978. Les chercheurs Auclair, Bouchard et Pajaczkowski (1973) ont établi que les communautés végétales d'une portion de ce territoire, celle à proximité des rives du fleuve Saint-Laurent, c'est-à-dire le marais lui-même, pouvaient être caractérisées comme une prairie aquatique émergente et à carex. Cette dernière était définie « comme une communauté ouverte typiquement située sur les parties basses de la caténa régionale (un alignement de dépressions sans bords relevés), caractérisée par un excès d'eau du sol, et dans laquelle au moins la moitié de la dominance est composée de carex[8] », dont les quatre espèces dominantes étaient le *Carex aquatilis*, le *Carex lanuginosa*, le *Carex stricta* et le *Carex diandra*. Au-delà de la composition floristique comme telle, le paysage du marais de Huntingdon peut donc être défini comme un milieu ouvert dans lequel les chercheurs Auclair, Bouchard et Pajaczkowski (1973) signalent la présence de nombreux tertres dans les quadrats étudiés :

> *Parmi les influences prédominantes, le feu, le vent, l'exposition sur les tertres, l'intense activité des rats musqués, et*

la nature ouverte générale du pré de carex sont des caractéristiques importantes. Les monticules de rats musqués sont nombreux dans le marais de Huntingdon et l'impact du rat musqué sur la végétation est prononcé, en particulier sur Typha (Curtis, 1959). Le canard et d'autres oiseaux des marais utilisent intensément les prés de carex de l'île comme zones de reproduction (Whittam, 1971). Les tertres sont apparus dans 28 quadrats (50 % des cas) et ont été bien développés dans 16 (29 %) des 56 quadras. La destruction des parties exposées de ces buttes (par exemple, par le feu ou le gel) est susceptible de fournir un habitat ouvert aux espèces opportunistes[9].

Le feu a une influence particulièrement forte sur les prairies de carex. Le marais de Huntingdon est incendié (probablement par les résidents locaux) presque chaque année, généralement à la fin de l'automne ou au printemps. Vingt-huit ou 50 % de tous les quadrats présentaient des signes d'incendie depuis la dernière saison de croissance, tandis que 14 % ou 25 % avaient été brûlés auparavant (probablement au cours des 2 ou 3 dernières années). Ces données suggèrent la grande importance du feu dans le pré de carex. La combustion est une distinction importante entre les sites du continent, l'île Christatie et les îles restantes. Alors que tous les quadrats de l'île Christatie présentaient des signes de brûlure au cours de l'année en cours, aucun signe d'incendie n'a été détecté sur les deux îles situées entre Christatie et le continent[10].

Bien qu'à peine effleurés, ces feux prescrits ou contrôlés seraient-ils d'origine autochtone ? Malheureusement, les chercheurs ont seulement indiqué « des résidents locaux ». Un chercheur[11] signale que la région où se situe le territoire étudié par Auclair, Bouchard et Pajaczkowski est fréquentée par des Autochtones du groupe des Iroquoiens (Mohawks) vivant sur la réserve d'Akwesasne (autrefois connue sous le nom de Saint-Régis). La présence d'un groupe important d'Iroquoiens dans la région date de 1755 et provient d'une scission des membres de la réserve de Kahnawake (en face de l'île de Montréal). Un groupe d'Autochtones, dont les chefs de clan seraient les frères Tarbell, s'établiront avec leurs familles et le jésuite Billiard, d'abord dans la région de Dundee avant de se déplacer à l'embouchure de la rivière Saint-Régis. Les terres à l'ouest de la rivière aux Saumons et au nord du ruisseau Pike

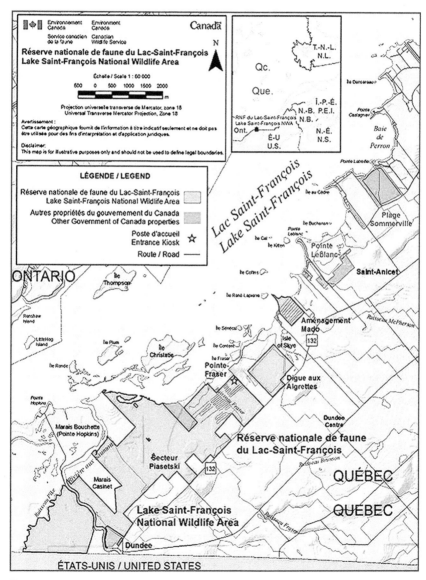

Figure 19 : carte de la Réserve nationale de faune du Lac-Saint-François (Environnement Canada)

ainsi que l'île Christatie font partie de la réserve autochtone. C'est une superficie de 1 316 hectares qui constitue depuis 1978 la réserve nationale de faune du Lac-Saint-François.

Des espèces aviennes à préserver

Ce territoire comprend des milieux humides et des milieux terrestres, mais c'est la présence de vastes marais et marécages qui lui a valu le surnom d'*Everglades du Nord* par les individus et les groupes qui ont milité pour sa conservation. L'inventaire des ressources écologiques de la RNFLSF est marqué par la biodiversité notable du lieu.

> [Celle-ci] *abrite plus de 293 espèces animales et plus de 547 espèces végétales. Au moins 15 de ces espèces sont en péril en vertu de la Loi sur les espèces en péril du Canada et 46 sont désignées par la province comme étant menacées ou vulnérables, ou susceptibles de l'être*[12].

On recense 237 espèces d'oiseaux, dont trois espèces sont actuellement mises de l'avant pour justifier la très grande valeur de cette réserve. À la création de celle-ci, l'importante population du troglodyte à bec court (*Cistothorus platensis*) et la présence et la nidification du râle

La grue du Canada (*Antigone canadensis*) est une espèce emblématique pour la RNFLSF. (photo : Daniel Fortin)

jaune [13] (*Coturnicops noveboracensis*) furent soulignées et étudiées [14]. Depuis 2007, on recense la grue du Canada (*Antigone canadensis*) dans le marais de la Digue aux Aigrettes; depuis une dizaine d'années, on observe la reproduction de deux ou trois couples sur cette partie du territoire. Notons que le marais de la Digue aux Aigrettes, l'aménagement Fraser (à l'ouest du chemin de la Pointe-Fraser) ainsi que l'aménagement Mado, une parcelle détachée de la portion principale de la RNFLSF, ont été réalisés par Canards Illimités pour favoriser la création d'une aire plus spécifique de nidification pour l'avifaune après la constitution de la réserve comme telle. Ces aménagements ont grandement bouleversé le faciès du paysage d'origine, mais il n'existe actuellement pas véritablement de projets de recherche pour suivre l'évolution des paysages d'origine et ceux « retravaillés ».

Ces trois espèces d'oiseaux sont souvent citées dans les différentes études portant sur le territoire de la RNFLSF. On en vient presque à oublier que ce lieu accueille aussi des milliers d'oiseaux migrateurs et beaucoup d'autres espèces nicheuses. Le dernier plan de gestion de la RNFLSF (Environnement Canada, 2014) signale également des espèces floristiques exotiques envahissantes, dont la plus visible pour les

Envahissement de l'intérieur de la Digue aux Aigrettes par le roseau commun (*Phragmites australis ssp. australis*) en mai 2020. (photo : Daniel Fortin)

usagers qui fréquentent le sentier de la Digue aux Aigrettes est le roseau commun (*Phragmites australis* ssp. *australis*) qui colonise maintenant tout le pourtour du site, et des massifs envahissent maintenant des portions intérieures du marais. Un des buts de ce plan de gestion est « de protéger et d'améliorer les habitats importants pour les espèces en péril, les espèces d'oiseaux prioritaires et d'autres espèces sauvages », il nous apparaît donc important de se questionner sur la gestion des habitats de la RNFLSF et sur ce que les brûlis contrôlés peuvent apporter à celle-ci.

Des feux « prescrits » ou contrôlés, comme outil de gestion

Il convient de signaler ici que dans l'aperçu historique de l'introduction du plan de gestion de RNFLSF (2014), la présence d'une population autochtone vivant à proximité du territoire n'est pas abordée. La présence de la réserve d'Akwesasne, dont les membres ont un rapport ancestral et culturel à leur territoire de chasse, de pêche et de trappage (qui incluait une forte proportion, sinon la totalité, de la superficie de la réserve), ne peut certainement pas être passée sous silence ou être réduite à un petit paragraphe sous le titre de « braconnage » où l'on signale que « l'ampleur de cette menace et son impact sur les populations présentes ne sont pas bien documentés [15] ».

Dès 1973, les chercheurs Auclair, Bouchard et Pajaczkowski avaient signalé que les feux pouvaient avoir joué un rôle non négligeable dans le maintien du marais à carex d'Huntingdon tout en reconnaissant qu'il faudrait investiguer sur cette réalité :

> *Bien que l'observation d'une seule année sur des preuves de brûlis soit une preuve douteuse de la fréquence des incendies sur un long intervalle d'années, le fait que ces incendies soient associés à une topographie particulière donne du poids à une telle interprétation [16].*

Dans un article publié en 1991, les chercheurs Jean et Bouchard, citant de Repentigny (1976), signalent qu'avant la création de la RNFLSF, les Autochtones d'Akwesasne avaient délibérément utilisé les brûlis prescrits pour faciliter leur déplacement dans les milieux humides pour des activités de chasse et pour créer des zones d'eau libre. La colonisation des espaces ouverts par un arbuste indigène fréquent dans les zones humides, l'aulne rugueux (*Alnus incana* ssp. *rugosa*; syn. *Alnus rugosa*), selon les chercheurs Jean et Bouchard, a été contrôlée par des brûlis avant l'acquisition des terres par le gouvernement canadien [17]. Ils signalent que « des incendies de végétation délibérés ont eu lieu presque chaque année de 1946 (au moins) à 1974. Depuis lors, un seul incendie [1978] a été enregistré [18]. »

Rameau et feuilles de l'aulne rugueux (*Alnus incana ssp. rugosa*), un arbuste indigène envahissant sur le territoire de la RNFLSF.
(photo : Daniel Fortin)

Jean et Bouchard (1991) ont utilisé des photographies aériennes historiques datant d'entre 1946 et 1983 pour étudier et décrire la nature et l'ampleur des changements dans la végétation des terres humides sur les berges du fleuve Saint-Laurent dans le Haut-Saint-Laurent. Les données recueillies pour le territoire de la réserve indiquent que s'il n'y a pas eu de perte importante de milieux humides, la structure ou faciès du paysage a beaucoup changé. Les marais à carex sont, de façon importante, colonisés par l'aulne rugueux.

> [...] Des changements importants se sont produits dans les prairies humides de la Réserve nationale de faune du lac Saint-François et dans la partie est de la réserve indienne de Saint-Regis [Akwesasne]. Un total net de près de 140 hectares a été perdu depuis 1946 (202 hectares perdus, 65 hectares acquis entre 1946 et 1983) [...]. Le principal changement a eu lieu lorsque 163 hectares ont été convertis en fourrés denses [scrub] d'Alnus rugosa. [...] ce passage à une « forêt » [arbustaie] dans ce paysage n'a pas été graduel à partir de 1946, mais semble s'être produit principalement après 1968. Aucune progression d'Alnus rugosa n'a été détectée entre 1946 et 1968. Les tests de Mantel confirment la progression rapide d'Alnus rugosa, car il n'existe aucune corrélation avec le modèle de développement végétal [...]. La succession de la prairie humide à fourrés denses d'Alnus rugosa est directement corrélée au modèle du feu, même lorsque nous éliminons l'influence du développement de la végétation ou du niveau de l'eau[19].

Depuis cette époque, la progression de l'aulne rugueux se poursuit. Outre la vétusté du sentier de bois du sentier du marais, qui est probablement la cause première de la fermeture de celui-ci, une rapide visite, en septembre 2018, a également permis de constater que la plus grande partie de ce sentier est obstruée par un fourré dense d'arbustes très majoritairement composé d'aulne rugueux. D'ailleurs, tout le secteur à l'ouest de la tour d'observation, c'est-à-dire l'aménagement du marais Fraser, est colonisé par ces arbustes. Pour l'instant, il n'y a pas d'études pour caractériser l'impact de cette colonisation sur la présence et la nidification des espèces aviaires, mais on peut supposer que les espèces nécessitant un milieu ouvert, comme les prairies humides de carex, sont, sûrement, minimalement affectées par ce changement de structure de l'habitat.

L'envahissement complet du marais à Carex, du côté ouest du chemin de la Pointe-Fraser, par l'aulne rugueux vu de la tour d'observation du Centre d'interprétation. (photo : Daniel Fortin)

Comme l'ont démontré les entrevues réalisées auprès d'Autochtones par l'anthropologue Henry T. Lewis, la gestion des herbes et des arbustes en bordure des lacs et des marais par des brûlis contrôlés facilitait le déplacement des individus dans ces territoires exploités, et contribuait au maintien et à la prolifération des espèces convoitées (Lewis, 1982). L'utilisation des feux prescrits semble avoir été une pratique largement répandue dans de nombreuses communautés autochtones, avant que le gouvernement canadien ne les interdise sur l'ensemble du territoire, surtout après les années 1940 (incluant ceux de la RNFLSF à partir de 1974). Cette pratique semble avoir été reprise depuis fort longtemps par certains gestionnaires d'aires naturelles pour limiter le développement de certains végétaux et pour favoriser la végétation herbacée au sein d'espèces ligneuses [20], notamment dans les prairies et les marais à carex.

La plupart de ces chercheurs indiquent que les brûlis dirigés et contrôlés sont une pratique de gestion flexible pouvant atteindre plusieurs objectifs en fonction de leur fréquence, de leur intensité et de leur calendrier saisonnier [21]. Middleton (2002) mentionne une dizaine d'articles scientifiques concernant l'augmentation de la prédominance des espèces ligneuses dans les zones humides qui serait attribuée à la suppression des incendies [22]. Ward (1968) signale également l'utilisation de feux prescrits dans le marais Delta Marsh (qui borde la rive sud du lac Manitoba) pour refréner les peuplements de roseau commun (*Phragmites australis*) et maintenir ou recréer de nouvelles zones de nidification et d'alimentation pour les canards [23].

Dans un article, Peter Ward aborde brièvement les feux historiques dans les plaines de la rivière Rouge en citant les recensions de Roe (1951) et les écrits de Hind (1859). Ce dernier mentionnait « un vaste incendie s'étendant sur un millier de mille de long et plusieurs centaines de larges [24] », Bien que les propos de l'auteur de la conférence *Fire in Relation to Waterfowl Habitat of the Delta Marshes* ne portent pas sur l'historique des feux prescrits dans la gestion du paysage des prairies de l'Ouest canadien, il relève quelques écrits historiques sur le sujet et signale que sa recension de la littérature concernant les feux amène des

Résultat d'un feu contrôlé sur la végétation naturelle au Necedah National Wildlife Refuge, Wisconsin. (photo : US Fish and Wildlife Service, Midwest)

preuves contradictoires concernant l'origine des incendies. Dans une monographie consacrée aux bisons des plaines, Roe[25] (1951) indique que les feux dans les Prairies de l'Ouest étaient délibérément induits pour attirer les bisons vers les pâturages régénérés ainsi produits. Il ajoute que « les incendies ne sont pas un événement exceptionnel[26] ». En cela, il partage l'opinion de Hind[27] (1859) que le « feu a été délibérément allumé par les Indiens comme signal et, encore, comme un moyen de gérer les troupeaux de bisons[28] ». Un autre chroniqueur, le comte de Southesk (1859), a décrit d'autres incendies qui ont indéniablement touché les Prairies canadiennes en qualifiant le procédé de « dévastateur constant de cette terre[29] ».

Edwin T. Denig (1855) a toutefois écrit en parlant des Cree que « le feu des prairies de l'Ouest n'est pas une coutume à laquelle les Indiens ont eu recours pour faciliter la chasse […][30] ». On peut se demander si son propos est une opinion ou un fait, compte tenu des études ainsi que des nombreuses autres observations colligées depuis notant l'usage régulier de brûlis prescrits dans les Prairies de l'Ouest canadien et américain.

Pour le chercheur Peter Ward, les feux balayant au printemps les paysages du Delta Marsh au Manitoba étaient le résultat des activités des trappeurs (sans préciser s'il s'agissait de trappeurs autochtones ou allochtones) pour faciliter leurs déplacements[31]. Similairement aux rendus des Autochtones du nord de l'Alberta, les trappeurs indiquaient que les brûlis des tiges des herbacées du Delta Marsh favorisaient la chasse en concentrant les rats musqués dans les zones épargnées par les feux de surface. Les feux « non contrôlés » sont restés un phénomène printanier régulier dans le marais durant les décennies 1930 et 1940, ils survenaient au moment des premiers vents chauds et secs d'avril[32].

Au début des années 1960, de larges portions du marais sont envahies par le roseau commun[33], que l'on appelle populairement yellow cane et qui est identifié dans l'article par le nom scientifique de Phragmites communis (mais la photographie semble indiquer qu'il s'agit plutôt de la forme envahissante, le *Phragmites australis* ssp. *australis*). Les lits de la forme envahissante du roseau commun sont presque stériles. Ward (1968) signale que « le cœur des lits de *Phragmites* est aussi vide que les grandes forêts climaciques ».

8. Savoirs autochtones, maintien de la capacité de charge des marais et marécages à carex et envahissement par l'aulne rugueux et le roseau commun

Son expérience (il pratique annuellement des brûlis contrôlés depuis 1947 sur des superficies de 320 à 720 acres) tend à mettre en lumière des constatations fort intéressantes :

> *Les incendies qui se sont reproduits ont joué un rôle essentiel dans l'écologie des marais en éliminant les accumulations de végétation morte et en décomposition. Les feux de printemps ont également permis de maintenir le statut de climax des phragmites. Un feu avant la saison de croissance n'a pas tué les racines du phragmite, mais a permis de contrôler efficacement l'empiétement des arbres le long du marais* [34].

Ward partage son expérience sur les brûlis contrôlés comme technique de gestion des marais. Il explique qu'au cours des années, deux périodes de brûlis ont été effectuées dans les marais. Des feux tôt au printemps qui enlèvent les tiges desséchées, mais qui n'affectent pas la repousse, et des feux estivaux qui ont un effet plus durable sur la repousse de la végétation. Pour préserver la nidification des canards, les feux du printemps ne doivent pas, dans le Delta Marsh, être effectués après le début de la nidification du canard colvert (*Anas platyrhynchos*) et du canard pilet (*Anas acuta*), soit le 20 avril. Les feux d'été ne peuvent commencer avant la fin de la nidification du canard chipeau (*Anas strepera*) et de la sarcelle à ailes bleues (*Anas discors*), c'est-à-dire vers la fin de juillet pour ce territoire. Il poursuit avec des indications facilitant les brûlis et favorisant leur efficacité [35]. Dans son témoignage, le praticien signale deux faits particulièrement intéressants. Premièrement, une étude portant sur la nidification des canards et les ratons laveurs de 1960 à 1967, dans une certaine portion du marais [36], a eu comme conséquence la suspension des brûlis contrôlés; résultat, les lits de *Phragmites* et la croissance de jeunes arbres, à de nombreux endroits dans la zone épargnée par les feux, rendent le terrain impraticable. Deuxièmement, les feux contrôlés estivaux sur des parcelles composées principalement de *Phragmites* et de *Scholochloa festucae*, une graminée populairement appelée *white-top*, ne tuent pas ces plantes, mais la croissance de la repousse du roseau commun est réduite à la moitié de sa hauteur normale durant le reste de la saison. Ward indique également une diminution des deux tiers de la densité des tiges. Par contre, chez le *Scholochloa*, s'il y a une forte baisse de la densité des tiges après le brûlage, le feu semble stimuler sa densité par la suite, en réduisant sa hauteur. L'espace libéré par une moins forte densité de *Phragmites* est occupé par le *Chenopodium rubrum*, une nourriture appréciée des canards[37].

Bien que les paramètres de cette expérience, courant sur plusieurs années, mériteraient d'être plus stricts, il nous semble qu'elle propose tout de même une constatation évidente : pour être efficace, les brûlis doivent être effectués avec une certaine régularité. Les résultats ne peuvent être observés ni anticipés lors de brûlis ponctuels, surtout si ceux-ci sont espacés dans le temps.

Les chercheurs Kost et De Steven (2000), travaillant sur les marais à carex du Wisconsin, dont 4 000 à 9 000 hectares étaient brûlés chaque année à cette époque, signalent que plusieurs scientifiques avaient préalablement notés qu'à la suite de la « réduction ou [de] l'élimination des incendies dans l'histoire récente [des prairies à carex], de nombreuses communautés végétales ont subi des modifications substantielles dans leur composition[38] ». Le chercheur Middleton (2002), étudiant également les prairies à carex du sud du Wisconsin, fait exactement le même constat : « La prédominance des espèces ligneuses augmente dans les zones humides; ce qui est souvent attribué à la suppression des incendies[39]. »

Mais, à l'instar de tous les chercheurs déjà mentionnés, Kost et De Steven[40] ne nous renseignent pas sur l'origine de ces incendies, pas plus que sur leur importance et leur fréquence. Par contre, ils soulignent que les brûlis contrôlés demeurent une pratique de gestion flexible; bien employés, c'est-à-dire selon leur intensité et la période où ceux-ci sont effectués dans la saison, les brûlis peuvent atteindre plusieurs objectifs. Curtis (1959) indique que « seules les prairies à carex les plus humides peuvent résister à la colonisation par les arbustes et n'ont donc pas besoin du feu pour être persistantes[41] ». En fait, il convient cependant de relativiser cette affirmation, car au moins deux arbustes indigènes de l'Amérique du Nord ont la capacité d'envahir les prairies très humides : le cornouiller soyeux ou stolonifère (*Cornus sericea*; syn. *Cornus stolonifera*) et l'aulne rugueux.

Comme Peter Ward (1968) l'avait déjà signalé, et ainsi que d'autres expériences semblent le confirmer, les brûlis irréguliers « ne modifient pas de manière significative la couverture relative des *carex* et des graminées vivaces dominantes, mais influencent plutôt la composition des prairies [humides] en favorisant le recrutement des semis de plantes annuelles à vie courte [42] ». Les chercheurs Kost et De Steven avancent que « ces résultats suggèrent l'hypothèse selon laquelle un feu périodique avec un intervalle de récupération peut préserver au mieux la diversité des plantes [43] ». Mais comme B. Middleton (2002) le souligne :

> *Il est généralement admis que le feu peut contrôler la croissance des arbustes dans les prairies* [humide] *de Carex (Curtiss, 1959; Vogl, 1980; Liegel, 1988), bien que de nombreuses études à court terme sur le brûlage ne montrent que des réductions légères ou temporaires de la dominance des arbustes dans les zones humides après des brûlis contrôlés* [44].

Un peu plus loin, le chercheur indique que « des études à long terme dans les Prairies démontrent que les espèces ligneuses diminuent après un brûlage répété [45] ».

Dans son expérience, Middleton démontre qu'un seul brûlage d'hiver ne permettait pas de réduire la couverture d'arbustes, comme le cornouiller soyeux (*Cornus sericea*). Par contre, il signale qu'une étude étalée sur douze années consécutives rapporte que des feux prescrits dans les prairies Konza de l'État du Kansas avaient efficacement contrôlés le *Cornus sericea* [46].

Le cas de la réserve nationale de faune du Lac-Saint-François (RNFLSF)

Dans le dernier *Plan de gestion de la réserve nationale de faune du Lac-Saint-François* [47], trois paragraphes sont consacrés à l'envahissement [du territoire] par des espèces végétales, dont quatre exotiques qui sont signalées comme présentant une certaine croissance : le roseau commun (*Phragmites australis* spp. *australis*), l'hydrocharide grenouillette (*Hydrocharis morsus-ranae*), la salicaire commune (*Lythrum salicaria*) et le butome à ombelle (*Butomus umbellatus*) [48]. Notre expérience du terrain en 2018-2019 nous laisse penser que la salicaire commune et le butome à ombelle ne présentent pas, dans les parcelles que nous avons fréquentées, un problème d'envahissement. Il en va tout autrement du roseau commun et l'hydrocharide grenouillette. Cette dernière espèce est surtout présente dans certains canaux aménagés dans les marais, mais elle n'affecte pas ceux du grand marais de la Digue aux Aigrettes. Par contre, le roseau commun est déjà problématique sur le pourtour de la Digue aux Aigrettes et envahit rapidement la portion sud-ouest de cette parcelle de territoire. À partir d'une projection du groupe PHRAGMITES (2011)[49], le rapport d'Environnement Canada indique que cette espèce, qui occupait 8 hectares de la RNFLSF lors de l'étude, en occuperait 70 en 2030. Cela ne peut que signifier une perte d'habitat pour de nombreuses espèces végétales et animales qui fréquentent actuellement cette réserve.

> *Par ailleurs, certaines espèces non exotiques peuvent aussi modifier la composition des habitats. Par exemple, l'aulne rugueux, un arbuste indigène des milieux humides, est très abondant et pourrait envahir les marais à carex qui constituent l'habitat privilégié du Râle jaune et du Troglodyte à bec court (Robert, 1995; Gratton; 1996. La diminution importante de la fréquence des feux serait la cause probable de cette invasion (Jean et Bouchard, 1991 dans Brisson et al., 2006). Des traitements visant à contrôler l'aulne rugueux ont déjà été expérimentés dans la réserve (Brisson et al., 2006)[50].*

Or, si l'envahissement de la RNFLSF par le roseau commun a fait l'objet d'une évaluation et d'une projection de sa présence sur un horizon d'une vingtaine d'années, l'aulne rugueux ne semble pas présenter pour les rédacteurs du plan de gestion la même problématique. Pourtant, il est indéniable pour les usagers de ce territoire que cette espèce indigène poursuit l'occupation des paysages et de l'habitat. Tout le marais à carex de la partie ouest du chemin de la Pointe-Fraser est quasi complètement envahi par cet arbuste, dont le couvert dense des tiges et du feuillage assombrit l'étage inférieur.

Comme le signalent les chercheurs Brisson, Cogliastro et Robert (2006), l'aulne rugueux est un arbuste aux tiges denses qui présente une

forte reproduction végétative et sexuée. Cette espèce forme naturellement des bosquets denses et souvent impénétrables le long des ruisseaux.
Bien qu'il préfère les sites humides ou inondés de façon permanente ou
temporaire, l'aulne rugueux peut croître également dans des conditions
moins humides :

> *L'invasion de l'aulne dans les marais de la RNF du lac
> Saint-François, si elle était laissée sans entrave, pourrait
> affecter irrémédiablement les processus écosystémiques et la
> biodiversité. Les colonies d'aulne sont souvent si denses
> qu'elles peuvent exclure la plupart des autres espèces
> végétales*[51].

Leur projet de recherche a débuté en 1996 et portait sur l'évaluation
in situ de quatre méthodes de contrôle de l'aulne rugueux, les plus
respectueuses du milieu ambiant, dont l'une consistait à mesurer l'efficacité d'un brûlis contrôlé sur le taux de survie de l'arbuste. Les chercheurs
n'ont pas eux-mêmes procédé ou encadré un feu prescrit, ils ont plutôt
choisi d'étudier une petite zone du marais (un hectare) qui avait été
brûlée[52] une année précédant cette étude (1995). Ils ont noté qu'au
début du printemps, la surface du marais était recouverte d'herbes
desséchées hautement inflammables. Un feu de surface brûlait rapidement, tuant vraisemblablement les parties aériennes des arbustes[53]. Ils
ont déposé quatre quadrats de 12,5 m² dans cette zone où le marais était
envahi par une quarantaine d'individus de petites et de moyennes
tailles. Tous avaient la partie aérienne carbonisée, mais les 40 aulnes
rugueux ont « tous survécu au feu et ont repoussée vigoureusement de
la couronne racinaire[54] ». Cela a été le cas de la totalité de l'hectare brûlé
où tous les arbustes observés ont survécu à l'incendie.

Bien que les paramètres de ce brûlis contrôlé (l'intensité, la durée
et la profondeur du brûlis) n'aient pas été consignés, on peut
vraisemblablement considérer que ce feux prescrits par des inconnus
devaient ressembler à ceux en usage avant 1974, comme le soulignent
les chercheurs en citant des études antérieures :

> *Il est peu probable qu'un seul incendie provoque un taux de
> mortalité élevé, étant donné que la partie souterraine, dont*

> *la plupart est située au niveau ou au-dessous de la nappe phréatique, est bien protégée contre les incendies*[55].

Quels enseignements pour la gestion des sites naturels protégés?

Une affiche présente sur le panneau d'information à l'entrée du sentier de la Digue aux aigrettes, au printemps 2019, mentionne que les gestionnaires de la RNFLSF ont entrepris un contrôle de l'aulne rugueux sur le territoire de la réserve en recourant à un cisaillement des tiges de l'arbuste suivi de l'application d'un herbicide (sans préciser lequel). À la lumière de la recherche citée (Brisson, Cogliastro et Robert, 2006), et compte tenu des expériences réalisées ailleurs, il nous apparaît qu'il aurait fallu également considérer la pratique de brûlis contrôlés répétés sur une surface équivalente, en variant la périodicité et en assurant une certaine continuité dans le temps. Outre la parcelle témoin, on définirait une parcelle dont le brûlis contrôlé serait printanier, une autre dont le brûlis serait mi-estival (fin juillet), et enfin une troisième où les deux brûlis prescrits adviendraient au printemps, puis à la fin de juillet ou à la mi-août (s'il y a assez de matière combustible), et cela, pendant quelques années.

De 1973 à aujourd'hui, la cessation des feux prescrits d'origine anthropique a transformé une large portion des marais à carex de la RNFLSF en une brousse à aulne rugueux. En 45 ans, les milieux très ouverts se sont refermés. Il y a tout lieu de penser que le processus actuellement en cours a une influence certaine sur la biodiversité du territoire, mais de quelle biodiversité parle-t-on? Théoriquement, la biodiversité d'un lieu, d'un habitat, d'un écosystème ou d'un paysage devrait être neutre. C'est-à-dire qu'il serait théoriquement possible, bien que difficile à établir dans la réalité, que l'on puisse déterminer le nombre d'espèces sur ce territoire (ou du moins sur la superficie de ce territoire que nous étudions) qui y ont fait leur niche écologique à un moment donné. Mais voilà, faute de ressources, de personnes-ressources et/ou d'intérêt, la biodiversité est rarement sinon jamais appréhendée dans sa totalité et rarement sur un espace-temps de longue durée.

D'autre part, les convictions ou la formation de l'observateur-chercheur entrent souvent en ligne de compte. Pour différentes raisons, l'humain accorde à la Nature une dimension souvent utilitaire et/ou spirituelle (ou du moins philosophique). Pour plusieurs, il y a d'abord la croyance qu'il existe une « nature idéale » correspondant à une *wilderness*, c'est-à-dire à un environnement non touché par les humains[56]. Il y a également chez de nombreux scientifiques la conviction qu'il existe un « équilibre de la nature », dont les fondements trouvent leur origine dans les thèses de Clements, *Plant Succession: An Analysis of the Development of Vegetation*[57], qui ont été synthétisées dans *Fundamentals of Ecology*[58], d'Eugene P. Odum, et dont nous avons personnellement pris connaissance à travers la monographie de Grandtner (1966) intitulée *La végétation forestière du Québec méridional*[59]. L'environnement « naturel » possède « des mécanismes de régulation qui permettent aux écosystèmes de retrouver leur état d'équilibre si quelques incidents les en écartent[60] ». Ainsi, en l'absence de perturbations naturelles (feux, chablis, ouragans, sécheresse, infestation d'insectes) ou d'interventions humaines (déforestation, feux accidentels ou prescrits, contrôle sylvicole, etc.), des communautés biotiques se succéderont sur une période plus ou moins longue pour revenir à un état stable original : le climax.

Daniel Botkin (1990)[61][62] a proposé une conception plus dynamique des processus naturels en intégrant les perturbations comme un facteur structurant les communautés biotiques, les écosystèmes et les paysages. Pour sa part, Patrick Blandin (2009) souligne que peu importe que l'on se place sous l'angle de l'écologie « naturaliste » ou sous celui de l'anthropologie, le paradigme de « l'équilibre de la nature » ne tient plus.

> *Toute situation actuelle doit être interprétée en fonction de son histoire. De même que des entités écologiques qualifiables d'« uniformes » ne peuvent représenter que des situations locales particulières dans un contexte plus large d'hétérogénéité, des systèmes se trouvant « à l'équilibre » sont donc des singularités temporelles dans un contexte général de changement. Ce qui devient la préoccupation centrale de la recherche, c'est alors la compréhension des*

trajectoires temporelles de systèmes écologiques considérés dans leurs composantes naturelles et humaines [63].

Selon cette conception, les prairies à carex du marais de Huntingdon sont probablement le résultat d'une histoire : les feux anthropiques.

La mise en place de la RNFLSF visait à protéger un territoire présentant une richesse faunique et végétale particulière, c'est-à-dire une biodiversité spécifique dans laquelle au moins deux espèces emblématiques [64], le râle jaune et le troglodyte à bec court, méritent que l'on s'intéresse à leur maintien. De fait, les mammifères, les oiseaux, les reptiles et les batraciens, certains insectes (notamment les papillons, les libellules, les insectes pollinisateurs) ainsi que les plantes rares ou endémiques servent souvent de baromètres pour parler de la biodiversité d'un milieu. Le géographe Paul Arnoud indique que les plantes et les animaux ordinaires et communs, ou si l'on préfère la « nature ordinaire », sont rarement pris en compte dans « les préoccupations concernant l'avenir de la biodiversité, en revanche tout ce qui ressort du ponctuel est immanquablement survalorisé [65] ». Les espèces rares, endémiques ou à la limite de leur aire de distribution sont les grandes vedettes de la biodiversité, celles qui attirent les amateurs et souvent les scientifiques. À l'opposé, les végétaux et les animaux introduits (exotiques) et/ou manifestant une aptitude à envahir un territoire sont souvent perçus comme une menace pour la biodiversité. La biodiversité est ou peut être appréciée ou étudiée de façon sélective en fonction de l'intérêt du chercheur, des convictions des gestionnaires d'une réserve écologique ou d'un parc naturel, ou de celui des usagers de ce territoire.

Dans le cas de la RNFLSF, l'envahissement de l'aulne rugueux n'est peut-être pas une menace sur la biodiversité des superficies envahies par l'embroussaillement de cet arbuste. La biodiversité y est peut-être maintenue. Les « espèces emblématiques ou patrimoniales » définies dans le plan de gestion d'Environnement Canada (2014) ont peut-être laissé leur place à d'autres sans une perte notable du total des espèces présentes ? Nous ne le saurons que lorsqu'une étude approfondie pourra être entreprise. Par contre, il est fort possible que l'envahissement de l'aulne rugueux ait eu des impacts sur le maintien des « espèces emblématiques ou patrimoniales » et que celles-ci en soient profondément affectées. Pour les rats musqués, les canards nicheurs dans les prairies à carex et la fréquentation des oiseaux migrateurs de grande taille (canards, bernache du Canada, oie blanche) ainsi que pour la grue du Canada (nouvellement réinstallée dans la RNFLSF), l'impact est évident; la brousse d'aulne rugueux n'est pas l'habitat de cette faune et ne le sera pas à moins d'un retour vers un milieu plus ouvert.

Parce que le milieu s'est refermé, les usagers qui fréquentaient les sentiers à l'ouest de la tour d'observation n'ont plus accès à celui-ci. La tour d'observation n'a d'ailleurs plus beaucoup d'intérêt pour les amateurs de sciences naturelles. On y voit que très peu d'espèces à partir de cette élévation.

La présence et l'envahissement du roseau commun poseront également un problème important, à plus ou moins court terme, dans le sentier de la Digue aux Aigrettes. Si aucun mécanisme de contrôle de cette espèce exotique envahissante n'est entrepris, c'est la plus grande partie du milieu ouvert de cette parcelle aménagée qui risque également de disparaître. À coup sûr, la biodiversité du lieu se verra fortement diminuée et les « espèces emblématiques ou patrimoniales » n'y trouveront plus leur niche écologique.

L'expérience autochtone des feux prescrits ou brûlis contrôlés serait peut-être utile pour réinvestir un territoire qui supporte de moins en moins la « capacité de charge » pour laquelle il fut mis en réserve. Nous ne saurions dire s'il est encore possible de mieux comprendre les origines, la fréquence et la périodicité des brûlis contrôlés entre 1946 et 1973 (et de vérifier si ceux-ci étaient antérieurs à cette période) auprès de ceux qui les pratiquaient, mais nous croyons qu'il faut s'attarder à l'histoire des perturbations qui affectaient autrefois le territoire constituant la RNFLSF, avant 1978, et établir un véritable plan pour contrer l'envahissement de l'aulne rugueux et du roseau commun avec un outil que beaucoup de gestionnaires de territoires similaires utilisent : les brûlis contrôlés.

8. *Savoirs autochtones, maintien de la capacité de charge des marais et marécages à carex et envahissement par l'aulne rugueux et le roseau commun*

Notes

1. Henry T. LEWIS, 1982, *A Time for Burning*, Occasional Publication, Number 17, Boreal Institute for Northern Studies, University of Alberta, Edmonton, 62 pages, p. 41-42.

2. *Ibid.*, p. 32.

3. Allan N. AUCLAIR, André BOUCHARD et Josephine PAJACZKOWSKI, 1973, « Plant composition and species relations on the Huntingdon marsh », Québec, in *Canadian Journal of Botany*, 51, (p. 1231-1247), p. 1234.

4. ENVIRONNEMENT CANADA, 2014, *Plan de gestion de la réserve nationale de faune du Lac-Saint-François*, Environnement Canada, Service de la faune, Québec, 54 pages, p. 6.

5. Martin JEAN et André BOUCHARD, 1991, « Temporal Changes in Wetland Landscapes of a Section of the St. Lawrence River, Canada » in *Environmental Management*, 15 (2), (pages 241-250), p. 250.

6. AUCLAIR *et al.*, 1973, *op. cit.*, p. 1234.

7. ENVIRONNEMENT CANADA, 2014, *Plan de gestion de la réserve nationale de faune du Lac Saint-François*, Environnement Canada, Service de la faune, Québec, 54 pages, p. 6.

8. CURTIS, 1959; cité par AUCLAIR *et al.*, 1973, *op. cit.*, p. 1235.

9. AUCLAIR *et al.*, 1973, *op. cit.*, p. 1243.

10. *Ibid.*, p. 1243-1244.

11. L.-G. DE REPENTIGNY, 1982, *Éléments d'histoire naturelle et humaine de la région de la Réserve nationale de faune du Lac-Saint-François*, Service canadien de la faune, Environnement Canada, non publié, p. 47.

12. ENVIRONNEMENT CANADA, 2014, *op. cit.*, p. iii.

13. Une espèce en péril en vertu de la *Loi sur les espèces en péril au Canada*.

14. Michel ROBERT, Pierre LAPORTE et Réjean BENOIT, 2000, « Summer Habitat of Yellow Rails, *Coturnicops noveboracensis*, along the St. Lawrence River, Québec » in *Canadian Field Naturalist*, 114, p. 628-635.

15. ENVIRONNEMENT CANADA, 2014, *op. cit.*, p. 25.

16. ENVIRONNEMENT CANADA, 2014, p. 25.

17. JEAN et BOUCHARD, 1991, *op. cit.*, p. 247.

18. *Ibid.*, p. 243.

19. JEAN et BOUCHARD, 1991, *op. cit.*, p. 246.

20. Sur ce sujet : Donald I. DICKMAN and Jeanette L. ROLLINGER, 1998, « Fire for Restoration of Communities and Ecosystems » (Meeting Review) in *Bulletin of the Ecological Society of America*, p. 157-160; Jacques BRISSON, Alain COGLIASTRO et Michel ROBERT, 2006, « Controlling Speckled Alder (*Alnus incana* ssp. *rugosa*) Invasion in a Wetland Reserve of Southern Québec » in *Natural Areas Journal* (26), p. 78-83; B. MIDDLETON, 2002, « Winter burning and the reduction of Cornus sericea in sedge meadows in southern Wisconsin » in *Restoration Ecology*, 10, p. 723-730; et Michael A. KOST et Diane DE STEVEN, 2000, « Plant Community Responses to Prescribed Burning in Wisconsin Sedge Meadows » in *Natural Areas Journal*, 20 (1), p. 36-45.

21. Michael A. KOST et Diane DE STEVEN, 2000, *op. cit.*, p. 36.

22. A. MIDDLETON, 2002, *op. cit.*, p. 723.

23. Peter WARD, 1968, « Fire in Relation to Waterfowl Habitat of the Delta Marshes » in *Proceedings 8th Tall Timbers Fire Ecology Conference*, p. 255-267.

24. HIND, 1859; cité par WARD, 1968, *op. cit.*, p. 257.

25. Rank G. ROE, 1951, *The North American buffalo. A critical study of the species in its wild state*. Univ. Toronto Press, Toronto, (viii + 957 pages), p. 634; cité par Peter WARD, 1968, *op. cit.*, p. 379.

26. ROE, 1951 : 379; cité par Peter WARD, 1968, *op. cit.*, p. 257.

27. Henry Y. HIND, 1859, *Report on the Assiniboine and Saskatchewan Exploring Expedition of 1859*, Published by authority of the Legislative Assembly, Toronto.

8. *Savoirs autochtones, maintien de la capacité de charge des marais et marécages à carex et envahissement par l'aulne rugueux et le roseau commun*

28. HIND, 1859 : 42; cité par Peter WARD, 1968, *op. cit.*, p. 257.

29. Earl of SOUTHESK, 1875, *Saskatchewan and the Rocky Mountains*, Edmonston & Douglas, Edimburgh, (xxx + 446 pages), p. 139; cité par Peter WARD, 1968, *op. cit.*, p. 257.

30. Edwin T. DENIG, [1852], *Of the Crees or Knisteneau*, Essex Institute historical collections. v. 9, n° 1, Oct. 1952, p. 37-69; cité par WARD, 1968, *op. cit.*, p. 258.

31. Peter WARD, 1868, *op. cit.*, p. 258.

32. Peter WARD, 1968, *op. cit.*, p. 258.

33. Le roseau commun indigène en Amérique du Nord (*Phragmites australis* ssp. communis), non envahissant, est différent génétiquement de l'espèce introduite d'Europe (*Phragmites australis* ssp. *australis*).

34. Peter WARD, ibid., p. 259.

35. Peter WARD, 1968, *op. cit.*, p. 260-261.

36. Cela n'est pas explicitement défini, mais comme une autre partie du marais brûle en 1961 (des feux d'été), on peut comprendre que le territoire étudié n'est pas l'ensemble de ce vaste marais.

37. Peter WARD, 1968, *op. cit.*, p. 264-265.

38. CURTIS, 1959; McCUNE et COTTAM, 1985; McALLIN *et al.*; cités par KOST et DE STEVEN, 2000, *op. cit.*, p. 36.

39. CURTIS, 1959; WADE *et al.*, 1980; REUTER, 1986; WILLIAMS et ASHTON, 1987; LEIGEL, 1988; ROONEY, 1990; JEAN et BOUCHARD, 1991; AIDE et CAVELIER, 1994; PENDERGRASS *et al.*, 1998; CLARK et WILSON, 2001; cités par B. MIDDLETON, 2002, *op. cit.*, p. 723.

40. Michael A. KOST and Diane DE STEVEN, 2000, « Plant Community Responses to Prescribed Burning in Wisconsin Sedge Meadows » in *Natural Areas Journal*, 20 (1), p. 36-45.

41. CURTIS, 1959; cité par KOST et DE STEVEN, 2000, *op. cit.*, p. 37.

42. KOST et DE STEVEN, 2000, ibid., p. 37.

43. *Ibid.*, p. 37.

44. B. MIDDLETON, 2000, *op. cit.*, p. 724.

45. GIBSON *et al.*, 1983; VINTON *et al.*, 1993; cités par B. MIDDLETON, 2000, *op. cit.*, p. 724.

46. B. MIDDLETON, 2000, *op. cit.*, p. 726.

47. ENVIRONNEMENT CANADA, 2014, *op. cit.*, p. 23.

48. SERVICE CANADIEN DE LA FAUNE, 2003; cité par ENVIRONNEMENT CANADA, 2014, *op. cit.*, p. 21.

49. ENVIRONNEMENT CANADA, 2014, *op. cit.*, p. 23.

50. *Ibid.*, p. 23.

51. JOBIDON, 1995; cité par Jacques BRISSON, Alain COGLIASTRO et Michel ROBERT, 2006, « Controlling Speckled Alder (*Alnus incana* ssp. *rugosa*) Invasion in a Wetland Reserve of Southern Québec » in *Natural Areas Journal* (26), (pages 78-83), p. 79.

52. Sans que les gestionnaires de la RNFLSF ne sachent par qui et pourquoi.

53. Jacques BRISSON, Alain COGLIASTRO et Michel ROBERT, 2006, *op. cit.*, p. 79.

54. *Loc. cit.*

55. AKSAMIT et SCOOT, 1984; BURGASON : 1976; cités par Jacques BRISSON, Alain COGLIASTRO et Michel ROBERT 2006, *op. cit.*, p. 79.

56. Sur ce sujet, nous recommandons : Williams CRONON, 2009, « Le problème de la wilderness, ou le retour vers une mauvaise nature » in *Écologie & Politique*, 38, p. 173-199 et Catherine LARRÈRE et Raphaël LARRÈRE, 2018, *Penser et agir avec la nature, une enquête philosophique*, La Découverte / Poche, Paris, 406 pages.

57. Frederic E. CLEMENTS, 1916, *Plants succession; an analysis of the development of vegetation*, Cornell University Library, New York, 512 pages.

8. Savoirs autochtones, maintien de la capacité de charge des marais et marécages à carex et envahissement par l'aulne rugueux et le roseau commun

58. Eugene P. ODUM, 1953, *Fundamentals of ecology*, W. B. Saunders Compagny, Philadelphia, 383 pages.

59. Miroslav GRANDTNER, 1966, *La végétation forestière du Québec méridional*, Presses de l'Université Laval, Québec, 216 pages.

60. Catherine LARRÈRE et Raphaël LARRÈRE, 2018, *op. cit.*, p. 102.

61. Daniel BOTKIN, 1990, *Discordant Harmonies: A new Ecology for the twenty-first Century*, New-York, Oxford University Press, xii + 241 pages.

62. Voir également : Jianguo WU et Orie L. LOUCKS, 1995, « From balance of Nature to hierarchical patch dynamics: a Paradigm shift in ecology » in *The Quaterly Review of Biology*, 70 (4), The University of Chicago, p. 439-466.

63. Patrick BLANDIN, 2009, *De la protection de la nature au pilotage de la biodiversité*; conférence-débat organisée par le groupe « Sciences en questions », Paris, Inra, 4 octobre 2007, Éditions Quae et Inra (Versailles), France, 122 pages, p. 51.

64. Pour être plus précis, le troglodyte à bec court et le râle jaune sont deux espèces ayant bénéficié d'une enquête et d'observations qui ont débouché sur un article, mais dans le dernier plan de gestion d'Environnement Canada (2014), c'est 11 espèces d'oiseaux, 3 espèces de chauves-souris, 4 espèces de reptiles, 1 amphibien, 1 poisson, 28 plantes vasculaires qui sont considérés comme vulnérables, menacés, en voie de disparition ou qui sont d'intérêt et qui peuvent être considérés comme des « espèces emblématiques ou patrimoniales » pour la RNFLSF.

65. Paul ARNOULD, 2005, « Biodiversité : quelle histoire ? » in Pascal MARTY, Franck-Dominique VIVIEN, Jacques LEPART et Raphaël LARRÈRE (cord.), *Les Biodiversités, objets, théories, pratiques*, Paris, CNRS Éditions, (pages 68-77), p. 75.

Conclusion

Introduction

Notre recherche aborde les Iroquoiens du Saint-Laurent comme des organismes vivants (*Homo sapiens*) dotés non seulement d'une intelligence propre à résoudre des problèmes et à construire des outils, mais également porteurs d'une culture capable de transmettre des expériences et des savoirs. Ceux-ci occupaient un vaste environnement, que nous avons appelé la *vallée laurentienne*, depuis des centaines d'années au moment où Jacques Cartier fait leur rencontre, d'abord dans la baie de Gaspé en 1534, puis sur les rives du fleuve Saint-Laurent en 1535 et en 1541. Ce groupe d'Autochtones apparenté culturellement semblait former une nation ou une confédération dont les différentes « provinces » s'étendaient de l'embouchure du lac Ontario jusqu'au golfe du Saint-Laurent, sans que nous sachions, de façon certaine, si ce territoire était une seule et même vaste zone de captage de ressources. Ces individus réunis en petites collectivités ou sous-groupes, tout le long de cette vallée laurentienne, ont utilisé ces biotopes et ces biomes pour assurer leur reproduction.

Nous savons, comme l'ont signalé de nombreux auteurs, que certains de ces sous-groupes cultivaient des parcelles où poussaient du maïs, des haricots et des cucurbitacées, que la pratique de la chasse et de la pêche fournissait une part importante des rations alimentaires protéiniques, et que la cueillette de fruits, de glands de chêne (et autres fruits à coque) et de petits fruits était généralisée parmi les Autochtones de l'est de l'Amérique du Nord; les Iroquoiens du Saint-Laurent la pratiquaient également. Il convient aussi de spécifier que pendant des centaines d'années, sinon des millénaires, la collecte de fruits à coque (noix, faînes, noisettes et glands) a constitué une part très importante de l'alimentation des différentes collectivités des Premières Nations dans l'est de l'Amérique du Nord, et que la farine de glands de chêne restait une ressource précieuse pour assurer la soudure au printemps ou comme aliment de disette. Les Autochtones devaient également prélever des troncs, des tiges, des branches et des plaques d'écorces pour la construction de leurs habitations, pour la fabrication de leurs outils, de leurs armes, de leurs pièges et, à certains endroits et/ou à certains moments, pour l'érection de longues palissades. La consommation de bois de chauffage et de bois pour les feux de cuisson devait prélever une biomasse importante dans la ou les forêts environnantes. Bien qu'ils se vêtissent principalement de peaux qu'ils devaient obtenir par la chasse ou le piégeage, ils devaient également collecter des plantes textiles pour la fabrication de filets, de cordes et de liens. L'environnement fournissait également des plantes médicinales propres à soigner le corps et l'esprit. Fait important, de nombreux groupes s'adonnaient également à l'agriculture, sans que nous sachions exactement la part de celle-ci chez ceux qui la pratiquaient, selon les années et les situations géographiques. Cela exigeait la présence de boisés et/ou de forêts ainsi que de milieux plus ouverts pour combler leurs différents besoins, mais nous ignorons précisément les superficies exigées pour ce faire.

Par ailleurs, il convient de souligner que nous ne connaissons pas le nombre d'Autochtones qui habitaient et fréquentaient réellement les territoires du nord-est de l'Amérique du Nord aux XVIe et XVIIe siècles. Si cette donnée était connue, cela aurait permis d'évaluer, du moins approximativement, la densité d'occupation des sols.

Sur la niche réalisée des Iroquoiens du Saint-Laurent

Les questions que nous avons tenté d'élucider dans les pages de cette recherche sont celles-ci : ces organismes vivants ont-ils laissé au « hasard » le soin de pourvoir à leurs besoins ou ont-ils « encouragé » leur environnement à produire une partie ou la totalité de de leurs ressources ? C'est-à-dire, ont-ils construit une niche ou des niches dans leur environnement ? Ces niches réalisées ont-elles laissé une faible empreinte ou modifier substantiellement les paysages de la vallée laurentienne et des territoires adjacents ?

Un des outils les plus efficaces pour défricher de larges pans de forêts, pour ainsi ouvrir le paysage et permettre la mise en culture de la terre, est l'utilisation du feu. Dans les forêts de feuillus du sud-ouest de la vallée laurentienne et des Grands Lacs, une fois l'écorce des arbres annelée, ces derniers meurent sur pied. Quelques mois plus tard, il suffit d'accumuler des branches sèches au niveau du sol et de mettre le feu pour les affaiblir et détruire, du même coup, les autres espèces entre les troncs. Au printemps ou à l'automne, des feux de faible intensité dans les sous-bois permettent de les dégager des arbrisseaux et des jeunes arbres, de sélectionner les essences résistantes à un feu de surface, de favoriser la repousse des plantes herbacées, augmentant ainsi la capacité de charge de ces milieux, tant pour la cueillette de petits fruits que pour soutenir les espèces animales utiles et/ou comestibles.

Un certain nombre d'observations dans ce sens ont été recensées dans l'est de l'Amérique du Nord, comme nous l'avons souligné. D'aucuns diront que celles-ci sont moins probantes pour la vallée laurentienne, car nous n'avons relevé que des citations du père Sagard (1624), chez les Hurons-Wendats, et de Samuel de Champlain (1614), chez les Algonquins de la nation des Kinouchepirinis. Nous répondrons à cela que le défrichement par le feu était une pratique courante des habitants en France durant le Moyen Âge et la Renaissance et qu'il est possible que cette technologie n'ait pas été perçue comme « digne de mention » par les explorateurs et les colonisateurs européens.

Ainsi, la niche réalisée par les Iroquoiens du Saint-Laurent devait constituer un ou des paysages de type mosaïque. C'est-à-dire que de grandes étendues de forêts denses pouvaient alterner avec des forêts de type parc, comme on en rencontrait fréquemment au XVIIe siècle dans les pays européens, notamment en France, et des milieux plus ouverts et nettement dégagés. Les sources historiques retenues dans notre étude tendent à confirmer ce type de paysages dans certaines parties de la vallée laurentienne et autour des Grands Lacs.

Il demeure une question qu'il nous est impossible de valider avec certitude, celle de savoir si, comme organismes vivants, les Iroquoiens du Saint-Laurent avaient une totale conscience des actions et des résultats pour améliorer le captage des ressources et ainsi mieux assurer leur reproduction. La plupart des groupes ou sous-groupes répartis dans la vallée laurentienne connaissaient la culture du maïs, des haricots et de quelques cucurbitacées, même si certains groupes la pratiquaient peu ou pas; c'est le cas des Outaouais (Algonquins), dont le territoire se prêtait mal à l'agriculture, mais qui côtoyaient et commerçaient avec les Hurons-Wendats. Indéniablement, un grand nombre de Premières Nations en Amérique ont entrevu la possibilité que leur offrait la culture des trois sœurs pour assurer une partie de leur subsistance et pressenti la stabilité que cela pourrait leur apporter. Selon le territoire habité, du sud-ouest au nord-est, les degrés-jours diminuent et la productivité de certaines variétés de maïs peut être problématique pour la maturation des grains sur l'épi. À moins que l'intérêt pour la culture du maïs par certains sous-groupes n'ait été la consommation des jeunes épis comme légumes à faire bouillir ou griller, faute de degrés-jours suffisants pour la maturation des grains.

Dans le même ordre d'idée, l'adoption généralisée de la polyculture maïs/haricot/courge par les agriculteurs autochtones préhistoriques, qui donne un rendement supérieur moyen de 30 % par rapport au rendement des monocultures respectives [1], est-elle pleinement consciente ou relève-t-elle d'observations empiriques ancestrales ensuite conditionnées par une tradition diffusée? À cela s'ajoute le fait que les parcelles sous culture avec certaines légumineuses, comme le haricot, dont les racines favorisent la présence de bactéries aérobies du genre *Rhizobium* (famille des *Rhizobiaceae*) permettant la fixation de l'azote atmosphérique d'une manière d'autant plus active que le sol est pauvre, aide à s'assurer d'une fertilité à moyen ou à long terme, alors que cette pratique culturale est inconnue des colons venus occuper les terres autochtones.

L'adoption spécifique de cette « technologie », qui assure une meilleure alimentation à ces organismes vivants supérieurs, est manifestement la construction d'une niche particulière dont l'impact sur l'environnement est marqué par une ouverture du milieu forestier. Plus la population est importante, donc plus il y a de bouches à nourrir, là où le biotope le permet, plus celle-ci manifeste un intérêt pour la polyculture maïs/haricot/cucurbitacées, plus la superficie de ces ouvertures sera importante. L'empreinte sur le paysage devient alors manifeste. Mais voilà, l'évaluation des populations amérindiennes dans l'est de l'Amérique du Nord est sujette à plusieurs interprétations. On peut affirmer qu'il y a présentement accord sur le désaccord et que l'absence de certaines données empêche une évaluation précise. Par contre, depuis peu, nous savons que les contacts entre les Autochtones et les Européens furent nombreux et constants entre le début du XVIe siècle et le début du XVIIe siècle dans le golfe du Saint-Laurent et sur la côte est de l'Atlantique. Les possibilités de transmission de germes pathogènes (bactéries, virus, etc.) provoquant des épidémies semblent donc aussi grandes que dans les Caraïbes et en Amérique centrale lors de la prise de contrôle de ces territoires par les Espagnols, où les différentes maladies infectieuses ont emporté plus de 65 % de la population [2].

Or, si la pratique de l'agriculture des trois sœurs et les différentes techniques utilisées pour assurer le succès de cette technologie est dans un sens une niche réalisée, on peut en déduire que les Autochtones en général, et les Iroquoiens du Saint-Laurent en particulier, avaient les aptitudes pour construire d'autres niches. En témoignent la présence de grandes chênaies et de concentrations de glands de chênes dans des territoires ou à proximité de territoires occupés ou habités par des Iroquoiens, comme le rapportent Cartier (1535), Le Baillif (vers 1621), Boucher (1664), Galinée (1669-1670) et Lahontan (1703). Boucher parle également de la présence, à proximité du mont Royal, de « noyers de deux sortes, qui apportent des noix », arbres que l'on peut identifier comme le noyer cendré (*Juglans cinerea*) et le caryer à fruits doux (*Carya ovata*). L'existence de ces essences porteuses de noix comestibles en ces lieux pourrait être le résultat de brûlis contrôlés dans le premier cas et/ou d'une sélection délibérée d'essences arborées utiles par la destruction des essences moins prisées. Boucher (1664) signale également que dans une partie de l'île de Montréal, « [les bois] y sont clairs et point embarrassées de petit bois. Ce serait un pays tout propre à courir le cerf dont il y a abondance », cette particularité serait peut-être le résultat de brûlis contrôlés pour augmenter la capacité de charge de ruminants (cerf de Virginie, wapiti, etc.) dans ce biotope. Champlain, en 1613, lors d'une excursion vers les rapides de Lachine, mentionne aussi : « Je fis quelque huit lieues par terre côtoyant le *Grand Saut* par des bois qui sont assez clairs. » Ce paysage de forêt-parc a également été relevé dans le pays de Iroquoiens par Galinée (1669-1670) : « Aux endroits où il y a des bois, ce sont des plaines de chênes, si ouvertes qu'on peut facilement les traverser à cheval [...] »; et par le baron de Lahontan (1703) : « Nous n'avions que sept lieues à faire dans un bois de grande futaie sur un terrain fort égal. »

La présence de grandes futaies, principalement constituées de chênes, maintes fois mentionnées dans les nombreuses observations des explorateurs et des colonisateurs européens, s'explique difficilement par des conditions édaphiques particulières sur de si vastes territoires, presque toujours à proximité de peuplements autochtones. Si ces forêts monospécifiques étaient de l'ordre du climax, on les retrouverait, du moins en partie, aujourd'hui en régénération, mais cela n'est pas le cas.

Il semble donc qu'il y ait une corrélation entre la présence de forêts-parcs et des concentrations de fruits à coque, notamment ceux du chêne et du noyer, ainsi que celui du châtaignier[3], et des territoires habités ou utilisés comme zone de captage de ressources par des Autochtones, entre autres par des Iroquoiens.

En cela, en cherchant à valider les illustrations de Samuel de Champlain, qui, bien que fragmentaires, sont des images précieuses et vraisemblablement exactes des paysages au XVIIe siècle de la vallée du Saint-Laurent et de la côte est de la Nouvelle-Angleterre, nous tentions de démontrer que l'est de l'Amérique du Nord n'est pas un territoire uniquement constitué de forêts denses avec quelques trouées pour la culture du maïs, mais que là où des Premières Nations vivaient et assuraient leur reproduction, leurs niches réalisées semblent avoir eu une incidence sur le paysage qui se traduit par une ouverture plus ou moins importante des forêts, la formation de forêts-parcs et de paysages en mosaïque. À l'échelle des territoires ou des paysages illustrés par Champlain, cet impact semble important et les forêts denses sont plutôt restreintes. Il ne faut cependant pas conclure que l'ensemble du territoire de l'est de l'Amérique du Nord, comme la carte de la Nouvelle-France de 1632 par Champlain l'illustre, était entièrement composé de forêts-parcs, de paysages en mosaïque et de champs de maïs. Les besoins en ressources forestières sont également importants pour les différentes nations autochtones et doivent conditionner le maintien et, peut-être, la protection de forêts, plus ou moins denses, dans leurs zones de captage de ressources pour la collecte de bois et, surtout, pour le maintien de la faune nécessaire pour le prélèvement de viande, d'os et de peaux.

À défaut d'études paléoécologiques spécifiques couvrant la séquence entre le XIVᵉ siècle et le milieu du XVIIᵉ siècle, à proximité de sites archéologiques identifiés particulièrement à des Iroquoiens du Saint-Laurent, il nous est difficile de valider nos hypothèses selon les méthodes de présence et d'abondance de particules de charbon de bois fossilisé et de pollens identifiés à des espèces de milieux ouverts[4], que la présence de ces espèces soit le résultat de feux contrôlés ou non, ou issue de cultures anthropiques. D'autre part, il aurait été fort utile de pouvoir corréler une forte abondance ou non de pollen de chênes et une augmentation de particules de charbon de bois à proximité de sites ayant accueilli des peuplements d'Autochtones connus sur le territoire que nous avons sélectionné pour notre étude. Les chercheurs Delcourt et Delcourt (2004) ont fait ressortir que ce sont les traces de pollen de maïs indiquant la présence de parcelles mises en culture, à proximité des rives du lac Crawford, datant de 650 à 280 BP (1300-1670), qui ont initié la localisation et l'excavation d'un village préhistorique iroquoien[5].

Nous avons cherché à pallier l'absence de données paléoécologiques en recherchant des descriptions de niches réalisées dans les écrits historiques et possiblement illustrées sur des plans et des cartes de Samuel de Champlain, dans l'est de l'Amérique du Nord, plus particulièrement dans la vallée laurentienne, et ce, en les revisitant à la lumière des données, entre autres de l'archéologie et de l'ethnohistoire. En choisissant une approche multidisciplinaire, nous souhaitions faire ressortir que les Autochtones de l'est de l'Amérique du Nord, et plus spécifiquement les Iroquoiens du Saint-Laurent, habitaient pleinement et entièrement les territoires qu'ils occupaient, que leur zone de captage de ressources englobait des niches réalisées pour faciliter leur reproduction, et qu'ils maîtrisaient des technologies propres à favoriser celle-ci. Nous soutenons que ces niches réalisées avaient créé une empreinte bien visible sur le paysage au début de la colonisation européenne du territoire. À la lumière des illustrations et des descriptions historiques, nous pouvons noter que certaines portions de la vallée laurentienne et des territoires adjacents avaient subi une modification importante; mais il est impossible, avec les données disponibles, de mesurer exactement l'étendue de ces changements.

La création de niches des Autochtones et la gestion des milieux naturels

Le feu fut un outil important de l'évolution des humanoïdes. Sa maîtrise a permis l'occupation et l'exploitation des nombreuses régions froides de la planète dès le Paléolithique. Cet élément a également fourni un avantage indéniable sur tous les autres animaux. La force destructive du ou des feux naturels ou anthropiques sur les habitats et les écosystèmes est toujours d'actualité. Or, cette technologie fut pendant fort longtemps utile à de nombreux peuples autochtones, dans le monde entier, pour ouvrir et conserver des terres productives.

Les peuples qui utilisaient la technologie du feu pour transformer leur écosystème ont subi, pour la plupart, de fortes pressions pour cesser ces pratiques jugées trop destructrices et dangereuses par diverses autorités[6].

L'anthropologue Henry T. Lewis est l'un des rares qui a documenté au Canada, auprès de témoins de cette pratique dans le nord de l'Alberta, les raisons et les manières par lesquelles cette technologie était utilisée avant que les autorités gouvernementales interdisent et punissent ceux qui l'employaient au début des années 1930. Ce chercheur nous apprend par son enquête ethnographique qu'au début du XXe siècle, les Cree, de langue algonquine, recouraient régulièrement à des feux contrôlés pour augmenter la capacité de charge de leur paysage. Les recensions de l'anthropologue Omer C. Stewart, dans son livre *Forgotten Fires, Native Americans and the Transient Wilderness*[7], publiées seulement en 2002, bien longtemps après sa mort, nous indiquent que les feux prescrits étaient largement utilisés par les Autochtones des États-Unis. Depuis des millénaires, ceux-ci occupaient une très grande partie de ce territoire et possédaient une technologie propre à transformer, plus ou moins profondément, les paysages. De par ces faits, il semble bien que la *wilderness*[8] associée aux territoires américains devrait être, sinon abandonnée, du moins largement revisitée.

Dans cet essai, nous avons tenté de démontrer que les feux prescrits et contrôlés sont un outil précieux pour augmenter la capacité de charge des paysages présents ou adjacents aux aires de captage des ressources des différentes Premières Nations. Mellars[9] a bien documenté l'effet des feux contrôlés à petite échelle sur la croissance et la qualité du fourrage de certains ruminants sauvages de l'Alaska (des proies potentielles pour les humains). Il a fait ressortir, entre autres, que les incendies de faible intensité induisaient un recyclage plus rapide des nutriments dans l'écosystème, réduisait l'étendue et/ou la densité de la strate arbustive et arborée, permettant une pénétration de la lumière du soleil vers le sol et une repousse plus vigoureuse de plantes herbacées et arbustives, notamment les bleuets et les framboisiers. Il signale également que cette augmentation du fourrage n'est pas permanente et qu'elle diminue de moitié quatre ans après les incendies.

Comme nous l'avons mentionné, les observations historiques de feux contrôlés par les Autochtones, dans le territoire des Grands Lacs et de la vallée laurentienne, sont faibles. Par contre, d'autres groupes culturels apparentés recouraient, selon quelques observations historiques recensées, à cette pratique dans le nord-est de l'Amérique. La composition et la concentration de certaines essences forestières dans les paysages adjacents à la présence de villages de Premières Nations autour des Grands Lacs et dans la vallée laurentienne semblent le résultat de l'utilisation de feux prescrits pour la sélection d'essences spécifiques.

Dans le dernier chapitre de cette recherche, nous nous sommes intéressés succinctement à l'utilisation de feux contrôlés pour la « gestion » des milieux humides souvent envahis par des espèces arbustives (*Alnus incana* ssp. *rugosa* et *Cornus stolonifera*) et des espèces herbacées émergentes. Notre regard s'est porté sur l'envahissement de l'aulne rugueux et du roseau commun (*Phragmites australis* ssp. *australis*) sur le territoire de la réserve nationale de faune du Lac-Saint-François (RNFLSF). Nous avons constaté, par des visites fréquentes, qu'une bonne partie de ce territoire, surtout à l'ouest du chemin de la Pointe-Fraser, est complètement envahie par cet arbuste. La tour d'observation et les sentiers pédestres sont aujourd'hui délaissés, en partie à cause de la forte concentration de l'aulne rugueux. La biodiversité animale et végétale est très probablement affectée par cet envahissement. D'autre part, la présence de plus en plus fréquente de la sous-espèce envahissante du roseau commun autour et dans la Digue aux Aigrettes pourrait, à moyen terme, mettre également en péril la reproduction de la population de grues du Canada (*Antigone canadensis*) nouvellement installée.

Dans notre recension de littérature, nous avons noté que, dès 1973, les chercheurs Auclair, Bouchard et Pajaczkowski avaient signalé que ce territoire était soumis à des feux d'origine anthropiques, plus ou moins régulièrement, qui semblaient maintenir le marais à carex dans son état. Il est dommage que cette hypothèse n'ait pas été étudiée plus en profondeur sur la fréquence, l'origine et la finalité recherchée par les individus qui mettaient, régulièrement ou non, le feu à ce marais. D'ailleurs, Jean et Bouchard (1991) mentionnaient que « la diminution importante de la fréquence des feux serait la cause probable de cette invasion de l'aulne rugueux[10] ».

L'aulne rugueux présent dans la RNFLSF fait aujourd'hui l'objet d'un certain contrôle de la part du gestionnaire du lieu, mais la technologie des feux contrôlés ne fait pas partie des moyens employés. Les feux prescrits, utilisés autrefois par les Autochtones et actuellement par des non-autochtones, surtout dans les Prairies canadiennes et l'Ouest américain, principalement dans les zones humides pour augmenter la capacité de charge de ces différents milieux et éviter leur envahissement par des espèces végétales invasives, mériteraient d'être mieux connus comme outil de gestion. Le savoir autochtone recueilli par les ethnologues à travers le monde semble démontrer que les brûlis « contrôlés » nécessitent une bonne connaissance du milieu, des températures, de l'humidité du sol, etc.; ces informations conditionnent la fréquence, l'intensité, la durée et la profondeur du brûlis prescrit. Les feux prescrits et contrôlés sont un outil intéressant, moins coûteux et moins polluant que les phytocides utilisés actuellement par de nombreux forestiers; ils pourraient également être utiles aux aménagistes et aux écologistes, tant dans la gestion de la faune et des plantes envahissantes que pour la sauvegarde de certains paysages.

Notes

1. Rapporté par Chaochun ZHANG, Johannes A. POSTMA, Larry M. YORK et Jonathan P. LYNCH, 2014, « Root foraging elicits niche complementary-dependent yield advantage in the ancient "three sisters" (maize/bean/squash) polyculture » in *Annals of Botany*, 114, p. 1719-2014.

2. Alexander KOCH, Chris BRIERLEY, Mark M. MASLIN et Simon L. LEWIS, 2019, « Earth system impacts of the European arrival and Great Dying in the Americas after 1492 » in *Quaternary Science Reviews*, 207, (pages 13-36), p. 15.

3. Dans les zones où ce taxon croît, mais probablement pas dans la vallée laurentienne.

4. Par exemple, la fougère-aigle (*Pteridium aquilum*), le pourpier (*Portulaca* sp.), la mollugine (*Mollugo verticillata*), des chénopodes (*Chenopodium* spp.), le maïs (*Zea mays*) et le vinaigrier (*Rhus typhina*).

5. Paul A. DELCOURT et Hazel R. DELCOURT, 2004, *Prehistoric Native Americans and Ecological Change; Human Ecosystems in Eastern North America since the Pleistocene*, Cambridge University Press, Cambridge-New York, 205 pages, p. 93.

6. Sur ce sujet revoir : Henry T. LEWIS, 1982, *A Time for Burning*, Occasional Publication, Number 17, Boreal Institute for Northern Studies, University of Alberta, Edmonton, 62 pages; et Omer C. STEWART, 2002, *Forgotten Fires, Native Americans and the Transient Wilderness*, edited and introductions by Henry T. Lewis and M. Kat Anderson, University of Oklahoma Press, Norman (Oklahoma), 364 pages.

7. Stewart, Omer C., 2002, *Forgotten Fires, Native Americans and the Transient Wilderness*, edited and introductions by Henry T. Lewis and M. Kat Anderson, University of Oklahoma Press, Norman (Oklahoma), 364 pages.

8. Ou « nature sauvage ».

9. Paul MELLARS, 1976, « Fire Ecology, Animal Populations and Man: a Study of some Ecological Relationships in Prehistory » in *Proceedings of Prehistoric Society*, 42, p. 15-45.

10. Jacques BRISSON, Alain COGLIASTRO et Michel ROBERT, 2006, « Controlling Speckled Alder (*Alnus incana* ssp. *rugosa*) Invasion in a Wetland Reserve of Southern Québec », *Natural Areas Journal* (26), p. 78-83.

Bibliographie

[AUTEUR INCONNU], imprimé sans date, *Plainte de la Nouvelle France dicte Canada, A la France sa Germaine, pour servir de Factum en une Cause Pandente au Conseil*, coll. « Classic Reprint Series », www.forgottenbooks.com, [2018], sans pagination.

ABRAMS, Marc D., 2003, « Where Has All the White oak Gone ? » *BioScience*, 53 (10), p. 927-939.

ABRAMS, Marc D. et Gregory J. Nowacki, 2008, « Native Americans as active and passive promoters of mas and fruit trees in the eastern USA », *The Holocene*, 18 (7), p. 1123-1137.

ACHARD, Eugène, 1969, *Le Chemin de Jacques Cartier vers la bourgade d'Hochelaga*, Éditions Eugène Achard, Montréal, 167 pages.

ALEXANDRE, Frédéric et Alain Génin, 2011, *Géographie de la végétation terrestre; modèles hérités, perspectives, concepts et méthodes*, Paris, Armand Colin, 302 pages.

ALFONSE DE SAINTONGE (Jean Fonteneau), 1544 (1904), *Cosmographie avec l'espère et régime du soleil et du nord*, publiée et annotées par Georges Musset, Ernest Leroux éditeur, Paris, 600 pages.

ALLAIRE, Bernard, 2013, *La rumeur dorée, Roberval et l'Amérique*, Les éditions La Presse, Montréal, 159 pages.

ALLER, Wilma F., 1954, « Aboriginal Food Utilization of Vegetation by the Indians of the Great Lakes Region as recorded in the Jesuit Relations », *Quaterly by the Wisconsin Archeological Society*, 35 (3), p. 59-73.

AMOROS C. et P.M. Wade, 1993, » Successions écologiques » in *Amoros*, C. et G.E. Petts (dir.), Hydrosystèmes fluviaux, Masson, Paris, p. 201-231.

ANARSON, Thor, Hebda, Richard J. et Timothy Johns, 1981, « Use of plants for food and medicine by Native Peoples of eastern Canada », *Canadian Journal of Botany*, 59, p. 2189-2325.

ANDERSON, M. Kat et Michael J. Moratto, 1996, « Native American Land-use Practices and Ecological Impacts », *Assessment of scientific basis for management options II*, Centers for Water and Wildland Resources, University of California, p. 187-206.

ANDERSON, M. Kat., « An Ecological Critique » in Stewart, Omer C., 2002, *Forgotten Fires, Native Americans and the Transient Wilderness*, edited and introductions by Henry T. Lewis and M. Kat Anderson, University of Oklahoma Press, Norman (Oklahoma), 364 pages.

ARNOULD, Paul, 2005, « Biodiversité : quelle histoire ? » in Marty, Pascal, Vivien, Franck-Dominique, Lepart, Jacques et Raphaël Larrère (coord.), *Les Biodiversités, objets, théories, pratiques*, Paris, CNRS Éditions, p. 68-77.

ASSELIN, Alain, Cayouette Jacques et Jacques Mathieu, 2014, *Curieuses histoires des plantes du Canada*, tome I, Les éditions du Septentrion, Québec, 286 pages.

AUCLAIR, Allan N., Bouchard, André et Josephine Pajaczkowski, 1973, « Plant composition and species relations on the Huntingdon marsh », Québec, *Canadian Journal of Botany*, 51, p. 1231-1247.

AVIQ, juillet 2016, *Fièvre typhoïde et paratyphoïde* : [en ligne] https://www.wivisp.be/matra/Fiches/Fi%C3%A8vre_Typhoide.pdf.

BAKER, W.L., 1995, « Long-term response of disturbance landscapes to human intervention and global change », *Landscape Ecology*, 10 (3), p. 143-159.

BALAC, Anne-Marie, Chapdelaine, Claude, Clermont Norman et Françoise Duguay (direction), mai 2005, *Archéologie québécoise*, Collection « Paléo-Québec », n° 23, Recherches amérindiennes au Québec, Montréal, 496 pages.

BALÉE, William (ed.), 1998, *Advances in Historical Ecology*, Columbia University Press, New York, 429 pages.

BARRÉ, Georges et Laurent Girouard, 1978, « Les Iroquoiens : premiers agriculteurs », *Recherches amérindiennes au Québec*, VII (1-2), Montréal, p. 43-54.

BELMONT, François Vachon de Belmont, 1702, « Description générale de l'île de Montréal ». Carte MS 1198, Bibliothèque de la Compagnie de Saint-Sulpice, Paris; [en ligne] https://archivesdemontreal.ica-atom.org/1702-1-description-generalle-sic-de-lisle-de-montreal-19-original-cree-le-15-octobre-1702.

BERTRAND, Georges, 1975, « Pour une histoire écologique de la France rurale » in *Histoire de la France rurale; des origines au XIVᵉ siècle*, volume dirigé par Georges Duby, Paris, Seuil, p. 34-116.

BERQUE, Auguste, 2009, *Médiance de milieux en paysages*, Paris, Belin Éditeur, 160 pages.

BETTS, Colin M. 2006, « Pots and Pox: The Identification of Protohistoric Epidemics in the Upper Mississippi Valley », *American Antiquity*, 71 (2), pp.233-259.

BIBEAU, Pierre, 1980, « Les palissades des sites iroquoiens », *Recherches amérindiennes au Québec*, X (3), Montréal, p. 189-197.

BIGGAR, H.P., 1930, *A Collection of Documents Relating to Jacques Cartier and the Sieur de Roberval*, Ottawa, Publication des Archives canadiennes, n° 14.

BIRCH, Jennifer and Ronald F. Williamson, 2015, « Navigating ancestral landscapes in the Northern Iroquoian world », *Journal of Anthropological Archaeology* 39, p. 139-150.

BLACK, Meridith Jean, 1980, *Algonquin Ethnobotany, an Interpretation of Aboriginal adaptation in Southwest Québec*, Mercury Series, National Museum of Man, Service Paper, National Museums of Canada, Ottawa, 252 pages.

BLACK, Bryan A., Ruffner, Charles M. and Marc D. Abrams, 2006, « Native American Influence on the Forest composition of the Allegheny Plateau, northwest Pennsylvania », *Canadian Journal of Forestry Ressources* 36, p. 1266-1275.

BLANDIN, Patrick, 2009, *De la protection de la nature au pilotage de la biodiversité; conférence-débat organisée par le groupe*, « Sciences en questions », Paris, Inra, 4 octobre 2007, Éditions Quae et Inra, (Versailles), France, 122 pages.

BLANDIN, Patrick, 2007, « L'écosystème existe-t-il ? Le tout et la partie en écologie » in Martin T. (coord.), *Le tout et les parties dans les systèmes naturels*, Vuibert, Paris, p. 21-46.

BLANDIN, Patrick et Maxime Lamotte, 1988, « Recherche d'une entité écologique correspondant à l'étude des paysages : la notion d'écocomplexe », *Bull. Ecol.*, 19 (4), pages 547-555.

BOIVIN, Bernard, avril/août 1977, « La flore du Canada en 1708; étude d'un manuscrit de Michel Sarrazin et Sébastien Vaillant », *Études littéraires*, 10 (1-2), Les Presses de l'Université Laval, Québec, p. 223-297.

BOTKIN, Daniel, 2012, *The Moon in the Nautilus Shell; Discordant Harmonies Reconsidered*, New York, Oxford University Press, xxii + 424 pages.

BOTKIN, Daniel, 1990, *Discordant Harmonies: A new Ecology for the twenty-first Century*, New York, Oxford University Press, xii + 241 pages.

BOUCHARD, André, 1996, « Le Haut-Saint-Laurent, un paysage aussi naturel que culturel », *Liberté*, 38 (4), p. 29-41; [en ligne] http://id.erudit.org/iderudit/32469ac.

BOUCHER, Pierre, [1664], *Histoire véritable et naturelle des mœurs et productions du Pays de la Nouvelle-France vulgairement dite le Canada*, Florentin Lambert, Paris, 1964. Fac-similé de la Société historique de Boucherville, Longueuil, 415 pages.

BOURGEON, Lauriane, Burke, Adriane et Thomas Higham, 2017, « Earliest Human Presence in North America Dated to the Last Glacial Maximum: New Radiocarbon Dates from Bluefish Caves, Canada », *Humans in North America during the Last Glacial Maximum*, Plos One | DOI:1371/journal.pone.0169486, 15 pages.

BOURQUE, Pierre André, 1997-2004, « Le Quaternaire au Québec : une histoire de glaciations-dégalaciations in *Le Québec géologique*, site internet, département de Géologie, Université Laval : http://www2.ggl.ulaval.ca/personnel bourque/s5/5.5. quaternaire.html.

BOWMANN, David M.J.S., Balch, Jennifer, Artaxo, Paulo, Bond, William J., Cochrane, Mark A., D'Antonio, Carla M., DeFries, Ruth, Johnston, Fay H., Keeley, Jon E, Krawchuk, Meg A., Kull, Christian, Mack Michelle, Moritz, Marz A., Pyne Stephen, Roos, Christopher I., Scott, Andrew C, Sodhi, Navjot S. and Thomas W. Swetnam, 2011, « The human dimension of fire regimes on Earth », *Journal of Biogegraphy*, Blackweel Publishing Ltd, 14 pages http://wileylinelibrary.com3journal3jbi doi: 10.1111/j.1365-2699.2011.02595.x.

BOYKE-DIAKANOW, M., 1979, « The laminated sediments of Crawford Lake » in *Moraines and Varve*, Ch. Schuchter (ed.), Balkena, Roterdam, p. 3003-307.

BRAUDEL, Fernand, (sous la direction), 1984, *Le monde de Jacques Cartier, l'aventure au XVIe siècle*, Libre-Expression, Montréal / Berger-Levrault, Paris, 317 pages.

BRÉBEUF, Jean de, 1635-1637, *Écrits en Huronie*, texte moderne établi et annoté par Gilles Thérien, coll. « Bibliothèque Québécoise », Éditions Hurtubise et Leméac, Éditeur, 2000, Montréal, 359 pages.

BRIAND, C.H., 2005, « The common persimmon (*Disopyros virginiana* L.): the History of an underutilized fruit tree (16th-19th centuries) », *Hutia*, 12 (1), p. 71-89.

BRISSON, Jacques et André Bouchard, 2003, « Human activities caused major changes in tree composition in southern Québec, Canada », *Ecoscience*, 10, p. 236-246.

BRISSON, Jacques, Cogliastro, Alain et Michel Robert, 2006, « Controlling Speckled Alder (*Alnus incana* ssp. *rugosa*) Invasion in a Wetland Reserve of Southern Québec », *Natural Areas Journal* (26), p. 78-83.

BRISSON, Jacques, 2006, « Une rare vestige du passé au cœur d'un territoire agricole : le Boisé-des-Muir », *Cap-aux-Diamants* (86), p. 33-35 : [en ligne] id.erudit.org/iderudit/7001ac.

BROMLEY, Stanley W., 1935, « The Original Forest Types of Southern New England », *Ecological Monographs*, 5 (1), Ecological Society of America, pages 61-89 : [en ligne] http://links.jstor.org.

BROMLEY, Stanley W., 1945, « An Indian relic area », *Scientific Monthly*, 60, p. 153-154.

BUREL, Françoise et Jacques Baudry, 1999, *Écologie du paysage, concepts, méthodes et applications*, Éditions Technique & Documentation, Paris, 359 pages.

BURRAGE, Henry S. (ed.), 1967, *Early English and French Voyages (Chiefly from Hakluyt) 1534-1608*, (1906) reprinted by Barnes & Noble, Inc., New York, 453 pages.

BYRNE, Denis, 2010, « Counter-Mapping in the Archaeological Landscape », *Handbook of Landscape Archaeology*, B. David and J. Thomas, editors, Routledge, London & New York, p. 609-616.

BYRNE, Roger, 1998, « Areal Variation in Woodland Food Plant Potential around Crawford Lake » in Finlayson, William D., with contributions by Mel Brown, Roger Byrne, Jim Esler, Ron Farquer, Ron Hancock, Larry Pavlish and Charles Turton, *Iroquoian Peoples of the land of Rocks and Water, A.D. 100-1650: A study in settlement Archaeology*, Volume 1, London Museum of Archaeology, London (Ontario), p. 121-138.

BYRNE, Roger and Charles Turton, 1998, « Experimental Pollen Studies in the Crawford Lake Region » in Finlayson, William D., with contributions by Mel Brown, Roger Byrne, Jim Esler, Ron Farquer, Ron Hancock, Larry Pavlish and Charles Turton, *Iroquoian Peoples of the land of Rocks and Water, A.D. 100-1650: A study in settlement Archaeology, Volume 1, London Museum of Archaeology*, London (Ontario), p. 91-93.

BYRNE, Roger and William D. Finlayson, 1998, « Iroquoian Agriculture and Forest Clearance at Crawford Lake, Ontario » in Finlayson, William D., with contributions by Mel Brown, Roger Byrne, Jim Esler, Ron Farquer, Ron Hancock, Larry Pavlish and Charles Turton, 1998, *Iroquoian Peoples of the land of Rocks and Water, A.D. 100-1650: A study in settlement Archaeology*, Volume 1, London Museum of Archaeology, London (Ontario), p. 94-107.

CAMPBELL, I.D. and Celina Campbell, 1994, « The Impact of late Woodland land use on the Forest Landscape of southern Ontario », *The Great Lakes Geographer*, 1 (1), p. 21-30.

CARTIER, Jacques, 1984, *Récits de mes voyages au Canada (1534-1535-1540)*, textes et documents retrouvés à partir d'une édition de 1843 par Sylvain Campeau, Éditions Pacifique Saint-Laurent, Montréal, 96 pages.

CARTIER, Jacques, 1986, *Relations*, édition critique par Michel Bideaux, Les Presses de l'Université de Montréal, Montréal, 500 pages.

CAUBOUE, Madeleine, 2007, *Description écologique des forêts du Québec*, Centre collégial de développement de matériel didactique/ Collège de Maisonneuve, Montréal, 293 pages + 1 carte.

CECI, Lyn, avril 1975, « Fish Fertilizer: A Native North American Practice ? », *Science*, New Series, 188 (4183), p. 26-30.

CHAMBELAIN, Lucia Sarah, janvier 1901, « Plants used by the Indians of Eastern North America », *The American Naturalist*, 35 (409), The University of Chicago Press, p. 1-10 : [en ligne] www.jstor.org/stable/2453696.

CHAMPLAIN, Samuel de, 1870, *Œuvres de Champlain*, éd. Laverdière, Charles-Honoré, Québec, Géo-E. Desbarats, 6 vol., réimpression en fac-similé [1973], Éditions du Jour, 3 vol., Montréal, 1478 pages.

CHAMPLAIN, Samuel de, 1599, 1601, *Brief Discours…*, 1603, *Des Sauvages*, réédition annotée et modernisée par Éric Thierry, sous le titre *Espion en Amérique 1598-1603*, Québec, Les éditions du Septentrion, Sillery (Québec), 2013, 224 pages.

CHAMPLAIN, Samuel de, 1613, *Les Voyages du Sieur de Champlain, saintongeais*, Paris, Jean Bergeron. Réédition annotée et modernisée par Éric Thierry, sous le titre *Les Fondations de l'Acadie et de Québec, 1604-1611*, Québec, Les éditions du Septentrion, Sillery (Québec), 2008, 293 pages.

CHAMPLAIN, Samuel de, 1619, *Voyages et découvertes faite en la Nouvelle-France, depuis l'année 1615 jusqu'à l'année 1618*, Paris, Claude Collet. Réédition annotée et modernisée par Éric Thierry, sous le titre *À la rencontre des Algonquins et des Hurons, 1612-1619*, Québec, Les éditions du Septentrion, Sillery (Québec), 2009, 235 pages.

CHAMPLAIN, Samuel de, 1632, *Les voyages de la Nouvelle-France occidentale, dicte Canada*, Paris, Claude Collet, Réédition annotée et modernisée par Éric Thierry, sous le titre *Au secours de l'Amérique française 1632*, Québec, Les éditions du Septentrion, Sillery (Québec), 2011, 694 pages.

CHAPDELAINE, Claude (direction), 1978, « Images de la préhistoire du Québec », *Recherches amérindiennes au Québec*, VII (1-2), Montréal, 141 pages.

CHAPDELAINE, Claude, 1980, « L'ascendance culturelle des Iroquoiens du Saint-Laurent », *Recherches amérindiennes au Québec*, X (3), Montréal, p. 145-151.

CHAPDELAINE, Claude, 1989, *Le site Mandeville et la variabilité des Iroquoiens du Saint-Laurent*, Recherches amérindiennes au Québec, Montréal, 295 pages.

CHAPDELAINE, Claude, 1993, « The Sedentarization of the Prehistoric Iroquoians: A Slow or Rapid Transformation ? », *Journal of Anthropological Archaeology*, 12, p. 173-209.

CHAPDELAINE, Claude, 1998, « L'espace économique des Iroquoiens de la région de Québec : un modèle pour l'emplacement des villages semi-permanents dans les basses terres du Cap Tourmente » in Tremblay, Roland, *L'éveilleur et l'ambassadeur, Essais archéologiques et ethno-historiques en hommage à Charles A. Martijn*, Collection « Paléo-Québec, n° 27 », Recherches amérindiennes au Québec, Montréal, p. 81-90.

CHAPDELAINE, Claude et Pierre Corbeil, 2004, *Un traducteur du passé, mélanges en hommage à Norman Clermont*, Collection « Paléo-Québec, n° 31 », Recherches amérindiennes au Québec Éditeur, Montréal, 269 pages.

CHAPDELAINE, Claude (direction), 2015, *Mailhot-Curran, un village iroquoien du XVIe siècle*, Collection « Paléo-Québec, n° 35 », Recherches amérindiennes au Québec Éditeur, Montréal, 412 pages.

CHAPDELAINE, Claude, 2016, « Pour une archéologie sociale sur les sites de Droulers/Tsiionhiakwatha et Mailhot-Curran » dans Chapdelaine, C., Burke, A. et K. Gernigon (dir.), *L'archéologie des maisonnées – pour une approche comparative transatlantique*, Actes du colloque international, 24 et 25 octobre 2014, Université de Montréal, Palethnologie, 8, (p. 83-99), page 85.

CHAPDELAINE, Claude (direction), 2018, *Le site McDonald, le plus vieux village iroquoien de Sainte-Anicet*, Collection « Paléo-Québec, n° 37 », Recherche amérindiennes au Québec Éditeur, Montréal, 191 pages.

CHAPDELAINE, Claude et Pierre, J.H. Richard, 2017, « Middle and Late Paleoindian Adaptation to the Landscapes of Southeastern Québec », *PaleoAmerica, A journal of early human migration and dispersal*, p. 1-14; http://dx.doi.org/10.1080/20555563.2017.1379848.

CHAPMAN, Jefferson, Delcourt, Paul. A., Cridlebaugh, Patricia A., Shea Andrea B. et Hazel R. Delcourt, hiver 1982, « Man-land Interaction: 10,000 years of American Indian Impact on native Ecosystems in the Lower Little Tennessee River Valley, Eastern Tennessee », *Southern Archeology*, 1 (2), p. 115-121.

CHAPMAN, Joseph A. et George A. Feldhamer (editors), 1982, *Wild Mammals of North America*, The John's Hopkins University Press, Baltimore and London, 1146 pages.

CHARLEVOIX, F.-X., 1744, *Histoire et description générale de la Nouvelle-France avec le Journal historique d'un Voyage…*, Paris, Nyon fils.

CHARTIER, Jean, 28 août 1997, « Splendeur dans les marais » in *Le Devoir*, Montréal.

CLARK, James S. and P. Daniel Royall, 1995, « Transformation of a northern hardwood forest by aboriginal (Iroquois) fire: charcoal evidence from Crawford Lake, Ontario, Canada », *The Holocene*, 5 (1), p. 1-9.

CLARK, James S. and P. Daniel Royall, 1996, « Local and regional sediment charcoal evidence for fire regimes in presettlement north-eastern North America », *Journal of Ecology*, 84, p. 365-382.

CLARK, James S. *et al.*, 1998, « Reid's Paradox of Rapid Plant Migration; Dispersal theory and interpretation of paleo-ecological records », *BioScience*, 48 (1), p. 13-24.

CLÉMENT, Vincent, 2002, *De la marche-frontière au pays-des-bois; forêts, sociétés paysannes et territoires en vieille-Castille (XIe-XXe siècle)*, Madrid, Casa de Velázquez, 383 pages.

CLÉMENT, Vincent et Antoine Gavoille, 1994, « Gérer la nature ou gérer des paysages : enjeux scientifiques, politiques et sociaux » in *Mélanges de la Casa de Velázquez (MCV)*, T. XXX (3), p. 239-262).

CLEMENTS, Frederic E., 1916, *Plants succession; an analysis of the development of vegetation*, Cornell University Library, New York, 512 pages.

CLERMONT, Norman, 1980, « L'augmentation de la population chez les Iroquoiens préhistoriques », *Recherches amérindiennes au Québec*, X (3), Montréal, p. 159-163.

CLERMONT, Norman, 1980, « La sédentarisation des groupes non agriculteurs dans la Plaine de Montréal », *Recherches amérindiennes au Québec*, X (3), Montréal, p. 153-158.

CLERMONT, Norman, 1991, « Quand Montréal s'appelait Hochelaga », *Cap-aux-Diamants*, 27, spécial 350 fois Montréal, Québec, p. 14-17 : [en ligne] id.erudit.org/iderudit/7923ar.

COOK, Sherburne F., 1973, « The Significance of Disease in the Extinction of the New England Indians », *Human Biology*, 45 (3), p. 485-508.

COOPER, Martin S., « "In Order to Bring Them to Trade": Neutral Exchange during the Sixteenth Century », *Contact in the 16th Century, Network among Fishers, Foragers and Farmers*, Mercury Series, Archeology Papers 176, Canadian Museum of History and University of Ottawa Press, p. 257-267.

CRAMPTON, J. W., 2001, « Maps as social constructions: power, communication and visualization », *Progress in Human Geography*, 25 (2), p. 235-252.

CRAWFORD, Gary W. et David D. Smith, 2003, « Paleoethnobotany in the Northeast », *People and Plants in ancient eastern North America*, Paul E. Minnis, éditeur, Smithsonian Books, Washington/London, p. 172-257.

CRAWFORD, Gary W., 2011, « People and Plants Interactions in the Northeast » in Smith, Bruce D. (edi.), *The subsistence economies of indigenous North American Societies*, Smithsonian Institution Scholarly Press, Washington (D.C), p. 431-447.

CRITES, Gary D., 1987, « Human-Plant Mutualism and Niche Expression in the Paleo-ethnobotanical Record: A Middle Woodland Example » in *American Antiquity*, 52 (4), Cambridge University Press, p. 725-740.

CRONON, William, 1983, *Changes in the Land; Indians, Colonists, and the Ecology of New England*, Hill and Wang, New York, 241 pages.

CRONON, Williams, 2009, « Le problème de la wilderness, ou le retour vers une mauvaise nature », *Écologie & Politique*, 38, p. 173-199.

CROSBY Jr., Alfred W., 1972, *The Columbian Exchange; Biological and Cultural Consequences of 1492*, Contributions in American Studies, n° 2, Greenwood Press, Inc., Greenwood Press, Westport (Connecticut), 268 pages.

CROSBY Jr., Alfred W., 1976, « Virgin Soil Epidemics as a Factor in the Aboriginal Depopulation in America », *The William and Mary Quaterly*, 3rd Ser., 33 (2), p. 289-299.

DAY, Gordon M., 1953, « The Indian as an Ecological Factor in the Northeastern », *Ecology*, 34 (2), Ecological Society of America and the Duke University Press, Lancaster, Pennsylvanie, p. 329-346.

DE BLOIS, Sylvie, 1994, *La dynamique du thuya occidental (Thuja occidentalis L.) dans le paysage agro-forestier du Haut-Saint-Laurent*, Québec, mémoire présenté à la Faculté des études supérieures en vue de l'obtention du grade de Maître ès Sciences (M. Sc.) en Sciences biologiques, Université de Montréal, 60 pages + annexes.

DECHÊNE, Louise, 1988, *Habitants et marchands de Montréal au XVIIe siècle*, « Boréal compact », Éditions Boréal, Montréal, 532 pages.

DELÂGE, Denys, 1991, *Le pays renversé; Amérindiens et Européens en Amérique du Nord-Est 1600-1664*, Les Éditions du Boréal, Montréal, 424 pages.

DELCOURT, Paul A., Delcourt, Hazel R., Ison, Cecil R., Sharp, William E. and Kristen J. Gremillion, avril 1998, « Prehistoric Human Use of Fire, the Eastern Agricultural Complex, and Appalachian Oak-Chesnut Forests: Paleoecology of Cliff Palace Pond, Kentucky », *American Antiquity*, 63 (2), p. 263-278.

DELCOURT, Paul A., and Hazel R. Delcourt, 2004, *Prehistoric Native Americans and Ecological Change; Human Ecosystems in Eastern North America since the Pleistocene*, Cambridge University Press, Cambridge-New York, 205 pages.

DELHON, C., Moutarde. F., Tengberg M. et S. Thiébault, 2003, « Perceptions et représentations de l'espace à travers les analyses archéobotaniques » in *Études Rurales*, 3-4, n° 167-168, p. 285-294 : [en ligne] http://etudesrurales.revues.org/8030.

DE LUMLEY, Henry, 2017, *La domestication du feu aux temps paléolithiques*, Odile Jacob, Paris, 181 pages.

DENEVAN, William M., 1992, « The Pristine Myth: The Landscape of the Americas in 1492 », *Annals of the Association of American Geographers*, 82 (3), p. 369-385.

DENSMORE, Frances, 1974, *How Indians use wild plants for food, medicine & crafts, formely titles Uses of Plants by the Chippewa Indians*, originally published in 1928, Dover Publications, New York, 118 pages.

DE REPENTIGNY, L.- G., 1988, *Histoire et ressources biologiques de la Réserve nationale de faune du lac Saint-François*, Service canadien de la faune, Environnement Canada, Ottawa, 39 pages.

DE REPENTIGNY, L.-G., 1982, *Éléments d'histoire naturelle et humaine de la région de la Réserve nationale de faune du lac Saint-François*, Service canadien de la faune, Environnement Canada, non publié.

DE REPENTIGNY, L.-G., 1976, *Inventaire préliminaire des habitats de la Réserve nationale de faune du lac Saint-François à Dundee*, Québec, Service canadien de la faune, région du Québec, Environnement Canada, Saint-Foy, 474 pages.

DE ROCOLES, J.-B., 1660, *Quelques particularités du pays des Hurons en la Nouvelle-France, remarquées par le Sieur Gendron, Docteur en Médecine, qui a demeuré dans ce Pays-là fort longtemps*, Troyes et Paris, 26 pages.

DESCOLA, Philippe, 2013, « Anthropologie de la Nature : les formes du paysage », *L'annuaire du Collège de France* [en ligne], 112, p. 649-669 : http//journal.openedition.org/annuaire-cdf/737.

DESCOLA, Philippe, 2014, « Anthropologie de la Nature : les formes du paysage (suite) », *L'annuaire du Collège de France* [en ligne], 113, p. 679-701 : http//journal.openedition.org/annuaire-cdf/2580.

DESCOLA, Philippe, 2015, « Anthropologie de la Nature : les formes du paysage (suite et fin) », *L'annuaire du Collège de France* [en ligne], 114, p. 757-781 : http//journal.openedition.org/annuaire-cdf/11954.

DESROSIERS, Léo-Paul, 1998, *Iroquoisie, tome 1 (1534-1652)*, Les éditions du Septentrion, Sillery (Québec), 324 pages.

DICKENSON, Victoria, 2008, « Cartier, Champlain, and the Fruits of the New World: Botanical Exchange in the 16th and 17th Centuries », *Scientia Canadensis*, 311 (2), p. 27-47 : [en ligne] id.erudit.org/iderudit/019753ar.

DICKMAN, Donald I. and Jeanette L. Rollinger, 1998, « Fire for Restoration of Communities and Ecosystems » (Meeting Review), *Bulletin of the Ecological Society of America*, p. 157-160.

DOBYNS, Henry F., 1983, *Their Number become Thinned; native American Population dynamics in eastern North America*, Native American Historic Demography Series, The University of Tennessee Press, Knowville, 378 pages.

DOMON, Gérald et André Bouchard, 2007, « The landscape history of Godmanchester (Quebec, Canada) two centuries of shifting relationships between anthropic and biophysical factors », *Landscape Ecology*.

DOOLITTLE, William E., 1992, « Agriculture in North America on the Eve of Contact: A Reassessment », *Annals of the Association of American Geographers*, 82 (3), p. 386-401.

DOOLITTLE, William E., 2000, *Cultivated Landscapes of Native North America*, Oxford University Press, New York, 574 pages.

DOOLITTLE, William E., 2004, « Permanent vs. shifting cultivation in the Eastern Woodlands of North America prior the European contact », *Agriculture and Human Values*, 21, p. 181-189.

DRIVER, Harold E. et William C. Massey, 1957, « Comparative Studies of North American Indians », *Transactions of the American Philosophical Society*, New Series 47 (2), The American Philosophical Society, Philadelphia, p. 165-456.

DROÜIN, François, hiver 2013, « Je me souviens : La carte de Champlain de 1612 », *Cap-aux-Diamants*, 112, Québec, p. 66-67 : [en ligne] id.erudit.org/iderudit/68235ac.

DUBOS, René, 1973, *L'homme et l'adaptation au milieu*, traduction de *Man Adapting* (1965), Payot, Paris, 472 pages.

DUMEZ, Richard, 2009, « De l'agriculture à la protection de la nature. Le rôle des feux pastoraux dans un espace protégé » in Raphaël Larrère *et al. Histoire des parcs nationaux. Comment prendre soin de la nature?* Éditions Quae / Musée national d'histoire naturelle, pages 157-170.

DUNHAM, Sean B., 2009, « Nuts about Acorns: A Pilot Study on Acorn Use in Woodland Period Subsistence in the Eastern Upper Peninsula of Michigan », *The Wisconsin Archeologist*, 90 (1-2), p. 113-130.

DUTREUIL, Sébastien et Arnaud Pocheville, 2015, « Les organismes et leur environnement : la construction de niche, l'hypothèse Gaïa et la sélection naturelle », *Bulletin de la société d'histoire et d'épistémologie des sciences de la vie*, 22 (1) : [en ligne] http://www.biusante. parisdescartes.fr/shesvie/pub_cad.htam>.<jal-01227499>.

DWIGHT, Timothy, 1821, *Travels in New England and New York*, Vol. 1, printed for William Bagnes and sons, and Ogle, Duncan & Co, Edinburgh, 483 pages.

ENVIRONNEMENT CANADA, 2014, *Plan de gestion de la réserve nationale de faune du Lac Saint-François*, Environnement Canada, Service de la faune, Québec, 54 pages.

ERICHSON-BROWN, C., 1980, *Use of Plants for the past 500 years*, Breezy Creek Press, Aurora (Ontario) 512 pages.

ERIKSON, Clark L., 2008, « Chap. 11: Amazonia: The Historical Ecology of a Domesticated Landscape » in Helaine Silverman and William Isabell (Eds.) *The Handbook of South America Archaeology*, New York, Springler, p. 157-183.

FARRAR, John Laird, 1995, *Les arbres du Canada*, Fides / Montréal, Service canadien des forêts / Ottawa, 502 pages.

FAUTEUX, Joseph-Noël, 1927, « Exploitation des forêts », *Essai sur l'industrie au Canada sous le régime français*, Vol. 1, L.S-A. Proulx, Imprimeur, p. 170-219.

FAUTEUX, Joseph-Noël, 1927, « Construction navale », *Essai sur l'industrie au Canada sou les régime français*, Vol. 1, L.S-A. Proulx, Imprimeur, p. 220-281.

FAUTEUX, Joseph-Noël, 1927, « Goudron et potasse », *Essai sur l'industrie au Canada sous le régime français*, Vol. 2, L.S-A. Proulx, Imprimeur, p. 308-344.

FAY, Nelville, 2002, « Environmental Arboriculture, Tree Ecology and Veteran Tree Management », *Arboricultural Journal*, 26 (3), p. 213-238.

FECTEAU, Rodolphe David, 1985, *The Introduction and diffusion of cultivated plants in southern Ontario*, Thesis of Mater of Arts, York University, 289 pages.

FENTON, William N., 1940, « Problems arising from the historic North-eastern position of the Iroquois » 100, *Smithsonian miscellaneous collections*, Smithsonian Institution, Washington (D.C), p. 159-251.

FINLAYSON, William D., with contributions by Mel Brown, Roger Byrne, Jim Esler, Ron Farquer, Ron Hancock, Larry Pavlish and Charles Turton, 1998, *Iroquoian Peoples of the land of Rocks and Water, A.D. 1000-1650: A study in settlement Archaeology*, Volume 1, London Museum of Archaeology, London (Ontario), 448 pages.

FORD, Richard I. 1981, « Ethnobotany in North America: an historical phytogeographic perspective », *Canadian Journal of Botanic*, 59, p. 2178-2188.

FORMAN, Richard T.T. and Emily W.B. Russel, mars 1983, « Evaluation of Historical Data in Ecology », *Bulletin of the Ecological Society of America*, 64 (1), p. 5-7.

FORSTER, David, 2002, « Insights from historical geography to ecology and conservation: lessons from the New England landscape », *Journal of Biogeography*, 29, Blackwell Science Ltd, p. 1269-1275.

FORSTER, David R., Clayden, Susan, Orwig, David A., Hall, Brian and Sylvia Barry, 2002, « Oak, chesnut and fire: climatic and cultural controls of long terms forest dynamics in New England, USA », *Journal of Biogeography*, 29, Blackwell Science Ltd, p. 1359-1379.

FOSTER, David R. et John D. Aber (edit.), 2004, *Forests in Time: The Environmental Consequences of 1,000 Years of Change in New England*, Yale University Press, Mew Heaven, 478 pages.

FORTIN, Daniel, 2017, *Histoire naturelle des Indes occidentales du père Louis Nicolas, tome III : Les oiseaux et les poissons*, Les Éditions GID, Québec, 519 pages.

FORTIN, Daniel, 2015, *Histoire naturelle des Indes occidentales du père Louis Nicolas, tome II : Les mammifères*, Les Éditions GID, Québec, 415 pages.

FORTIN, Daniel, 2014, *Histoire naturelle des Indes occidentales du père Louis Nicolas, tome 1 : La botanique*, Les Éditions GID, Québec, 462 pages.

FORTIN, Daniel, 2012, *Une histoire des jardins au Québec, tome I; De la découverte d'un nouveau territoire à la conquête*, Les Éditions GID, Québec, 438 pages.

FORTIN, D. 2010. *Une histoire des jardins au Québec, tome II; de la Conquête à la crise économique de 1929*, manuscrit publié par l'auteur en deux volumes reliés et déposé à la bibliothèque du jardin botanique de Montréal, 481 pages.

FORTIN, Daniel, 1989, « Les zones de végétation au Sénégal », *Quatre-temps*, 13 (3), Montréal, p. 11-25.

FORTIN, Daniel et Louis Belzile, 1996, *Le parc du Bic, Saint-Laurent (Québec)*, Éditions du Trécarré, 89 pages.

FREEMAN, Jacob, Peeples, Matthew A, and John M. Anderies, 2015, « Toward a theory of non-linear transitions form foraging to farming », *Journal of Anthropological Archaeology*, 40, p. 109-122.

FREINKEL, Susan, 2009, *American Chestnut: The Life, Death, and Rebirth of a Perfect Tree*, University of California Press, 304 pages.

FRIEDEL, Henri, 1980, *Dictionnaire de l'écologie et de l'environnement*, Librairie Larousse, Paris, 284 pages.

FRITZ, Gayle J., 2000, « Levels of Native Biodiversity in Eastern North America » in *Biodiversity and Native America*, Minnis, Paul E. and Wayne J. Elisens (edit.), University of Oklahoma Press, Norman, p. 223-247.

FRONTENAC, comte de [Louis de Buade], 1673, « Lettre du gouverneur de Frontenac au ministre Colbert », *Rapport de l'Archiviste de la province de Québec, 1926-1927*, page 41.

GAGNÉ, Gérard, 1982, « La paléopathologie humaine », *Recherches amérindiennes au Québec*, XII (1), Montréal, p. 3-10.

GAGNON, François-Marc, 2004, « Champlain, peintre ? » in *Champlain, la naissance de l'Amérique française*, sous la direction de Raymonde Litalien et Denis Vaugeois, Éditions du Nouveau Monde et Les éditions du Septentrion, Sillery (Québec), p. 303-311.

GALINÉE, René Bréhan de, 1875, *The journey of Dollier and Galinée*, document No. AJ-049 of American Journeys Collection, Wisconsin Historical Society Digital Library and Archives, 2003, p. 162-209.

GALINÉE, René Bréhan de, 1875, « Voyage de MM. Dollier et Galinée » in *Mémoires de la Société historique de Montréal*, La Minerve, imprimeur, Montréal, 84 pages.

GANDOULY, Thibault, sans date, « Les forêts françaises des origines à nos jours » in *Philisto* [en ligne]; https://www.philisto.fr/article-58-forets-francaises-des-origines-nos-jours.html.

GARDNER, Paul S., 1997, « The Ecological Structure and Behavioral Implications of Mast Exploitation Strategies » in *People, Plants, and Landscapes, Studies in Paleoethnobotany*, Kristen J. Gremillion (edi.), The University of Alabama Press, Tuscaloosa and London, p. 161-178.

GATES ST-PIERRE, Christian, 2016, « Iroquoians in the St. Lawrence River Valley before European Contact », *Ontario Archeology*, 96, p. 47-64.

GATES ST-PIERRE, Christian et Robert G. Thompson, 2015, « Phytolith evidence for the early presence of maize in southern Québec » in *American Antiquity*, 80 (2), p. 408-415.

GAUCHÉ, Évelyne, 2015, « Le paysage existe-t-il dans les pays du Sud ? Pistes de recherches sur l'institutionnalisation du paysage », *VetigO, la revue électronique en sciences de l'environnement*, 15 (1), 25 pages.

GAUCHÉ, Évelyne, 2015, « Le paysage à l'épreuve de la complexité : les raisons de l'action paysagère », *Cybergeo: European Journal of Geography* [en ligne], Environnement, Nature, Paysage, document 742 : [en ligne] http//journals.openedition.org/cybergeo/27245.

GERALD, John, 1633, *The Herball or General History of Plants* (revised and enlarged by Thomas Johnson), facsimilé edition, Dover Publication, New York, 1975, 1618 pages.

GERTH VAN WIJK, H.L., 1966, *Dictionary of Plants Names*, en quatre volumes, reprint of 1916 edition, A. Ashe & Co., Amsterdam, 880 p., 816 p., 710 p. et 734 pages.

GRANDTNER, Miroslav, 1966, *La végétation forestière du Québec méridional*, Presses de l'Université Laval, Québec, 216 pages.

GRATTON, L., 1996, *La restauration des prairies humides de la Réserve nationale de faune du lac Saint-François*, Rapport présenté à Environnement Canada, Service canadien de la faune, Québec, 18 pages + annexes + carte.

GREER, Allan, 1998, *Brève histoire des peuples de la Nouvelle-France*, trad. de *The People of New France*, Les Éditions du Boréal, Montréal, 166 pages.

GREMILLION, Kristen J., 2003, « Eastern Woodlands Overview », in *People and Plants in ancient eastern North America*, Paul E. Minnis, (edi.), Smithsonian Books, Washington/London, p. 17-49.

GUILLE-ESCURET, Georges, 1996, « La niche écologique contre l'écosystème et l'intervention négligée des faits techniques », *Anthropologie et Sociétés*, (20) 3, p. 85-105) : [en ligne] id.erudit.org/iderudit/015435ar.

HACKETT FISCHER, David, 2011, *Le rêve de Champlain*, traduit par Daniel Poliquin, Éditions du Boréal, Montréal, 999 pages.

HAMEL, Paul B. and Edward R. Buckner, 1998, « How Far Could a Squirrel Travel in the Treetops ? A Prehistory of the Southern Forest », *Translations 63, Wildlife and Natural Ressources Conference*, p. 309-315.

HAMELIN, Jean, 1960, *Économie et Société en Nouvelle-France*, Les Presses de l'Université Laval, Québec, 137 pages.

HAMMETT, Julia E., 2000, « Ethnohistory of Aboriginal Landscapes in the Southeastern United States » in *Biodiversity and Native America*, Minnis, Paul E. and Wayne J. Elisens (edit.), University of Oklahoma Press, Norman, p. 248-299.

HAMMETT, Julia E., 1997, « Interregional Patterns of Land Use and Plant Management in Native North America » in *People, Plants, and Landscapes, Studies in Paleoethnobotany*, Kristen J. Gremillion (edi.), The University of Alabama Press, Tuscaloosa and London, p. 195-216.

HANNAN, Angel A., 1944, « A Chapter in the History of Huronia at Ossossané in 1637 », *CCHA Report*, 11, p. 31-42.

HARLEY, John Brian, sep. 1992, « Rereading the Maps of the Columbian Encounter », *Annals of the Association of American Geographers*, 82 (3), Taylor & Francis publishers, p. 522-542.

HARLEY, Brian, 1995, « La carte en tant que biographie : réflexions sur la carte du service cartographique de l'État. Newton Abbot, Devonshire CIX, SE. », *Le pouvoir des cartes; Brian Harley et la cartographie*, textes édités par Peter Gould et Antoine Bailly, Anthropos, Paris, p. 11-18.

HARLEY, Brian, 1995, « Cartes, savoir et pouvoir », *Le pouvoir des cartes; Brian Harley et la cartographie*, textes édités par Peter Gould et Antoine Bailly, Anthropos, Paris, p. 19-51.

HARLEY, Brian, 1995, « Déconstruire la carte », *Le pouvoir des cartes; Brian Harley et la cartographie*, textes édités par Peter Gould et Antoine Bailly, Anthropos, Paris, p. 61-85.

HARLEY, Brian, 1995, « Relire les cartes de la découverte de Christophe Colomb », *Le pouvoir des cartes; Brian Harley et la cartographie*, textes édités par Peter Gould et Antoine Bailly, Anthropos, Paris, p. 87-107.

HARLEY, Brian, 1995, « Peut-il y avoir une éthique cartographique ? », *Le pouvoir des cartes; Brian Harley et la cartographie*, textes édités par Peter Gould et Antoine Bailly, Anthropos, Paris, p. 109-120.

HART, Justin L. and Megan L. Buchanan, 2011, « History of fire in eastern oak forests and implications for restauration », *Proceedings of the 4th Fire in Eastern Oak Forests Conference*, U.S. Department of Agriculture, Forest Service, Northern Research Station p. 34-51.

HARVARD, V., mars 1895, « Food Plants of the North American Indians », *Bulletin of the Torrey Botanical Club*, 22 (3), p. 98-123.

HASTORF, Christine A. and Virginia S. Popper (éditeurs), 1988, *Current Paleoethnobotany Analytical Methods and Cultural Interpretation of Archeological Plant Remains*, Prehistoric Archeology and Ecology Series, The University of Chicago Press, Chicago/London, 236 pages.

HEIDENREICH, Conrad E., 1971, *Huronia: A History and Geographic of the Huron Indians 1600-1650*, McClelland and Stewart, Toronto, 337 pages.

HEIDEREICH, Conrad E., 1976, *Explorations and Mapping of Samuel de Champlain, 1603-1632*, Cartographia Monograph, nº 17, University of Toronto Press, Toronto, 140 pages + cartes.

HEIDENREICH, Conrad E., 2007, « The Mapping of Samuel de Champlain, 1603-1632 », *The History of Cartography*, Vol. 3: Cartography in the European Renaissance, Part 2, Chap. 51, The University of Chicago Press, Chicago, p. 1538-1549.

HEIDENREICH, Conrad E. et Edward H. Dahl, 2004, « La cartographie de Champlain (1603-1632) » in *Champlain, la naissance de l'Amérique française*, sous la direction de Raymonde Litalien et Denis Vaugeois, Éditions du Nouveau Monde et Les éditions du Septentrion, Sillery (Québec), p. 312-332.

HENIGE, David, été 1986, « Primary Source by Primary Source? On the Role of Epidemics in New World Depopulation », *Ethnohistory*, 33 (3), p. 293-312 : [en ligne] www.jstor.org./stable/481816.

HOSIE, R.C., 1972, *Arbres indigènes du Canada*, traduit et adapté de l'anglais de *Natives trees of Canada*, Service Canadien des forêts/Ministère de l'environnement, Ottawa, 385 pages.

INGOLD, Tim, 2013, *Marcher avec les dragons*, trad. par Pierre Madelin, Zones sensibles, Bruxelles, 516 pages.

INGOLD, Tim, 2000, « Building, dwelling, living: how animals and people make themselves at home in the world », *The Perception of the Environment, Essays on livelihood, dwelling and skill*, Routledge, London / New York, p. 172-188.

INGOLD, Tim, 2000, « To journey along a way of life: Maps, wayfinding and navigation », *The Perception of the Environment, Essays on livelihood, dwelling and skill*, Routledge, London / New York, p. 219-261.

INGOLD, Tim, 2012, « Culture, nature et environnement », *Tracés, Revue de Sciences humaines*, 22 (1), p. 169-187; [en ligne] : http://journals.openedtion.org/traces/5470.

JACKSON, W.J. et Peter F. Moore, 1988, « The role of Indigenous use of fire in forest management and conservation », *Fires and Forest Ecosystems*, International Seminar on Cultivating Forest,.

JAMENSON, Franklin J. and Henry S. Burrage (eds.), 1906, *Early English and French Voyages (Chiefly from Halkuyt)*, Barnes & Noble, Inc., (facsimile), New York, 1967, 453 pages.

JEAN, Martin et André Bouchard, 1991, « Temporal Changes in Wetland Landscapes of a Section of the St. Lawrence River, Canada », *Environmental Management*, 15 (2), p. 241-250.

JONES, David S., 2003, « Virgin Soils Revisited », *The William and Mary Quaterly*, 60 (4), p. 733-742.

JULIEN, Ch.-A, Herval, R. et Th. Beauchesne (édit.), 1946, « Le voyage de Giovanni Da Verrazano à la « Fransceca », in *Les Français en Amérique dans la première moitié du XVIᵉ siècle*, Presses Universitaires de France, Paris, p. 53-76.

KAY, Charles E., 2007, « Are lightning fires unnatural? A comparison of Aboriginal and lightning ignition rates in the United States » in Masters, R. E. et K.E.M. Galley (eds), *Proceedings of the 23ʳᵈ Tall Timbers Fire Ecology Conference: Fire in Grassland and Shrubland Ecosystems*. Tall Timbers Research Station, Tallahassee, Florida, p. 16-28.

KAY, Charles E. et Randy T. Simmons (edit.), 2002, *Wilderness & Political Ecology; Aboriginal Influences & the Original State of Nature*, The University of Utah Press, Salt Lake City, 342 pages.

KAY, Charles E. 1995, « Aboriginal overkill and native burning: Implications for modern ecosystems management », *Western Journal of Applied Forestry*, 10 (4), p. 121-126.

KEENER, Craig and Erica Kuhns, 1997, « The Impact of Iroquoian populations on the Northern Distribution of Pawpaws in the Northeast », *North American Archeologist*, 18 (4), p. 327-342.

KOCH, Alexander, Brierley, Chris, Maslin, Mark M. and Simon L. Lewis, 2019, « Earth system impacts of the European arrival and Great Dying in the Americas after 1492 », *Quaternary Science Reviews*, 207, 13-36.

KOCH, Paul L. and Anthony D. Barnosky, 2006, « Late Quaternare Extinctions: State of the Debate », *Annu. Teview Ecol. Evol. Syst.*, 37, p. 215-250.

KOHN, George C. (Ed.), 1995, *Encyclopedia of Plague and Pestilence*, Facts On File, Inc., New York, 408 pages.

KOST, Michael A. and Diane De Steven, 2000, « Plant Community Responses to Prescribed Burning in Wisconsin Sedge Meadows », *Natural Areas Journal*, 20 (1), p. 36-45.

KRECH III, Shepard, 1999, *The Ecological Indian, Myth and History*, W.W. Norton & Company, New York/London, 318 pages.

KROEBER, Albert Louis, 1939, *Cultural and Natural Areas of Native North America*, Publications of American Archaeology and Ethnology, 38, University of California, 242 pages + 28 cartes.

KULL, Christian A., 2010, « Landscapes of Fire: Origins, Politics and Questions », *Handbook of Landscape Archaeology*, B. David and J. Thomas, editors, London & New York, Routledge, p. 424-429.

LACOURSIÈRE, Jacques, 1984, « La tentative de colonisation (1541-1543) », *Le Monde de Jacques Cartier, L'aventure au XVIe siècle*, Fernand Baudel et Michel Mollat du Jourdin, directions, Libre-Expression, Montréal/ Berger-Levrault, Paris, p. 273-284.

LAFITEAU, Joseph François, 1724, *Mœurs des sauvages V 2 : comparées aux mœurs des premiers temps*, Paris, Saugrain et Hochereau, éditeurs, fac-similé, 533 pages.

LAHONTAN, baron de (Louis-Armand de Lom d'Arce), 1703, *Nouveaux Voyages en Amérique septentrionale*. Réédition avec présentation, chronologie et notes par Jacques Collin, L'Hexagone/Minerve, Montréal, 1983, 346 pages.

LAHONTAN, baron de (Louis-Armand de Lom d'Arce), 1703, *Mémoires de l'Amérique septentrionale ou la suite des voyages de M. le Baron de Lahontan*. Édition préparée par Réal Ouellet, Lux Éditeur, Montréal, 2013, 326 pages.

LALAND, Kevin, Matthews, Blake and Marcus W. Feldman, 2016, « An introduction to niche construction theory », *Evolutionary Ecology*, 30 (2), p. 191-202.

LALIBERTÉ, F., Gauthier, J., et J. Boileau, 2010, *Portrait de la forêt précoloniale de la vallée du Haut-Saint-Laurent*, Rapport soumis à la Conférence régionale des Élus (CRÉ) de la Vallée-du-Haut-Saint-Laurent, 84 pages.

LAMOTTE, M., 1979, « La niche écologique, des concepts théoriques aux utilisations pratiques », *Terre Vie, revue écologique* (33), p. 509-520.

LANDRY, Yves (sous la direction), 1992, *Pour le Christ et le Roi, la vie au temps des premiers Montréalais*, Libre Expression/Art Global, Montréal, 320 pages.

LAPOINTE, Martine, avec la collaboration de Michel Lebœuf et Arold Lavoie, 2014, *Plantes de milieux humides et de bord de mer du Québec et des Maritimes*, « Guides Nature Quintin » Éditions Michel Quintin, Waterloo (Québec), 455 pages.

LAROCQUE, Robert, 1980, « Les maladies chez les Iroquoiens préhistoriques », *Recherches amérindienne au Québec*, X (3), Montréal, p. 165-180.

LAROCQUE, Robert, 1982, « L'introduction de maladies européennes chez les autochtones des XVIIe et XVIIIe siècles », *Recherches amérindiennes au Québec*, XII (1), Montréal, p. 13-24.

LAROCQUE, Robert, 1988, « Le rôle de la contagion dans la conquête des Amériques : importance exagérée attribuée aux agents infectieux », *Recherches amérindiennes au Québec*, XVIII (1), Montréal, p. 5-16.

LAROCQUE, Robert, 1991, *Une étude ethnohistorique et paléoanthropologique des épidémies en Huronie*, thèse de doctorat, Université de Montréal, xvi, 389 f, [8] f. de pl : ill.

LAROCQUE, Robert, 2004, « Les agents pathogènes, des envahisseurs clandestins » in *Champlain, la naissance de l'Amérique française*, sous la direction de Raymonde Litalien et Denis Vaugeois, Éditions du Nouveau Monde et Les éditions du Septentrion, Sillery (Québec), p. 266-275.

LAROUCHE, Pierre, 1992, *Montréal 1535, la redécouverte de Hochelaga*, Les éditions Villes nouvelles – ville ancrennes, Montréal, 181 pages.

LAROUCHE, Pierre, 1994, « "La terra de Hochelaga" ou le plan de Ramusio de 1556 », *Cap-aux-Diamants*, 37, p. 66-69 : [en ligne] id.erudit.org/iderudit/8593ac.

LARRÈRE, Catherine et Raphaël Larrère, 2018, *Penser et agir avec la nature, une enquête philosophique*, La Découverte / Poche, Paris, 406 pages.

LARRÈRE, Catherine et Raphaël Larrère, 2009b [1997], *Du bon usage de la nature. Pour une philosophie de l'environnement*, Paris, Éditions Flammarion, 355 pages.

LARRÈRE, Raphaël et Catherine Larrère, 2009a, « Du "principe de la naturalité" à la "gestion de la diversité biologique" » in Raphaël Larrère *et al. Histoire des parcs nationaux. Comment prendre soin de la nature ?* Éditions Quae / Musée national d'histoire naturelle, pages 205-219.

LARRÈRE, Raphaël, 2005, « Quand l'écologie, science d'observation, devient science de l'action » in Marty, Pascal, Vivien, Franck-Dominique, Lepart, Jacques et Raphaël Larrère (cord.), *Les Biodiversités, objets, théories, pratiques*, Paris, CNRS Éditions, p. 173-193.

LARRÈRE, Raphaël, 1993, « La notion de climax : modèle d'une nature sauvage » in *Études rurales*, n° 129-130, « Sauvage et domestique », p. 15-31.

LARSEN, Esther Louise, 1939, « Peter Kalm's Short Account of the Natural Position, Use, and care of some plants, of which the seeds were recently brought home from North America for the service of those who take pleasure in experimenting with the cultivation of the same in our climate », *Agricultural History*, 13 (1), p. 33-64.

LAVOIE, Claude, 2007, « Le roseau commun au Québec : enquête sur une invasion » in *Le Naturaliste canadien*, 131 (2), p. 5-9.

LE CLERCQ, Chrestien (père), 1691, *Premier établissement de la foy dans la Nouvelle France* […], Paris, Amable Auroy, 2 vol. : [XXIV]-559 pages; 458 pages.

LÉMERY, Nicolas, 1759 (fac-similé), *Dictionnaire ou traité universel des drogues simple*, troisième édition, La Compagnie, Amsterdam, 1015 pages.

LENCLUD, Gérard, 1995, « L'ethnologie et le paysage : Question sans réponses », *Paysage au pluriel : Pour une approche ethnologique des paysages*, Éditions de la Maison des sciences de l'homme, Paris, p. 2-17.

LENOIR, Jonathan, sans date, *Histoire de la forêt française*, Power Point de 38 diapositives, Université de la Picardie, Jules Vernes; [en ligne] https://jonathanlenoir.files. wordpress.com/2013/12/histoire-de-la-foret-francaise.pdf.

LEPART, Jacques, 2005, « Diversité et fonctionnement des écosystèmes et des paysages » in Marty, Pascal, Vivien, Franck-Dominique, Lepart, Jacques et Raphaël Larrère (cord.), *Les Biodiversités, objets, théories, pratiques*, Paris, CNRS Éditions, p. 83-96.

LESCARBOT, M., réédition de 1609, 1611 et 1617, *Histoire de la Nouvelle-France*, en trois volumes, Librairie Troos, Paris, vol. II : 521, vol. III : 970 pages.

LESTRINGANT, Frank and Monique Pelletier, 2007, « Maps and Descriptions of the World in Sixteenth-Century France », *The History of cartography*, Volume Three (part 2): cartography in European Renaissance, edited by David Woodward, The University of Chicago Press, p. 1463-1479.

LÉTOURNEAU, Jocelyn, 1989, « Comment analyser et commenter la carte ancienne », *Le coffre à outils du chercheur débutant; guide d'initiation au travail intellectuel*, Oxford University Press, Toronto, p. 101-114.

LEWIS, G. Malcolm, 1998, « Maps, Mapmaking, and Maps use by Native North Americans », *The History of cartography*, Volume Two (part. 3), edited by David Woodward and Malcolm Lewis, The University of Chicago Press, p. 51-182 : [en ligne] https://doi.org/10.1007/978-1-4020-4425-0_9029.

LEWIS, Henry T., 1982, *A Time for Burning*, Occasional Publication, Number 17, Boreal Institute for Northern Studies, University of Alberta, Edmonton, 62 pages.

LEWIS, Henry T., « An Anthropological Critique » in Stewart, Omer C., 2002, *Forgotten Fires, Native Americans and the Transient Wilderness*, edited and introductions by Henry T. Lewis and M. Kat Anderson, University of Oklahoma Press, Norman (Oklahoma), 364 pages.

LEWIS, Henry T. and Theresa A. Ferguson, 1988, « Yards, Corridors, and Mosaics: How to Burn a Boreal Forest », *Human Ecology*, 16 (1), p. 57-77.

LIGHTFOOT, Kent G., Cuthrell, Rob Q., Stiplen, Chuck J. and Mark G. Hyllkema, 2013, « Rethinking the study of landscape management practices among hunter-gatherers in North America », *American Antiquity*, 78 (2), p. 285-301.

LITALIEN, Raymonde, Palomino Jean-François et Denis Vaugeois, 2007, *La mesure d'un continent; Atlas historique de l'Amérique du Nord 1492-1814*, ouvrage préparé en collaboration avec Bibliothèque et Archives nationales du Québec, Presses de l'Université Paris-Sorbonne / Septentrion, Paris/Sillery (Québec), 299 pages.

LOEB, Robert E., 1988, « Pre-European Settlement Forest Composition in East New Jersey and Southeastern New York », *The American Midland Naturalism*, 118 (2), p. 414-423.

LOEWEN, Brad, 2009, « Le paysage boisé et les modes d'occupation de l'île de Montréal, du Sylvicole supérieur récent au XIX⁰ siècle », *Recherches amérindiennes au Québec*, 39 (1-2), p. 5-21 : [en ligne] http://id.erudit.org/iderudit/044994ar.

LOEWEN, Brad, 2016, « Intertwined Enigmas: Basques and Saint Lawrence Iroquoians in the Sixteenth Century », *Contact in the 16th Century, Network among Fishers, Foragers and Farmers*, Mercury Series, Archeology Papers 176, Canadian Museum of History and University of Ottawa Press, p. 57-75.

LOEWEN, Brad et Claude Chapdelaine, 2016, *Contact in the 16ᵗʰ Century, Network among Fishers, Foragers and Farmers*, Mercury Series, Archeology Papers 176, Canadian Museum of History and University of Ottawa Press, 296 pages.

LORIMER, Craig G., 2001, « Historical and ecological roles of disturbances in eastern North American forests: 9,000 years of change », *Wildlife Society Bulletin*, 29 (2) : 425-439.

MACDOUGALL, Andrew, 2003, « Did Native Americans influence the northward migration of plants during the Holocene ? », *Journal of Biogeography*, 30, Blackwell Publishing Ltd, p. 633-647.

MACKINNON, Andy *et al.*, 2009, *Edible & Medicinal Plants of Canada*, Edmonton, Lone Pine Publishing, 448 pages.

MAHEU-GIROUX, M., De Blois, S. et B. Jobin, 2006, *Dynamique des paysages de quatre réserves nationales de faune du Québec : suivi des habitats et des pressions périphériques*, Université McGill, Département de sciences végétales et Environnement Canada, Service canadien de la faune, Québec, 67 pages + annexes.

MANN, Charles C., 2007, 1491, *Nouvelles révélations sur les Amériques avant Christophe Colomb*, traduction de Marina Boraso, Albin Michel, Paris, 471 pages.

MANN, Charles C., mai 2007, « Nouveau Monde, profits et pertes », *National Geographic*, France, 16 (5), Paris, p. 2-25.

MARIE-VICTORIN, Frère, 1964, *Flore laurentienne*, Presses de l'Université de Montréal, 2ᵉ édition mise à jour par E. Rouleau, Montréal, 925 pages.

MARKS, P.L., Gardescu, Sasa and Franz K. Seischab, 1992, *Late Eighteenth Century Vegetation of Central and Western New York State on the Basis of Original Land Survey Records*, New York State Bulletin, n° 484, The University of the State of New York, Albany, 53 pages.

MARR, John S. and John T. Cathey, February 2010, « New Hypothesis for Cause of Epidemic among Native Americans, New England, 1616-1619 », *Emerging Infectious Diseases*, 16 (2), p. 281-282 : [en ligne] www.cdc.gov/eid.

MARTY, Pascal, Vivien, Franck-Dominique, Lepart, Jacques et Raphaël Larrère (cord.), 2005, *Les Biodiversités, objets, théories, pratiques*, Paris, CNRS Éditions, 261 pages.

MARTY, Pascal, 2005, « Activités humaines et production des espaces naturels » in Marty, Pascal, Vivien, Franck-Dominique, Lepart, Jacques et Raphaël Larrère (cord.), *Les Biodiversités, objets, théories, pratiques*, Paris, CNRS Éditions, p. 196-208).

MATHIEU, Jacques, 1971, *La construction navale royale à Québec 1739-1759*, Cahiers d'Histoire, n° 23, La Société historique de Québec, Québec, 110 pages.

MAXWELL, Hu, 1910, « Use and Abuse of Forests by the Virginian Indians », *The William and Mary Quartely*, 19 (2), p. 73-103 : [en ligne] http://www.jstor.org/stable/1921261.

McANDREWS, J.H., 1988, « Human disturbance of North American forests and grasslands: the fossil pollen record », in *Vegetation History*, B. Huntley (ed.), Huntley and T. Webb, III, Dordrecht, Netherlands; Kluer, p. 673-697.

McANDREWS, J.H. and Boyko-Diakonow, M. 1989, « Pollen analysis of varved sediment at Crawford Lake, Ontatio: evidence of Indian and European farming », in *Quaternary Geology of Canada and Greenland*, R.J. Fulton (ed.), Ottawa, Ontario: Geological Survey of Canada, p. 528-30.

McMANIS, Douglas R., 1972, *European Impressions of the New England Coast 1497-1620*, The University of Chicago, Research Paper, no 139, Chicago, 147 pages.

MELLARS, Paul, 1976, « Fire Ecology, Animal Populations and Man: a Study of some Ecological Relationships in Prehistory », *Proceedings of Prehistoric Society*, 42, p. 15-45.

MESSNER, Timothy, C., 2011, *Acorns and Bitter Roots, Starch Grain Research in the Prehistoric Eastern Woodlands*, The University of Alabama Press, Tuscaloosa, Alabama, 195 pages.

MIDDLETON, B., 2002, « Winter burning and the reduction of Cornus sericea in sedge meadows in southern Wisconsin », *Restoration Ecology*, 10, p. 723-730.

MINNIS, Paul E. and Wayne J. Elisens (éditeurs), 2000, *Biodiversity and Native America*, University of Oklahoma Press, Norman, 310 pages.

MINNIS, Paul E. (éditeur), 2003, *People and Plants in ancient eastern North America*, Smithsonian Books, Washington/London, 419 pages.

MINNIS, Paul, 2003, « Prehistoric Ethnobotany in Eastern North America », in *People and Plants in ancient eastern North America*, Paul E. Minnis, éditeur, Smithsonian Books, Washinton/London, p. 1-16.

MOERMAN, Daniel E., 1982, *Geraniums for the Iroquois, a Field Guide to American Indian medicianal plants*, Reference Publications, Algonac (Michigan), 242 pages.

MOERMAN, Daniel E., 1998, *Native American Ethnobotany*, Timber Press, Portland (Oregon), 927 pages.

MORISSEAU, Christian, 2004, « La toponymie de Champlain » in *Champlain, la naissance de l'Amérique française*, sous la direction de Raymonde Litalien et Denis Vaugeois, Éditions du Nouveau Monde et Les éditions du Septentrion, Sillery (Québec), p. 218-229.

MOUSSETTE, Marcel, 2005, « Un univers sous tension : Les nations amérindiennes du Nord-Est de l'Amérique du Nord au XVIe siècle », *Les Cahiers des Dix*, 59, p. 149-177 : [en ligne] ide.erudit.org/iderudit/045757ar.

MROZOWSKI, Stephen A., 1994, « The discovery of a Native American Cornfield on cap Cod », *Archaeology of Eastern North America*, 22, p. 47-62.

MYERS, Ronald L. et Patricia A. Peroni, 1983, « Approaches to Determining Aboriginal Fire Use and Its Impact on Vegetation », *Bulletin of the Ecological Society of America*, 64 (3), p. 217-218.

NANEPASHEMENT, 1993, « It Smells Fishy to me: An Argument Supporting the Use of Fish Fertilizer by the Native People of Southern England », *Algonkians of New England: Past and Present, Annual Proceedings of the Dublin Seminar for New England Folklore*, 16, p. 42-50.

NEUMAN, Thomas W., 2002, « The Role of Prehistoric Peoples in Shaping Ecosystems in the Eastern United States », *Wilderness & Political Ecology; Aboriginal Influences and the Original State of Nature*, Charles E, Kay & Randy T. Simmons (eds.), The University of Utah Press, Salt Lake City, p. 141-178.

NEWMAN, Walter S. and Bert Salwen (éditeurs), 1977, *Amerinds and their Paleoenvironments in Northeastern North America*, Annals of the New York Academy of Sciences, 288, New York, 570 pages.

NOBLE, William C., 1975, « Corn, and the development of Village Life in southern Ontario », *Ontario Archeology*, 25, p. 37-46.

NOBLE, William C., 1985, « Tsouharissen's chiefdom: an early historic 17th Neutral Iroquoian ranked society », *Canadian Journal of Archaeology*, 9 (2), p. 131-147.

NOBLE, William C. and Jacqueline E.M. Crerar, 1993, « Management of white-tailed deer by the neutral Iroquois A.D. 999-1651 », *Archaeozoologia*, 6 (11), p. 19-70.

O'BRIEN, Michael J. and Kevin N. Laland, 2012, « Genes, Culture and Agriculture: An Example of Human Niche Construction », *Current Anthropology*, 53 (4), The University of Chicago Press, p. 434-470 : [en ligne] htttp://www.jstor.org/stable/ 10.1086/666585.

ODLING-SMEE, F. John, Laland, Kevin N. and Marcus W. Feldman, 2003, *Niche Construction, the neglected process in evolution*, Monographs in Population Biology, 37, Princeton University Press, Princeton and Oxford, 472 pages.

ODUM, Eugene P., 1953, *Fundamentals of ecology*, W. B. Saunders Compagny, Philadelphia, 383 pages.

OFFICE NATIONAL DES FORÊTS (DE FRANCE), sans date, « Les forêts, fortement sollicitées autrefois » in *Gérer les forêts*, en ligne; http://www.onf.fr/gestion_durable/ sommaire/ressources/materiau_bois/depuis_toujours/20071009-073952-73387/ @@index.html.

OLIVER, Jeff, 2011, « On Mapping and its afterlife: unfolding landscapes in northwestern North America », *World Archaeology*, 43 (1), p. 66-85.

OETELAAR, Gerald A. and D. Joy Oetelaar, 2007, « The New Ecology and Landscape Archaeology: Incorporating the Anthropogenic Factor in Models of Settlement Systems in the Canadian Prairie Ecozone », *Canadian Journal of Archaeology/ Journal Canadien d'archéologie*, 31, p. 65-92.

O'NEIL, Robert V., 2001, « Is it time to bury the ecosystem concept (with full military honors, of course ! », *Ecology*, 82 (12) 3275-3284.

PAQUETTE, Sylvain, Poullaouec-Gonidec, Philippe et Gérald Domon, automne 2005, « Le paysage, une qualification socioculturelle du territoire », *Materiel History Review 62 / Revue d'histoire de la culture matérielle 62*, p. 60-72.

PAQUOT, Thierry, 2016, *Le paysage*, Éditions La Découverte, Paris, 125 pages.

PARENT, Raynald, 1978, « Inventaire des nations amérindiennes au début du XVIIe siècle », *Recherches amérindiennes au Québec*, VII (3-4), Montréal, p. 5-19.

PARKER, Arthur C., 1910, « Iroquois Uses of Maize and other Food Plants », *New York State Museum Bulletin*, 144, University of the State of New York, p. 5-118.

PATTERSON III, William A., Edwards, Kevin J. et David J. Maguire, 1987, « Microscopic Charcoal as a Fossil Indicator of Fire », *Quaternary Science Review*, 6, Pergamon Journals Ltd, p. 3-23.

PATERSON III, William A. and Kenneth Sassaman, 1988, « Indian Fires in the Prehistory of New England », in George P. Nicholas (dir.), *Holocene human ecology in Northeastern North America*, p. 107-135.

PELLETIER, Monique, 2007, « Representations of Territory by Painters, Engineers, and Land Surveyors in France during the Renaissance », *The History of cartography*, Volume Three (part 2): *cartography in European Renaissance*, edited by David Woodward, The University of Chicago Press, p. 1522-1537.

PENDERGAST, James F. et Bruce G. Trigger, 1972, *Cartier's Hochelaga and the Dawson Site*, McGill-Queen's University Press, Montréal-London, 388 pages.

PENDERGAST, James F., 1976, « An In-situ Hypothesis to explain the origin of the St. Lawrence Iroquoians », *Ontario Archeology*, 25, p. 47-55.

PENDERGAST, James F., 1991, « The St. Lawrence Iroquoians: Their Past, Present, and Immediate Future », *The Bulletin*, 102, p. 47-74.

PINTAL, Jean-Yves, Provencher Jean et Gisèle Piédalue, 2015, *Air, archéologie du Québec; territoire et peuplement*, Pointe-à-Callière, Musée d'archéologie et d'histoire de Montréal/ Éditions de l'Homme, Montréal, 215 pages.

PLEASANT, Jane Mt., 2006, « The Science behind the Three Sisters Mound System. An Agronomic Assessment of an Indigenous Agricultural System in the Northeast », *Histories of Maize*, Academic Press, New York, p. 529-537.

PLOURDE, Michel, 2016, « Saint Lawrence Iroquoians, Algonquians and Europeans in the Saint Lawrence Estuary between 1500 and 1650 », *Contact in the 16th Century, Network among Fishers, Foragers and Farmers*, Mercury Series, Archeology Papers 176, Canadian Museum of History and University of Ottawa Press, p. 119-148.

POMMET, 1734, *Histoire générale des drogues simples et composées*, en deux tomes, Étienne Ganeau & Louis-Etienne Ganeau fils, libraire, Paris, tome 1 : 320 pages.

PYNE, Stephen J. 1997, *America's Fires; Management on Wildlands and Forests*, Forest History Society, Issues Series, Durham (Caroline du Nord), 55 pages.

PYNE, Stephen J. 1982, *Fire in America; A Cultural History of Wildland and Rural Fire*, Princeton University Press, Princeton (New Jersey), 653 pages.

QUERREC, Lydia, Auger Réginald et Louise Filion, hiver 2014, « Perceptions environnementales et description du paysage de la Nouvelle-France aux XVIIe et XVIIIe siècles », *Le Naturaliste canadien*, 138 (1), La Société Provancher d'histoire naturelle du Canada, p. 45-44 : [en ligne] http//id.erudit.org/iderudit/1020142ar.

QUINN, D. B., 1962, « The Voyage of Etienne Bellenger to the Maritimes in 1583: New Document », *The Canadian Historical Review*, 43 (4), p. 328-343.

RAMADE, François, 1990, *Éléments d'écologie; écologie fondamentale*, McGraw-Hill, Paris, 403 pages.

RAMENOFSKY, Ann. F., 1987, *Vectors of Death, the Archeology of European Contact*, University of New Mexico Press, Albuquerque, 300 pages.

RAMENOFSKY, Ann F., Alicia K. Wilbur and Anne C. Stone, oct. 2003, « Native American Disease History: Past, Present and Future Directions », *World Archaeology*, 35 (2), Archaeology of Epidemic and Infectious Disease, p. 241-257 : [en ligne] www.jstor.org/stable/3560225.

REID MARCIL, Eileen, 2003, *Les tonneliers au Québec du XVIIe au XXe siècle*, Les Éditions GID et Eileen Reid Marcil, Québec, 191 pages.

REID MARCIL, Eileen, 2007, *On chantait « Charley-Man ». La construction de grands voiliers à Québec de 1763 à 1893*, Éditions GID et Eileen Reid Marcil, Québec, 470 pages.

Relations des jésuites, contenant ce qui s'est passé de plus remarquable dans les missions des pères de la Compagnie de Jésus dans la Nouvelle-France 1611, 1626, 1632-1672, (1972), facsimilé de l'édition de 1858, Éditions du Jour, collection « Bibliothèque québécoise », Montréal, (6 volumes).

RENAUD, Laurence, avril 2012, *Un aspect méconnu de l'île de Montréal : les occupations amérindiennes du Sylvicole supérieur à la fin du XVIIe siècle*, Mémoire de maîtrise, département d'anthropologie, Université de Montréal, 216 pages.

RHEAULT, Héloïse et Gérald Domon, 2009, « La biodiversité des paysages humanisés » in *Le paysage humanisé au Québec; nouveau statut, nouveau paradigme*, sous la direction de Gérald Domon, Les Presses de l'Université de Montréal, Montréal, p. 59-91.

RICHARD, Pierre J.H., et Pierre Grondin, 2009, « Histoire post-glacière de la végétation » p. 170-176, in Chapitre 4, Saucier *et al.*, « Écologie forestière », p. 165-316, in Ordre des ingénieurs forestiers du Québec, *Manuel de foresterie*, 2e édition, Ouvrage collectif, Éditions MultiMondes, Québec, 1510 p.

RITCHIE, William A. and Robert E. Funk, février 1973, *Aboriginal Settlement Patterns in the Northeast*, mémoire 20, The University of the State of New York, Albany, 378 pages.

ROBERT, Jean-Claude, 1994, *Atlas historique de Montréal*, Art Global / Libre Expression, Montréal, 167 pages.

ROBERT, Michel, Laporte, Pierre et Réjean Benoit, 2000, « Summer Habitat of Yellow Rails, Coturnicops noveboracensis, along the St. Lawrence River, Québec », *Canadian Field Naturalist*, 114, p. 628-635.

ROSTAIN, Stéphen, 2017, *Amazonie; les 12 travaux des civilisations précolombiennes*, Paris, Éditions Belin, 334 pages.

ROSTAIN, Stéphen, 2016, *Amazonie; un jardin sauvage ou une forêt domestiquée*. Essai d'écologie historique, France, Actes Sud/Errance, 263 pages.

ROUSSEAU, Camille, 1974, *Géographie floristique du Québec/Labrador*, Coll. « Travaux et documents du Centre d'étude nordiques », n° 7, Les Presses de l'Université Laval, 798 pages.

ROUSSEAU, J., 1937, « La Botanique Canadienne à l'époque de Jacques Cartier » in *Contributions du Laboratoire de botaniques de l'Université de Montréal*, 28, Montréal, p. 1-86.

ROUSSEAU, J. et G. Béthune, avec la coll. de P. Morisset, 1977, *Voyage de Pehr Kalm au Canada en 1749*, Éditions Pierre Tisseyre, Montréal, 674 pages.

ROWE, J.S., 1972, *Les régions forestières du Canada*, Publication n° 1300F, Service canadien des forêts, ministère de l'Environnement, Ottawa, 172 pages.

ROWLEY-CONWY, Peter and Robert Layton, 2011, « Foraging and farming as niche construction: stable and unstable adaptations », *Philosophical Transactions of the Royal Society B*, 366, p. 849-862. doi:10.1098/rstb.2010.0307.

RUFFNER, Charles M., 2005, « Understanding the evidence for historical fire across eastern forests », *Fire in eastern oak forests: delivering science to land managers; proceedings of a conference*, 2005 (November 15-17), Dickinson, M.B., edi., U.S. Department of Agriculture, Forest Service, Northern Research Station, p. 40-48.

RUFFNER, Charles M. and Marc D. Abrams, 2012, « Dendrochronological investigation of disturbance history for a native American site in Northwestern Pennsylvania », *Journal of the Torrey Botanical Society*, 129 (3), p. 251-260.

RUSSELL, Emily W.B., 1997, *People and the Land through Time; Linking Ecology and History*, Yale University Press, New Haven, 306 pages.

RUSSELL, Emily W.B., 1983, « Indian-Set Fires in the Forests of the Northeastern United States », *Ecology*, 64 (1), p. 78-88 : [en ligne] www.jstor.org/stable/1937331.

SAGARD, Gabriel, 1624, « Le grand voyage au pays des Hurons, situé en Amérique vers la mer douce, aux derniers confins de la Nouvelle France dite Canada » in *Trois voyages au Canada, Jacques Cartier, 1534 et 1536, Samuel de Champlain, 1608 et 1611, et Frère Gabriel Sagard*. Coll. « Voyages et Découvertes », Éditions du Carrefour, Paris, sans date, 270 pages.

SAGARD, Gabriel, 1624, *Le grand voyage au pays des Hurons*, texte établi par Réal Ouellet, introduction par Réal Ouellet et Jack Warwick, coll. « Bibliothèque Québécoise », 1990, Montréal, 384 pages.

SANDOM, Christopher, Faurby, Soren, Sandel, Bordy and Jens-Christian Svenning, 2014, « Global late Quaternary megafauna extinctions linked to humans, not climate change », *Proceedings of the Royal Society B*, 281, 9 pages. http://dx.doi.org/10.1098/rspb.2013.3254.

SANGUIN, André-Louis, 1981, « La géographie humaniste ou l'approche phénoménologique des lieux des paysages et des espaces » in *Annales de géographie*, T. 90, n° 501. p. 560-587.

SCARRY, C. Margaret, 2003, « Patterns of Wild Plant Utilization in the Prehistoric Eastern Woodlands », *People and Plants in ancient eastern North America*, Paul E. Minnis (ed.), Smithsonian Books, Washington/London, p. 50-104.

SCARRY, C. Margaret and Richard A. Yarnell, 2011. « Native American Domestication and Husbandry of Plant in Eastern North America » in Smith, Bruce D. (edi.), *The subsistence economies of indigenous North American Societies*, Smithsonian Institution Scholarly Press, Washington (D.C), p. 483-501.

SCHERJON, Fulco, Bakels, Corrie, MacDonaold Katherine and Wil Roebroeks, juin 2015, « Burning the Land, An Ethnographic Study of Off-Site Fire Use by Current an Historically Documented Foragers and Implications for the Interpretation of Past Fire Practices in the Landscape », *Current Anthropology*, 56 (3), p. 299-326 : [en ligne] www.jstor.org/stable/10.1086/681561.

SGARD, Anne, 2011, *Le partage du paysage*, Géographie, Université de Grenoble, 262 pages : [en ligne] https://tel.archives-ouvertes.fr/tel-00686995.

SIMARD, Hélène, 1995, *L'exploitation et la transformation des forêts précoloniales du Haut-Saint-Laurent d'après les ventes de bois consignées dans les actes notariés*, Mémoire présenté à la Faculté des études supérieures en vue de l'obtention du grade de maître ès Sciences (M.SC.) en Sciences biologiques, Université de Montréal, 47 pages + XXI pages d'annexes.

SIMON, Harold J., 1960, *Attenuated Infection*, J.B. Lippincott Co., Philadephie/Montréal, 349 pages.

SLOANE, Kim, 2007, *A New World; England's first view of America*, The University of North Carolina Press/ Chapell Hill, 256 pages.

SMITH, Bruce D., 2011a, « General patterns of niche construction and the management of "wild" plant and animal resources by small-scale pre-industrial societies », *Phil. Trans. R. Soc. B*, 366, p. 836-848.

SMITH, Bruce, 2011b, « Shaping the Natural World: Patterns of Human Niche Construction by Small-Scale Societies in North Americana » in Smith, Bruce D. (edi.), *The subsistence economies of indigenous North American Societies*, Smithsonian Institution Scholarly Press, Washington, D.C, p. 593-609.

SMITH, Bruce D. (edi.), 2011c, *The subsistence economies of indigenous North American Societies*, Smithsonian Institution Scholarly Press, Washington, D.C, 616 pages.

SMITH, Bruce D., October 2011d, « The Cultural Context of Plant Domestication in Eastern North America », *Current Anthropology*, Vol. 52, Supplement 4, p. s471-s484.

SMITH, Bruce D., 2009, « Resource resilience, human niche construction, and the long-term sustainability of pre-columbian subsistence economies in the Mississippi river valley corridor », *Journal of Ethnobiology*, 29 (2), p. 167-183.

SMITH, Bruce D., 2007, « Niche Construction and the Behavioral Context of Plant and Animal Domestication », *Evolutionary Anthropology*, 16, p. 188-199.

SMITH, Eric A., 2000, « Conservation and Subsistence in Small-Scale Societies », *Annu. Rev. Anthropol.*, 29, p. 493-524.

SNOW, Dean R. et Kim M. Lanphear, hiver 1988, « European Contact and Indian Depopulation in the Northeast: the Timing of the First Epidemics », *Ethnohistory*, 35 (1), p. 15-33 : [en ligne] www.jstor.org/stable/482431.

SOUTHESK, Earl of, 1875, *Saskatchewan and the Rocky Mountains*, Edmonston & Douglas, Edimburgh, xxx + 446 pp.

STARNA, William A., Hamell, George R. and William L. Butts, été 1984, « Northern Iroquoian Horticulture and Insect Infestations: A Cause for Village Removal », *Ethnohistory*, 31 (3), p. 197-207.

STEWART, Omer, C., 1951, « Burning and Natural Vegetation in the United States », *Geographical Review*, 41 (2), p. 317-320.

STEWART, Omer C., 1956, « Fire as the First Great Force Employed by Man » in *Man's Role in Changing the Face of the Earth*, vol. 1, edited by W. L. Thomas, University of Chicago Press, Chicago, p. 115-133.

STEWART, Omer C., 2002, *Forgotten Fires, Native Americans and the Transient Wilderness*, edited and introductions by Henry T. Lewis and M. Kat Anderson, University of Oklahoma Press, Norman (Oklahoma), 364 pages.

STINER, M. C. and S. L. Kuhn, 2016, « Are we missing the "sweet spot" between optimality theory and niche construction theory in archaeology? », *Journal of Antropological Archaeology*, 44, Part B : 177-184.

STYLES, Bonnie W., « Animal Use by Holocene Aboriginal Societies of the Northeast » in Smith, Bruce D. (edi.), *The subsistence economies of indigenous North American Societies*, Smithsonian Institution Scholarly Press, Washington, D.C, p. 449-481.

SYKES, Clark M., 1980, « Swidden Horticulture and Iroquoian Settlement », *Archeology of Eastern North America*, 8, p. 45-52.

SYKES, Clark M., 1981, « Northern Iroquoian Maize Remains », *Ontario Archeology*, 35, p. 23-35.

TALALAY, Laureen, Keller, Donald R. and Patrick J. Munson, 1984, « Hickory nuts, walnuts, butternuts and hazelnuts: observations and experiments relevant to their aboriginal exploitation in eastern North America », *Experiments and observations in Aboriginal wild food utilization in eastern North America*, Munson, P.J., (edi)., Prehistoric Research Series, 6 (2), Indiana Historical Society, p. 338-359.

TANGUY, Jean, 1984, « Le premier voyage d'exploration – 1535 » in Braudel, Fernand (sous la direction), *Le monde de Jacques Cartier, l'aventure au XVIe siècle*, Libre-Expression, Montréal / Berger-Levrault, Paris, p. 235-256.

TANSLEY, A. G., 1935, « The Use and abuse of Vegetational Concepts and terms » in *Ecology*, Vol. 16 (3), p. 284-307).

THIÉBAULT, Stéphanie, 2010, *Archéologie environnementale de la France*, Éditions La Découverte, Paris, 179 pages.

THOMAS, Julian., 2010, « Archaeology, Landscape, and Dwelling », *Handbook of Landscape Archaeology*, B. David and J. Thomas (edi.), Routledge, London & New York, p. 300-306.

THOMPSON, Daniel Q. and Ralph H. Smith, 1970, « The Forest Primeval in the Northeast – A great Myth ? », *Proceedings 10th Tall Timbers Fire Ecology Conference*, p. 255-265.

TILLEY, Christopher, 1994, *A Phenomenology of Landscape: Place, Paths and Monuments*, Berg, Orford/Providence, USA, 221 pages.

TILLEY, Christopher, 2010, « Phenomenological Approches to Landscape Archaeology », *Handbook of Landscape Archaeology*, B. David and J. Thomas (edis), Routledge, London & New York, p. 271-276.

TORTORA, Gerad J. Berdell R. Funke et Christine L. Case, 2003, *Introduction à la microbiologie*, trad. de *Microbiology: An Introduction* (2001), ERPI, Saint-Laurent (Québec), 945 pages.

TOUSSAINT, (abbé), 1910 et 1911, *Europe et Amérique (nord-est), flores comparées comprenant tous les genres européens et américains, les espèces communes aux deux contrées, naturalisées et cultivées*, deux parties, publiées dans une revue scientifique française, première partie, pages 109 à 434, deuxième partie, page 95 à 414.

TREMBLAY, Roland, 1998, *L'éveilleur et l'ambassadeur, Essais archéologiques et ethno-historiques en hommage à Charles A. Martijn*, Collection « Paléo-Québec, n° 27 », Recherches Amérindiennes au Québec, Montréal, 255 pages.

TREMBLAY, Roland, 2006, *Les Iroquoiens du Saint-Laurent, peuple de maïs*, Pointe-à Callière, musée d'archéologie et d'histoire de Montréal/Éditions de l'Homme, Montréal, 139 pages.

TRIGGER, Bruce G. et Diane Petit-Pas, juin-juillet-août 1984, « Jacques Cartier à Hochelaga, en 1535 », *Vie des Arts*, 29 (111), spécial Jacques Cartier et le nouveau-monde, La Société La vie des Arts, p. 37-40 : [en ligne] id.erudit.org/iderudit/54254ar.

TRIGGER, Bruce G. 1984, « le deuxième voyage d'exploration (1535-1536) in Braudel, Fernand (sous la direction), *Le monde de Jacques Cartier, l'aventure au XVIᵉ siècle*, Libre-Expression, Montréal / Berger-Levrault, Paris, p. 257-272.

TRIGGER, Bruce G. 1992, *Les Indiens, la fourrure et les Blancs*, traduction de *Natives and Newcomers*, Boréal, Montréal, 543 pages.

TRIGGER, Bruce, 1991, *Les enfants d'Aataentsic, l'histoire du peuple Huron*, traduction de *The Children of Aataentsic, a History of the Huron People to 1660*, Éditions Libre Expression, Montréal, 972 pages.

TRUDEL, Marcel, 1963, *Histoire de la Nouvelle-France, tome 1 : les vaines tentatives 1524-1603*, Fides, Montréal, 307 pages.

TRUDEL, Marcel, 1966, *Histoire de la Nouvelle-France, tome II, le comptoir 1604-1627*, Fides, Montréal, 554 pages.

TURGEON, Laurier, 1986, « Pour redécouvrir notre 16e siècle : les pêches à Terre-Neuve d'après les archives notariales de Bordeaux », *Revue d'histoire de l'Amérique française*, 394, p. 523-549 : [en ligne] id.erudit.org/iderudit/304400ar.

TURGEON, Laurier, oct. 1998, « French Fishers, Fur Traders, and Amerindians during the Sixteenth Century: History and Archeology », *The William and Mary Quaterly*, 55 (4), p. 585-610 : [en ligne] www.jstor.org/stable/2674446.

TURGEON, Laurier, 2004, « Les Français en Nouvelle-Angleterre avant Champlain » in *Champlain, la naissance de l'Amérique française*, sous la direction de Raymonde Litalien et Denis Vaugeois, Éditions du Nouveau Monde et Les éditions du Septentrion, Sillery (Québec), p. 98-112.

TURGEON, Laurier, 2019, *Une histoire de la Nouvelle-France, Français et Amérindiens au XVIe siècle*, « coll. Histoire », Belin Éditeur, Paris, 286 pages.

VALE, Thomas R. (edi), 2002, *Fire, Native Peoples, and the Natural Landscape*, Island Press, Washington, 315 pages.

VAN DER DONCK, Adriaen « Description of the New Netherlands », *Old South Leaflets*, n° 69, Boston.

VERRAZANO, Giovanni da, 1524, *Relation du voyage de la Dauphine*, ré-éditée par René Herval et Ch.-André Julien, dans *Les Français en Amérique pendant la première moitié du XVIe siècle*, Les Presses Universitaires de France, Paris, 1946, p. 51-76.

VIAU, Roland, 2015, « Ethnohistoire, mode d'emploi », *Amerindia, essais d'ethnohistoire autochtone*, Les Presses de l'Université de Montréal, Montréal, p. 25-50.

VIAU, Roland, 2015, « La terre veuve. Où est passée la Laurentie iroquoienne ? », *Amerindia, essais d'ethnohistoire autochtone*, Les Presses de l'Université de Montréal, Montréal, p. 67-76.

VIMONT, Barthélemy, 1641, *Relation de ce qui s'est passé en la Nouvelle France en l'année M. DC.XL. envoyée au R.P. provincial de la Compagnie de Jésus de la province de France / Paris :* Chez Sébastien Cramoisy, imprimeur ordinaire du roy…, Deuxième section du texte signée, p. 196.

VITA-FINZI, C. et E. S. Higgs, 1970, « Prehistoric Economy in the Mount Carmel Area of Palestine: Site Catchment Analysis », *Papers of the Prehistoric Society*, 36 p. 1-47.

WAGNER, Gail E., 2003, « Eastern Woodlands Anthropogenic Ecology », *People and Plants in ancient eastern North America*, Paul E. Minnis (edi.), Smithsonian Books, Washington/ London, p. 126-171.

WALDRON, Gerry, 2003, *Trees of Carolinian Forest, a guide to species, their ecology and uses*, The Boston Mill Press, Erin (Ontario), 275 pages.

WARD, Peter, 1968, « Fire in Relation to Waterfowl Habitat of the Delta Marshes », *Proceedings 8th Tall Timbers Fire Ecology Conference*, p. 255-267.

WARREN, Robert J., 2016, « Ghosts of Cultivation Past – Native American Dispersal Legacy Persists in Tree Distribution », *Plos One* 11 (3), University of Toronto, Toronto, 16 pages.

WARRICK, Gary, 2000, « The Precontact Iroquoian Occupation of Southern Ontario », *Journal of World Prehistory*, 14 (4), p. 415-466.

WARRICK, Gary et Louis Lesage, 2016, « The Huron-Wendat and the St. Lawrence Iroquoians: New Findings of a Close Relationship », *Ontario Archaeology*, 26, p. 134-144.

WAUGH, F.W., 1916, Iroqu[o]is Foods and Food Preparation, Department of Mines/ Geological Survey, 12, Anthropological Series, Ottawa, 235 pages.

WEATHERWAX, Paul, 1954, *Indian Corn in Old America*, The MacMillan Co., New York, 253 pages.

WHITNEY, Gordon G., 1994, *From Coastal Wilderness to Fruited Plain; A history of environmental change in temperate North America from 1500 to the present*, Cambridge University Press, New York, 451 pages.

WHITNEY, Gordon G. and Joseph P. DeCani, 2003, « Physical and historical determinants of the pre- and post-settlement forests of northwestern Pennsylvania », *Canadian Journal of Forest Research*, 33, p. 1683-1697.

WILLIAMS, Gerald W., 2002, « Aboriginal Use of Fire; Are There any "Natural" Plant Communities? », *Wilderness & Political Ecology; Aboriginal Influences and the Original State of Nature*, Charles E, Kay & Randy T. Simmons (eds), The University of Utah Press, Salt Lake City, p. 179-214.

WILLIAMS, Gerald W., 1999, *References on the American Indian Use of Fire in Ecosystems*, Manuscript and bibliography. Portland, OR: USDA Forest Service, Pacific Northwest Region. Latest revision on June 18, 2002.

WILLIAMS, Michael, 1989, *Americans & their Forests; A historical geography*, Cambridge University Press, New York, 599 pages.

WOOD, William, 1993, *New England's Prospect*, Edited with an introduction by Aldern T. Vaugban, facsimilé de 1634, University of Massachusetts Press, Amherst, 132 pages.

WRIGHT, James V. and Jean-Luc Pilon (eds), 2004, *A Passion for the Past, papers in honour of James F. Pendergast*, Mercury Series, Archeology Papers 164, Canadien Museum of Civilization, Gatineau, 465 pages.

WU, Jianguo et Orie L. Loucks, 1995, « From balance of Nature to hierarchical patch dynamics: a Paradigm shift in ecology », *The Quaterly Review of Biology*, 70 (4), The University of Chicago, p. 439-466.

WYKOFF, William M., 1978, « Botanique et Iroquois dans la vallée du St-Laurent », *Anthropologie et Sociétés*, 2 (3), p. 157-162.

YARNELL, Richard Asa, 1964, *Aboriginal Relationships between Culture and Plant life in the Upper Great Lakes Region*, Anthropological Papers, 23, Museum of Anthropology, University of Michigan, 218 pages.

ZHANG, Chaochun, Postma, Johannes A., York, Larry M. and Jonathan P. Lynch, 2014, « Root foraging elicits niche complementary-dependent yield advantage in the ancient "three sisters" (maize/bean/squash) polyculture », *Annals of Botany*, 114, p. 1719-2014.

Achevé d'imprimer
au Québec (Canada), en janvier 2023,
sur les presses de Marquis Imprimeur.